스트레스 없는 절대 자유를 배운다,

장자

스트레스 없는 절대자유를 배운다, 장자

펴 낸 날   2022년 4월 8일

지 은 이   황준식
펴 낸 이   이기성
편집팀장   이윤숙
기획편집   윤가영, 이지희, 서해주
표지디자인   윤가영
책임마케팅   강보현, 김성욱
펴 낸 곳   도서출판 생각나눔
출판등록   제 2018-000288호
주   소   서울 잔다리로7안길 22, 태성빌딩 3층
전   화   02-325-5100
팩   스   02-325-5101
홈페이지   www. 생각나눔.kr
이 메 일   bookmain@think-book.com

• 책값은 표지 뒷면에 표기되어 있습니다.
  ISBN   979-11-7048-388-5(03150)

• 이 도서의 국립중앙도서관 출판 시 도서목록(CIP)은 서지정보유통지원시스템 홈페이지(http://seoji.
  nl.go.kr)와 국가자료공동목록시스템(http://www.nl.go.kr/kolisnet)에서 이용하실 수 있습니다

황준식 지음

스트레스 없는 절대 자유를 배운다,

장자

생각나눔

머리말

"인간은 자연상태로 조화된 생활을 하는 것이 양생법의 기본입니다."

중국 최고(最古)의 의학서적『황제내경(黃帝內經)』에서 황제가 건강법에 관하여 묻자 기백이 답한 문장이다.

『황제내경(黃帝內經)』의 「소문(素問)」과 「영추(靈樞)」 두 편에서는 병인(病因)을 이해하는 데 중요한 정보를 제공하고 있는데, 여기에 노장사상이 바탕이 되었다고 주장하는 의견이 있다.

『황제내경(黃帝內經)』의 관점으로 우리 몸을 보면 기(氣)의 중요성에 대해 알게 된다. 기를 흩트리는 것은 칠정(七情)이다. 칠정은 기쁨·분노·근심·생각·슬픔·놀람·두려움의 감정을 말한다.

이 감정의 기복을 다스리지 못할 때 우리는 스트레스를 겪는다. 이 스트레스가 심신의 질병으로 나타나는 것이다. 병의 원인은 마음이다. 마음을 다스리지 못하면 몸에 문제가 오게 된다.

즉, 근본적으로 병을 해결하기 위해서는 마음, 정신의 다스림이 필요하다.

직전에 집필한 저서인『자연에서 스트레스 없이 거닐며 노는 도교철

스트레스 없는 절대 자유를 배운다, 장자

학』에서 노자의『도덕경』에 대하여 해석하며, 잡된 마음 없이 참되고 성실하게 모든 것을 운명 또는 자연에 맡기는 것이 스트레스의 해소 방법이라고 접근한 것을, 이번에는『장자』의「내편(內篇)」으로 찾아들어 가보았다. 도교철학의 핵심이념이 노자와 장자의 사상이므로 많은 연관성이 있겠다고 생각하였다.

『도덕경(道德經)』이 무위자연(無爲自然)이나 무심(無心)에 대해 정의를 하고 있다면『장자(莊子)』는 이를 우화 등을 통해서 세세히 토해내고 있다.『장자(莊子)』는『도덕경(道德經)』에 대한 해례본(解例本)이자 스트레스 해소에 대한 해례(解例)인 것이다.

5년 전쯤 종교와 스트레스 해소에 관한 4권의 책을 쓰고자 계획했었다. 불교를 시작으로 도교로 방향점을 바꾸어 이번 책이 그중 3번째 저서이다.

나에게는 참으로 벅찬 글이지만 마지막은『장자(莊子)』의「외편(外篇)」과「잡편(雜篇)」에 대해서 심도 있게 연구해서 쉽게 풀어내고 싶은 마음이다.

완성될지는 나 자신도 잘 모르겠다. 그렇지만 하루하루 나는 아침에 일어나서 책을 보고, 원고지에 글을 쓴다. 그것이 참 감사하다.

목차

一

장자莊子 내편內篇 개설概說

『사기(史記)』에서 도가(道家)의 사상을 설명하면서 그 특징을 허무(虛無)를 근본(根本)으로 하고 인순(因循)을 용(用)으로 삼는다고 했는데, 여기서 인순(因循)이라고 하는 것은 '말미암아 따르다.'라는 뜻이다.

『장자』 본문에 대해서 말한다면 「제물론편(齊物論篇)」의 "이것에 말미암다", 「양생주편(養生主篇)」의 "처음부터 그러한 것에 말미암는다", 「덕충부편(德充符篇)」에 "항상 스스로 그러한 것에 의한다."라는 말 등이 그것이며, "좌망(坐忘)"이라던가 "오상아(吾喪我)"라는 말이 있듯이 자리를 떼어버리고 절대적인 것에 심신을 맡기고, 죽어서 다시 산다는 종교적 해탈 경지가 여기에 담겨 있다.

다만, 절대적이란 것은 보통 말하는 신(神)은 아니다. '처음부터 그러한 것에 말미암는다.'라든가 '스스로 그러하다(自然).'라고 말하는 대상은 확실히 사람의 힘을 초월해 존재하는 것, 오히려 만물의 존재를 통제하는 이법(理法)으로서의 성격이 강하다. 만물은 하나하나 있는 그대로 있고 거기에 우주의 질서가 형성되어 있는데, 그것은 무엇이 그렇게 있게 하는 것이 아니고 문자 그대로 '스스로 그러함(自然)'이다. 스스로 그러함으로 사람이 어떻게도 할 수 없는 필연적인 것으로 되어

스트레스 없는 절대 자유를 배운다, 장자

있다. 따라서 「인간세편(人間世篇)」에는 어떻게도 할 수 없는 것으로 말하고 있다.

이 자연 필연적인 것이 사람을 감싸버리는 절대적 운명이란 의미를 갖추고 있는 것은 알기 쉬운 일이다. 덕충부편(德充符篇)이나 「대종사편(大宗師篇)」에서 명(命)이라던가 천(天)이라 불리는 것이 그것을 말하고 있다. 소극적이라 하면 확실히 소극적이다. 다만 장자가 말하는 것은 절대적 운명을 작가하여 그것과 합일하고 그것을 나의 것으로 함으로써 죽어서 사는 일을 할 수 있는 것이다. 약자가 빠듯한 밑바닥으로부터 씩씩하게 강자로 변하는 것이었다. 그것이 인순주의(因循主義)의 꾸밈없는 교묘한 솜씨이다. 스트레스라는 문구는 쓰지 않았으나 스트레스의 원인이 되는 글들이다.

그런데 이 인순주의(因循主義)를 지탱하는 것으로 '만물제동(萬物齊同)'의 철학이 있다. 그것은 주로 제물론(齊物論)에서 보이는데, 현실 세계의 대립·차별의 모습을 모두 허망되다고 하며 뒤로하는 입장이다.
대체로 사람들은 대소(大小), 장단(長短), 피차(彼此), 선악(善惡), 미추(美醜), 생사(生死)와 같은 여러 대립·차별하는 모습으로 살아간다. 그리고 사람들은 그것을 참된 모습이라 믿고 있다. 그러나 장자는 그것은 인간들 마음대로의 인식, 약아빠진 판단일 뿐, 인간 사회의 참된 모습이 아니라고 가르친다. 그것과 이것과의 차이는 이쪽 장소를 바꾸면 금방 역전하여 먼저의 그는 지금은 여기에 있고 먼저의 이것이 지금은 그가 되지 않겠는가. 선악(善惡), 미추(美醜)의 가치 판단은 더욱이 말할 나위 없다. 미인의 아름다움은 새와 물고기에는 통용되지 않는다.

그렇다면 모든 대립·차별은 일시적이며 상대적 모습에 지나지 않는다. 그럼에도 사람은 어리석게도 그것을 확실한 것으로 생각하여 차별의 모습에 얽매여서 필요치 않은 고통을 되풀이하고 있는 것이다. 인간의 아집이 현실 세계의 차별을 만들고 있을 뿐이니 아무리 큰 차이도, 엄한 대립으로 보이는 것들도 그들 사이에는 도(道)가 통하여 하나인 것이다.

인간의 교활하고 빈틈없는 지혜 분별을 버려라! 편견을 없애고 집착을 버리고 거기에 더하여 인간이라는 발판을 버리고 나서 이 세계 밖에서 뒤를 돌아다보게 되면 이미 생사의 구별마저 없어질 것이 아닌가? 이것이야말로 스트레스 해소의 극치가 아닐까. 가지가지 대립차별로 현실의 참된 모습으로 믿고 있으나 장자에게 있어 그것은 인간 마음대로의 교활하고 빈틈없는 잔꾀에 불과하다. 생활 주변에 물거품처럼 일고 있는 스트레스도 이렇게 해서 생겼고, 그것 때문에 필요하지 않은 고통으로 시달림을 받는다. 우리들의 모습을 뒤돌아보기로 하자.

'만물제동(萬物齊同)'의 철학은 요컨대 차별적 현상 속에서 이것을 관철하고 있는 동일성으로서의 절대적 이법(理法)에 주목하고 있다. 그 이법(理法)은 바꾸어 말하면 도의 중심인 '도추(道樞)'에 설 때 처음으로 일체가 무차별, 무대립이라는 진실의 모습으로 밝혀진다. 사람으로 사는데 현상에 얽매이면서 상대적 가치를 추구하지 말고 절대적 '스스로 그러함(自然)'의 도리에 몸을 맡기는 것이다. 그것만이 인순주의(因循主義)인 것이다.

자기를 벗어던지는 인순주의(因循主義)는 실은 죽어서 다시 사는 기

스트레스 없는 절대 자유를 배운다, 장자

능을 가진다. 유한한 존재로서 미소(微小)한 인간은 그것으로 유한성을 탈출하게 된다.

현실의 근심과 걱정으로부터 해방되어 얽매임 없는 자유로운 정신으로 세계를 비상할 수 있게 된다. 「소요유편(逍遙遊篇)」에서 말하고 있는 대붕의 비상이라는 아름다운 비유야말로 그러한 견해를 말한 것에 지나지 않는다.

스트레스에서 크게 해방되는 대붕과 같이 날아갈 수 있었으면 한다.

'만물제동(萬物齊同)'과 '인순주의(因循主義)'로써 정신의 평안을 구한 사상가인 장자(莊子)는 어떤 인물이었나. 그의 시대는 유가(儒家)의 맹자(孟子)와 비슷한 시기였으며, 전국시대(戰國時代)의 말기에 들어가려는 시기였다. 약소국이었던 송(宋)나라는 강대한 여러 나라의 위협에 노출되어 전란에 떨고 있었다. 사람들의 생활도 고통스러웠을 것이다. 장자(莊子)의 출신은 불분명하고 중국학자의 말처럼 몰락 귀족이었던 것 같다. 고난에 허덕이는 사람들, 그리고 거기로부터 빠져나오려고 안달하면서 결국은 흙탕물 속에서 절망적인 순환을 되풀이하는 사람들의 혼을 구제하려는 것이 그 사상의 출발점이었으리라. (갖은 스트레스에 봉착한 그의 몸부림이 생생하게 느껴진다.)

이때 유가(儒家)와 묵가(墨家) 등의 기성의 사상가들이 근본적인 구제를 하지 못해서 장자(莊子)는 독자적 사색을 시작하였다. 그의 사상은 노자(老子)와 친근성이 있으나 그가 노자에게 배웠다고 생각하는 근거는 약하다. 노자라는 인물의 실재성이 애매할 뿐만 아니라 노자의 사상과는 상이점도 두드러지기 때문이다. 그의 사상의 전례를 구한다면 『논어(論語)』 안에 보이는 은자(隱者)나 맹자(孟子) 안에 보이는 양주(楊主) 등을 생각할 필요가 있다.

장자(莊子)의 문장은 고대 명문(名文)으로 알려져 있다. 난해한 말도 많지만, 기상천외한 비유를 섞어서 자유롭게 뻗을 대로 뻗어가는 문장은 독특한 매력으로 독자를 이끈다. 그 사상은 현실사회 테두리를 넘어선 외계의 퍼짐으로부터 인생을 생각한 것이었으므로 거기에 저절로 낭만적이면서 얽매임 없는 자유로운 정신적 경지가 열려 있었는데, 문장 표현 자체도 또한 그런 내용에 적합한 것이었다.

장자(莊子)가 죽고 나서 2백 년이 되어 사마천(司馬遷)에 의하여 쓰인 사기(史記) 「장주전(莊周傳)」에 황양자자[恍洋自恣, 바다의 끝이 없는 것과 같이 내 마음에 맡기어 방자(放恣)함을 이르는 말]로 평하면서 고대 문장가의 모범으로 된 것도 결코 우연이 아니다. 그리고 그런 좋은 경지야말로 후세 장자가 문학과 예술계에 큰 영향을 준 이유이기도 하다.

『장자』란 책은 매우 매력적이다. 그 매력의 비밀은 문장인데, 장자 전체는 중후한 문장과 경쾌하고 묘한 문장과의 교착으로 쌓여 있다고 생각된다.

『장자』 속의 중후한 문장이라면 먼저 제물론(齊物論)을 손꼽지 않을 수 없다. 그 제물론편의 제1장은 '나라는 사람이 이 세계에서 수동적이 아니고 주도적으로 사는 것, 말하자면 세계의 객체로서 남으로부터 삶이 주어지는 것이 아니고 주체로서 자기의 삶을 어디까지나 '꿋꿋하게 살아가려면 대체 어떻게 하면 좋을까' 하는 문제를 풀려고 하는 문장이다. 그 문제 해결을 위해서 장자에서 가지가지 스트레스 문제를

스트레스 없는 절대 자유를 배운다, 장자

해결하면서 살아야 했다.

그 문장은 어쩌다 일어나는 경묘한 문장으로, 이를테면

무엇을 조삼(朝三)이라 하는가 말한다. 원숭이를 부리는 사람이 상수리나무 열매를 주려고 말했다. 아침에 세 개, 저녁 무렵에 네 개로 하겠다고 하니 원숭이들은 모두 성을 낸다고 말한다. 그렇다면 아침에 네 개로 하고 해 질 무렵에 세 개로 하자고 하니 원숭이들은 모두 즐거워한다. 이러한 글귀 등을 예외로 하여 제하고 나면 처음부터 끝까지 중후함 바로 그 자체이다.

여기서 소요유편(逍遙遊篇)과 나란히 장자(莊子)의 가장 중요한 사상의 하나를 표현하고 있다.

작자 장주(莊周)에게 최대의 관심사는 상술한 것처럼 '나'라는 인간의 주체성에 관한 문제를 푸는 것이었다. 작자에 따르면 모든 존재 중에서 가장 주체적이어야 할 인간이 사실은 그렇지 못하고 거꾸로 몹시 몰주체적이며 소외된 존재이다. 그런 것을 도려내는 작자의 문장은 중후하고, 적당히 타협하거나 애매한 속임수로 한 구제는 일절 존재하지 않는다.

대지한한(大知閑閑), 소지간간(小知間間), 대언염염(大言炎炎), 소언첨첨(小言詹詹), 기매야혼교(其寐也魂交), 기교야형개(其覺也形開), 여접위구(與接爲構), 일이심투(日以心鬪), 만자(縵者), 교자(窖者), 밀자(密者), 소공췌췌(小恐惴惴), 대공만만(大恐縵縵)

인간의 주체성의 원인이 되는 지(知)와 언(言)에 대해 말하면

一 장자莊子 내편內篇 개설槪說

"큰 지는 유유, 적은 지는 살금살금, 큰 말은 줄줄, 작은 말은 한 말을 되뇌고 되뇐다. 인간이란 존재는 잠을 자면 영혼이 사물과 뒤얽히고 눈을 뜨면 신체가 외계를 기다리므로 서로 남과 맞닿게 되어 만계를 만들고 나날 정신을 활동해서 투쟁을 한다. 그때 신체와 정신이 활동하는 방법은 느긋하게 유유한 형이 있고 예리하게 파고드는 형도 있으며, 몰래 조심스러운 형도 있다. 그러나 마지막으로 다다른 곳은 작은 겁은 흠칫흠칫, 큰 공포는 흔들흔들 거리는 것 중 하나이다."

라고 쓰여 있듯이 그것들을 써서 사람들은 어디로 가는가 하면 귀착점은 그저 공포밖에 없다고 한다. 모든 것이 스트레스 상태로 귀착된다는 말이 아닐까?

장자의 세속적 생활은 그가 스스로 적절한 말로 표현하고 있듯이 오독(汚瀆) 속에 까불며 노는 것이었다. 자기의 빈궁과 놀며 자기의 오욕(汚辱)과 놀며 자기 육신의 죽음과 놀며[그의 처가 죽고 나니 사해 앞에서 쟁반을 두들기며 노래를 불렀다. 「외편 지락편(外篇 至樂篇)」] 그의 생활은 그의 '유희(노는 짓)'였다. 유희는 그가 진흙탕 물에 뒤범벅된 인생의 밑바닥에서 찾아낸 그의 해탈과 같다. 장주(莊周)의 초월은 그의 오독(汚瀆) 속의 인생을 지탱해 왔다.

스트레스의 오독 속에서 까불며 노는 방법을 알고 있었다. 장주가 세상에서 생기는 갖가지 험한 경험(스트레스)을 이겨 낸 모습으로 우뚝 서 있다.

장자는 종종 노자와 연관 지어 노장(老莊)이라고도 불린다. 장자와 노자는 춘추전국시대와 거의 같은 시대(차이는 약 백 년이 될까) 사람이고, 송 문화권과 거의 비슷한 지역에 살았던 것 같다. 두 사람은 같은

스트레스 없는 절대 자유를 배운다, 장자

사상 기반을 가지고 있었으나 두 사람의 사상은 반드시 같은 것은 아니었다. 노자의 사상을 처세의 지혜라고 보자면 장자의 사상은 해탈(解脫)의 지혜였다고 할 수 있겠다.

비슷한 면은 노자와 장자는 인간의 무력함과 이상의 허무함에 대한 허무한 응시가 있었다. 스트레스로 쌓인 세상을 살아야 했다. 그들은 구슬픈 남몰래 흘리는 통곡과 함께 답답한 마음에 쌓여 있었다. 끊이지 않는 암흑 같은 스트레스 속 생활에 얽매여 있었다. 그들에게는 인생이란 직선적인 이상과 같은 것이 아니고, 한참 구부러지고 뒷걸음질치며 기울어지고 쉽게 뒤집히기도 하는 가련한 모습이었다. 그들에게는 행복이란 뒤집어 놓은 불행이며, 즐거움이란 슬픔을 뒤집어 놓은 것이었다. 거기에서는 사람이 잃을 생각을 하지 않고는 얻는 것을 기대할 수 없다. 죽는다는 것을 생각하지 않고는 산다는 것을 생각할 수 없다.

이상과 같은 표현은 고금을 막론하고 여러 책에서 되풀이되어서 나온다. 이 내용은 끔찍한 스트레스, 흔히 겪는 스트레스가 생기고 없어지는 과정을 쉽게 잊어버리거나, 매일 순간순간 겪으면서 내용을 살피지 못하고 구렁텅이에 빠져 허덕이면서 사는 것이 오늘날 우리들의 현실이 아닌가?

없음을 생각하지 않고 있음은 생각할 수 없다. 장자는 인간과 인간의 역사를 포함한 유구(悠久)한 자연을 동경했다. 앞으로 가는데 용감하기보다 물러서는 일이 강인한 것임을 눈을 비비고 크게 뜨고 보았다. 도가(道家)의 부정과 역설(逆說)이 그 속에서 태어났다.

노자는 더러 황제(黃帝)와 연결 지어지거나 혹은 그 자신이 우상화되어 비속한 민간 종교의 대상이 될 수 있는 성격이 다분히 있었는데 반해, 장자는 세속적 우상화는 가까이하지 않는 사상으로 두 사람 사이의 차이점이 떠오른다. 그럼에도 사마천은 장자의 사상을 계보(系譜)로 하여 그 요점은 노자의 말에 귀착한다. 본질은 요컨대 노자 사상에 귀착하고 있다.

　『장자(莊子)』가 지금과 같이 내편(內篇 7편), 외편(外篇 15편), 잡편(雜篇 11편)의 33편이 된 내력은 BC 4세기, 서진의 곽상(郭象) 때 시작되었다. 곽상 이전의 장자는 어떤 것이었을까에 대해서는 분명하지 않은데 BC 1세기, 전한(前漢) 말경에는 52편으로 기록되어 있다(『한서 예문지漢書 藝文志』). 사마천의 사기에는 10여 만언(萬言)으로 기록되어 있다. 참고로 현재의 33편 본 장자의 자수(字數)는 6만5천2백13자로 되어 있다.
　곽상 이후 당나라 때 노자를 받든 도교(道教)가 국교(國教)로 높여짐과 더불어 장자도 남화진인(南華眞人)이라는 호(號)를 받게 되며 장자는 남화진경(南華眞經)이라 불리게 되어 당시의 지식사회에서 애독되었다.

　오늘날까지 남아있는 장자 중에 「곽상본(郭象本)」이 있다. 곽상이 정리한 것이 뛰어나다 해도 그 33편이 장자의 자작으로 보기는 어렵지 않을까. 오늘날 장자는 전한(前漢) 시작 무렵까지 대충 150년 동안 장자학파의 업적으로 봐야 한다. 그 안에서 원장자(原莊子)라고 볼 수 있고 순수하다고 생각되는 것들을 정확히 지적하기에는 오늘날에는 불가능하다고 말할 수 있을 것 같다. 그저 오늘날 내편 7편의

엮음은 전한 말(前漢 末)까지 되돌아가는 것 같고, 그것을 원장자(原莊子)에 가깝다고 생각하면, 특히 소요유편(逍遙遊篇), 제물론편(齊物論篇) 2편을 정수한 것으로 보는 것은 많은 학자가 일치한다. 엄밀하게 말하면 내편 중에도 의심나는 것이 있고, 외편, 잡편 안에도 오래된 게 있는데 대충 그러한 것으로 짐작하고 있으면 무리는 없을 것 같다.

장자의 사상으로 말한 것은 내편(內篇)에 대한 것이 주(主)이고, 외편, 잡편은 분위기가 다른데 그 문제는 달리 생각해 보도록 한다.

장주(莊周)의 생활에 대해서는 거의 전해진 게 없다. 현재 전해지고 있는 장자의 외편(外篇), 잡편(雜篇)에는 단편적으로나마 그의 생활에 대한 몇 가지 일화가 보인다.

"태양과 대지가 나의 관이다."
장자가 임종이 가까워지니 제자들에게 남긴 말이다. 그냥 들판에 버려두라는 뜻이다. 제자들은 스승의 몸이 까마귀와 독수리의 밥이 되게 할 수는 없다고 완강히 버틴다. 다음은 장자의 답변이다.

"땅에 묻지 않으면 까마귀와 독수리의 밥이 되겠지만, 땅에 묻는다고 해도 개미의 밥이 되지 않겠느냐. 너희들은 까마귀와 독수리 부리에서 먹이를 꺼내 개미의 입을 채워주려는 것이다. 어찌하여 너희들은 개미들 편만 드는 것이냐?"

그리고 또 예를 들면 장주의 처가 죽었을 때 그는 처의 시신 앞에서 쟁반을 두들기며 노래 불렀다거나, 가난한 그가 떨어진 짚신에 더덕더덕 기운 옷을 입고 위왕(魏王)을 찾아갔다가 왕의 비웃음과 놀림을 받기도 했는데 이런 일쯤은 초월한 정신의 자유로써 받아넘겼다고 하는 이야기, 그의 앞에서 자기의 영달을 자랑한 한 고향의 남자에게 세상의 부귀라는 것은 때로는 권력자의 궁둥이를 핥아주는 것과 같은 굴욕적인 정신을 가지면 얻을 수 있는 것이라는 이야기, 거기에 더하여 초나라 위왕이 예(禮)를 두터이 하고 사자(使者)를 보내어 그를 재상으로 맞이하려고 하니 그는 하늘에 제사 지낼 때 쓰이는 소(牛)가 되느니 오히려 시궁창 안에서 놀겠다 답했다고 한다.

이런 이야기가 어디까지 진실일지는 정확하지 않으나 장주가 지극히 어려운 생활을 하고 있었다는 것(인생의 갖은 스트레스를 겪으며 살았다는 것)과 적어도 그가 부귀를 누릴 자리에 있지 않았다는 것은 의심할 여지가 없다. 사기(史記)에는 장주가 지난날 고향 땅에서 옻나무밭을

스트레스 없는 절대 자유를 배운다, 장자

관리하는 천한 직을 맡을 일이 있었다고 적혀 있는데 그것마저 일시적이고, 어쩌면 평생 동안 좁고 더러운 거리에서 홀로 오히려 어깨를 펴고 휘파람 불며 살지 않았겠는가. 장자 잡편 「열어구편(列禦寇篇)」에는 더러운 거리에서 짚신 만드는 잡일을 하며 가난으로 목줄기가 말라빠지고 얼굴색은 누렇게 된 장자의 생활이 전해진다.

요컨대 장주의 세속적 생활은 그 자신도 적절히 말하고 있듯이 더럽고 욕이 되는 인생살이였다. 사람이 겪을 수 있는 고난, 스트레스를 구석구석 다 겪은 것이다.

따라서 장자라는 책은 갖가지 스트레스를 어떻게 극복해나가는가 교훈을 엮어놓은 것 같기도 하다. 장자는 모진 삶 속에서 노니는 법(逍遙遊)을 알고 있었다. 스트레스 해소법의 극치 아니겠는가.

二 장자莊子의 인생

동양 스트레스 연구의
묻혀 있던 선구자

　　장자(莊子)만큼 사람의 추악함, 우둔함, 비졸함과 오만함을 꿰뚫어 본 사상하는 드물지 않을까? 그는 인간 사회의 암흑과 험악함, 쉽게 마음이 상함을 겪은 모조리 철인(哲人)으로서 위대한 인간학자(人間學者)이면서 사회학자(社會學者)이기도 하다. 그는 용의주도하면서 더욱이 냉정하게 사람을 응시한다. 그는 정확하고 절실하게 인간 사회를 관찰한다.

　　그의 시대는 유가(儒家)인 맹자와 비슷한 연대이면서 전국시대 말기에 접어 들어가려고 하는 시기였다. 약소국에 속하는 송(宋)나라는 강대한 많은 나라의 위협에 쌓여서 전쟁에 떨고 있었다. 사람들의 사는 모습도 어려웠으리라 추측된다. 장자의 출신도 명백하지 못하고 중국 학자들의 말처럼 뒤떨어진 귀족이었을지도 모르겠으나 어쨌든 그 시대의 고통을 각별하게 통감하는 처지였으리라. 고난을 당해 괴로워하는 사람들, 거기에서 빠져나오려고 애달파 하면서도 결국은 고난의 구렁텅이에서 절망적인 순환을 되풀이하고 있는 사람들의 영혼을 구제하려는 것이 그의 사상의 출발점이 되지 않았던가. 기독교, 불교의 출발점과 닮은 점이 있는 것 같기도 하다.

그의 응시와 관찰을 통해 인생의 밑바닥에서 그가 파악한 그 사회 모습, 몸이 옴짝달싹 못 하도록 묶어진 사람 삶의 처참함을 보았다. 그의 초월은 거기서부터 시작된다.

어쩌면 오늘날 우리나라 사람들이 겪고 있는 스트레스로 멍든 꼴을 생생하게 그려 놓은 것 같다.

장자의 초월(超越)이란, 절대 자유스러운 정신세계의 제왕(帝王)이 되는 것이었다. 그것은 무엇에도 얽매이지 않는 자유와 더불어 자기 생활을 가진다는 뜻이다. 그렇게 되면 사람의 최대 비애와 두려움, 사람은 그 비애와 두려움을 자기 문제의 시작(生)과 끝(死)의 문제로 삼고 고뇌에 잠긴다. '생존하는 순간마다 단절하지 않을까?' 하는 의식과 불안 및 절망이 물거품 되어 삶의 심연에 떴다 가라앉는다.

인간은 자기의 가장 큰 '미혹(迷惑)'을 자기와 남의 대립 속에서 발견한다.

미모의 그와 추한 나, 재화로 번창하는 그 사람과 가난하며 피폐한 나, 또는 세상에 받아들여지지 못한 자기를 한탄하고 또는 자기를 받아들이지 않는 사회를 저주한다.

부와 빈곤, 귀함과 천함, 번영과 치욕, 현명함과 우둔함 등 현실사회에서의 가치 판단이 사람의 마음을 심하게 흔들어놓아 빈궁(貧窮), 오욕(汚辱), 폐망(廢亡)이 그 마음을 몹시 아프게 채찍질한다.

이러한 표현은 어느 한 학자의 가르침이라고 보기보다는, 오랜 세월 동안 여러 학자의 입을 통해 내려오는 이야기들이다. 사람 사는 것이 항상 평탄치 못할 때가 많으니 피할 길 없는 참변이다. 이런 삶의 내력

二 장자莊子의 인생

은 고금을 통해 면면이 내려왔기 때문에 우리들 입에서 흘러나오는 흔한 말이다. 간추려 말하면 스트레스가 우리 인생을 크고 작게 멍들게 하고 있다. 그러나 절대자는 갈피를 잡지 못해 하는 일과 무서워하는 일들을 무사히 뛰어넘는다.

장자는 삶과 죽음 또는 물질과 나와의 대립에 대하여 뿌리에서는 '하나'라고 하였다.

생과 사가 '하나'이고, 물질과 나 자신이 '하나'이며, 옳고 그름이 '하나'이며, 옳음(可)과 틀림(不可)도 '하나'인 도(道)의 세계에 우뚝 서는 것을 장자는 초월(超越)이라 생각하였다.

즉, 장자의 초월이란 곧 장자의 해탈과 다름없다. 마치 부처님이 깨달음을 이루어 놓은 것처럼 장자는 해탈이란 중국적 논리를 밝혀 놓은 책이라 할 수 있다. 요즘 항간에 나도는 각양각색의 스트레스 문제를 근원적으로 해결하는 방법을 여기서 밝혀 놓은 셈이 아닐까.

장자는 모든 대립과 모순을 있는 그대로 자기 안에 쌓아 놓은 크나큰 무질서가 인간의 개념적 인식(槪念的 認識)을 넘어서 체험할 수 있는 생생 발랄한 우주의 활동 그 자체라고 설명하고 있는데, 이 살아 있는 혼돈과 몽땅 하나가 되어 살아 있는 혼돈 그대로 사랑하는 것이 곧 장자의 해탈이다. 이 부분은 여러 번 읽어도 알 듯 말 듯한데, 많이 씹을 때 그 진미를 맛볼 수 있다. 이것이 복잡하게 뒤엉킨 세상을 탈 없이 지나가는 데 필요한 깨달음의 길이고 스트레스 사회를 힘차게 뚫고 지나가는 방법이라 할까.

인간의 마음의 분별심에 의하여 본래 하나인 도(道), 실재(實在)를 시비로 나누고 아름다움과 추함으로 구별 지어 크고 작음으로 나누고 꿈과 현실로 나누고 인간과 짐승으로 나누기도 하는데, 실재의 세계에서는 옳음도 그름이고, 아름다움도 추함이고, 큰 것도 작고, 꿈도 현실이고 인간도 새와 짐승과 같다. 인간들은 분별심으로 인해서 가지가지 현상을 원인과 결과의 계열로써 갈라놓아서 현재를 과거에, 미래를 현재로, 인간을 신과 인과응보로 다루기도 하지만, 실재의 세계에서는 만상(萬象) 스스로 생기고 스스로 변화하는 것이니 무엇에도 의존하지 않고 무엇과도 인과관계를 가지고 있지 않다. 본래 하나로 실재하는 진상을 대립하게 나눔으로써 사람들의 슬픔, 미혹 등과 턱없는 얽매임이 시작된다.

이렇게 하여 가지각색의 허망한 욕심, 질투가 쌓이게 되어 심신 양면으로 꼼짝달싹 못 하는 괴로움에 비참한 반추를 되풀이하게 된다. 일상생활에서 생기는 스트레스에 대해서 옛날부터 알려진 것들이 아닌가 싶다. 순자(荀子)라는 위대한 사상가는 성악설을 만들어서 앞에 쓴 글과 닮은 내용을 써 놓았다. 그러므로 이와 비슷한 생각은 여러 사람이 오래전부터 기술하지 않았을까 생각된다.

본래 자생자화(自生自化)하는 만상(萬象)을 인과관계로 해석하려 들고 주어진 현재로써 고분고분 받아들이지 못하니 사람들의 힘찬 정신이 질식하고 만다.

실재를 하나로 혼돈화(渾沌化)한 채로 무심무아(無心無我)의 경지에 들어갈 때 비로소 장자의 해탈이 성립하게 되고 사람들은 온갖 유혹이나 슬픔과 근심, 걱정에서 해방된다. 스트레스 해소 방법 중에서 이것보다 더 명확한 것이 있겠는가?

사람들이 자기에게 주어진 현재를 자기의 모든 모습으로 긍정한다면 주어진 현재 자체의 삶을 힘차게 살아가고, 현재 주어진 것이 죽음이라면 그 죽음을 편안하게 받아 넘어가고, 현재 주어진 것이 꿈이라면 꿈을 즐긴다.

생(生)과 사(死), 꿈은 주어진 필연이고 그 필연을 참된 것으로 긍정하는 자신은 단순한 필연이 아니다. 일체(一切)의 도(道), 진실 속에서 참되다고 긍정할 때 참된 자유가 있다.

동시에 모든 스트레스로부터 해방된다. 이러쿵저러쿵 자질구레한 자갈처럼 널리 버려진 스트레스 해소법보다 더 근원적이고 참된 해소법이 아닐까.

『장자(莊子)』에서 '자기 혼돈화'라는 것은 일체의 진실재(眞實在)를 바닥에 깔고 이것이 옳다고 긍정하는 데 있다.

현대인들은 스스로 문화인이라 자처하고 있지만, 자신도 모르게 차츰 바보가 되어간다. 인류가 쉼 없이 지적 노력으로 세워 놓은 현대사회는 지칠 줄 모르는 호기심이 만들어 낸 가치판단에 미친 듯이 도취된 나머지 나타나는 히스테릭한 자기주장, 그 안에서 꿈틀거리는 것은 자기를 잃은 문명의 노예가 아니던가? 우리가 겪는 많은 스트레스는 이렇게 해서 만들어진다.

장자는 육체에만 노예가 있는 게 아니고 정신적 노예가 있다고 주장한다. 문명의 노예라는 것은 정신을 철책으로 가두어 놓았다는 말이 아닌가. 현대인들은 이미 단순한 위대성, 소박한 강인성을 잃어버리고 있다. 도연명(陶淵明)의 『귀거래사(歸去來辭)』를 한번 살펴보면 이 뜻이 확연해질 것이다. 도연명은 도가 사상에 심취한 것 같지는 않으나 그의 글을 보면 소동파(蘇東坡)의 적벽부(赤壁賦)와 더불어 도(道)에 대한 인식에 도움이 될 것이라고 사료된다.

문화, 문명의 노예가 된 현대인은 슬프게도 고향을 잊은 사람이 아닌가? 장자에서는 고향으로 복귀, 인간의 본래의 자기로 돌아가도록 하는 가르침이 있다.

장자의 저자는 이름이 주(周)라고 한다. 장주(莊周)가 산 연대는 확실하지 않다.

장자의 글을 보면 가장 큰 문제를 만인의 편안한 생활에 두었고, 문화, 문명이란 것은 오히려 인간에 대한 수탈 위에 꽃핀 사회악의 소산일 수 있다는 것이었다. 그러므로 도시문화와 지식인에 대한 반발과 비판이 생기게 된다. 문명, 문화를 사람의 편안한 생활을 해치는 것으로 보는 듯한 장주는 따라서 문명, 문화의 지역적 모태인 도시를 시끄럽고 탐닉과 퇴폐의 막다른 곳으로 생각하고 혐오한다.

'자연'이란 인간의 본래 삶의 무탈을 의미함과 아울러 편안한 삶(스트레스 없는 삶)을 누릴 수 있는 소박하고 청정한 전원촌락을 뜻하는 것이었다. 장주는 명확하게 전원생활을 찬미하고 있지는 않으나, 외편(外篇)의 변무(駢拇), 마제(馬蹄), 거협(胠篋), 재유(在宥)의 논설을 추리하면 이를 알 수 있다.

현대 전해지는 가장 오래된 장주의 전기는 BC 1세기, 한(漢)나라 시대 사마천(司馬遷)이 쓴 사기(史記)인데, 사기의 「장주열전(莊周列傳)」에는 양(梁)나라 혜왕[惠王 BC 370~319 재위(在位)], 제(齊)나라 선왕[宣王 BC 319~301 재위(在位)]와 동시대 이를테면 BC 4세기의 중간쯤의 사람으로 쓰여 있을 뿐이다.

사마천이 이 글을 쓴 것은 기원전 백 년경의 일로, 전국시대 후기(戰國時代 後期)부터 백수십 년간에 상당히 많은 전설이 있는데 사마천은 그 자료를 바탕으로 하여 「장주열전(莊周列傳)」을 썼다. 도가의 사상가들은 장자에 관한 역사적 사실로 그것을 쓴 것이 아니고 장자를 구실로 삼고 의식적으로 우언(愚言), 중언(重言), 치언(卮言)을 썼던 것이다. 사마천이 사상가들이 쓴 산물들을 재료로 하여 쓴 장자의 전기에 문제가 있는 것은 당연하지 않겠는가?

　장자의 직업에 대해서는 열전에 이르기를, "장주는 몽(蒙)의 칠원(漆園)의 하급 관리로 일을 했다."라고 되어 있다. BC 384~322에 살았던 그리스의 아리스토텔레스와 거의 동시대 사람이다. 현대의 학자들은 장자 속에 거론되고 있는 많은 역사적 인물의 연대를 고증함으로써 그의 생존 연대를 밝히려고 했으나, 결국 확정적 결론을 찾지 못한 듯하다.

　장주와 가장 밀접한 교섭이 있었고, 양(梁)나라 혜왕, 양왕 등의 두 대에 걸쳐 대신이 되었건 혜시(惠施)가 그 지위를 버리고 초(楚) 나라로 옮겨간 것이 BC 306년이므로 장주가 혜시가 죽은 뒤에도 잠시 살아 있었던 것은 거의 확실하므로 장자의 잡편(雜篇)에는 장자가 혜시의 묘를 찾아서 그의 죽음을 애도한 이야기가 실려 있고, 혜시의 죽음을 그가 초(楚) 나라로 피신하고 10년 내외로 보면 장주가 BC 300년경 이 세상에 살아 있었다는 것만은 확실하다. 그리고 장주의 탄생을 BC 370년경 양(梁)나라 혜왕(惠王)의 초년으로 보는 현대 학자에 따르면 요컨대 장주는 BC 370~300년경의 약 70년의 생애를 이 세상에서 보낸 것으로 추측된다.

스트레스 없는 절대 자유를 배운다, 장자

덧붙여서 장자의 죽은 해를 BC 300년경으로 잡으면 같은 시기에 여러 나라를 유세하며 활약하던 맹자(孟子)와의 관계도 어떻든 문제가 되나, 두 사람의 교섭은『맹자』에도, 장자에도 한 문장도 나타나지 않는다. 그 이유에 대해서도 학자들은 가지가지 억측을 내놓고 있는데, 어쩌면 당시의 맹자로서는 장자의 존재가 그다지 경계할 만한 사상적 적대성을 가지는 것도 아니고, 장자의 입장에서도 맹자는 공자만큼 큰 관심을 가질 만한 상대가 아니었으리라.

그러나 장자가 살던 BC 4세기의 중국은 대체 어떠한 시기였턴가? 이 시대는 고대 중국 역사에서 전국시대에 해당하며 투쟁과 살육으로 피비린내 나는 시대였다. 이 무렵 나타난 대국들의 최대 관심사는 나라를 부하게 하고 병력을 강하게 하는 것이었으니 그러기 위해서 권력을 악랄하게 사용하는 것이었다. 내적으로는 가렴주구(苛斂誅求, 세금을 혹독하게 징수함)를, 외적으로는 끊이지 않는 전쟁과 침략이 있었으니 인간의 생활을 투쟁과 살육, 능욕(凌辱)을 일삼고, 기아와 유망(流亡) 속에 가두어 버린다. 이 세상은 사형당한 사람이 베개를 나란히 하였고, 죄인들로 거리가 웅성대고, 인간이 산다는 것은 곧 슬픈 일이었다. 비탄과 불안, 절망의 시대가 바로 전국시대였다. 이 시대상이 곧 극에 달한 스트레스에 대해서 그려 놓은 것 같다. 우리나라 6·25 전쟁을 연상하게 한다.

장자는 이러한 시대 인간들의 마음속 구석구석까지 밝히고 엄청난 스트레스에서 벗어날 수 없을까 깊이깊이 생각한 사람인 듯하다. 장자가 살던 때는 이와 같은 불안과 절망으로 꽉 찬 시대였다. 그의 철학은 스트레스의 절정으로 가득 찬 시대 안에서 탄생하지 않았는가? 불안과 절망은 스트레스의 핵심이다.

송나라는 주(周) 민족에 의하여 멸망한 은(殷) 민족이 사는 영토였다. BC 12세기경 서북방으로부터 황하(黃河)를 따라 내려온 주(周) 민족이 은(殷) 민족을 멸망시키고 만국민을 새로운 지배하에서 통치한 것이 송나라이다. 피정복자로서 그들의 생활은 결코 행복하지 않았으리라는 것은 당연히 예상할 수 있을 것이다.

그들의 비참한 운명에 대해서 『춘추좌씨전(春秋座氏傳)』에 나오는 나무 밑동이 잘린 데에 토끼가 걸려 죽은 것을 보고 그런 경험을 다시 하려는 바보스러운 농부 이야기, 맹자에 있는 밭에 심은 묘목이 빨리 자라지 않는 것을 안달하여 부지런히 묘목을 잡아당기는 어리석은 사람 이야기 등도 그네들이 하는 일을 감수하며 굴욕과 모욕의 생활을 스스로 만들어 내는 이야기 아닐까.

그러나 정복자의 조롱과 업신여김에도 아랑곳하지 않는 송나라 사람들에게는 오래된 문화의 전통이 있었다. 로마에 정복당한 그리스 사람들은 문화적으로는 오히려 로마 사람들을 지도하여 동화시킨 것과 같이 송나라 사람도 오래된 그들의 문화는 새로이 정복한 사람들을 능가했었다. 그리하여 새로운 정복자 주(周) 민족이 얼마 안 되어서 독자적인 문화를 가지기 시작하니 송나라를 중심으로 오랜 문화와 제(齊)나라, 노(魯)나라를 중심으로 하는 새로운 문화, 춘추전국시대에 두 갈래 문화권을 형성해서 대립한다.

공자와 맹자가 후자 속에서 태어났고, 노자와 장자가 전자 속에서 태어났다. 후자에는 인간의 힘에 대한 확신과 기대가 있는 반면, 전자에는 인간의 무력과 이상의 허무함에 대한 덧없는 응시가 있었다. 역사의 좌절과 인간 세상의 험악함에 대한 비참한 반추가 있었다. 거기에는 어두운 골짜기에 잠시 멈추는 자의 통곡과 갇힌 사람의 분노가 있었다.

장주의 세속 생활은 더러움 속에 놀며 장난치는 방법을 알고 있었다. 자기의 빈궁과 어울리고 자기의 오욕과도 어울렸으며, 자기 육친의 죽음과 어울렸으며 자기 인생과 어울려서 노는 방법을 장주는 알고 있었던 것이다. 그의 생활은 그의 '유희'였다. 그러나 그 유희는 그가 흙탕물과 범벅이 되는 인생의 저변에서 발견한 그의 해탈과 다름없다.

그리고 장자는 인간의 가장 큰 비애와 두려움으로 미래의 갈피를 잡지 못하는데, 인간 일체에 처참함과 자기 상실에 시작된다고 생각한다. 따라서 그는 현재를 현재로써, 그 안에서 철저히 살 것을 가르친다. 사람이야말로 절대적 자유가 있다고 하면 그것은 일체의 필연을 자기의 필연으로 받아들이는 자유 아닐까? 일체의 필연을 그것이 오욕이든 죽음이든 자기의 필연으로 씩씩하게 받아들이고 그 씩씩함에 참된 건강과 평온한 생활이 있다. 장자의 무심(無心)이란 이와 같은 일체 긍정 정신과 다름이 아니다. 일체를 긍정하는데 그 안에 무엇에도 얽매이지 않는 참된 자기가 있다.

장자는 인생에 생기는 처참함과 자기 상실에서 벗어나는 가르침, 오늘날 우리들이 사는 스트레스의 모습을 생생하게 그려 놓은 듯하다. 그리고 그것을 극복하는 방법을 황금 같은 지혜로 밝혀 놓았다. 구부러지고 험한 길도 있으니 얼마나 다행인가? 힘차게 발을 내디뎌 보자.

三

장자 莊子

내편 內篇

본문 해설

山靜似太古日長
如少年

제1편

소요유 逍遙遊

제1장
속세로부터 높이 멀리 떠나련다

소요유(逍遙遊)의 '유(遊)'라는 말은 아무것에도 속박되지 않는 스트레스로부터 완전히 해방된 절대 자유의 인간 생활을 뜻한다. 장자는 이와 같이 절대 자유를 누리는 사람을 쉽게 남에게 굴하지 않는 사람이라는 뜻으로 지인(至人)이라고 부르며, 인간을 초월한 사람이라는 뜻으로 신인(神人)이라고도 부르는데, 이 소요유편은 지인(至人) 또는 신인(神人)처럼 얽매이지 않는 생활, 자유 무애의 경지를 장자 특유의 기상천외한 비유와 재치로 써 내려 간 글이다. 장자가 그리는 소요유의 세계는 붕곤(鵬鯤)의 이야기로 시작된다. 스트레스로 황폐해 가는 세상에 새 생명을 불어넣는 주옥같은 글귀라고 생각한다.

北冥有漁(북명유어) 其名爲鯤(기명위곤) 鯤之大(곤지대) 不知其幾千里也(부지기기천리야) 化而爲鳥(화이위조) 其名爲鵬(기명위붕) 鵬之背(붕지배) 不知其幾天里也(부지기기천리야) 怒而飛(노이비) 其翼若垂天之雲(기익약수천지운) 是鳥也(시조야) 海運則將徙於南冥(해운즉장사어남명) 南冥者(남명자) 天池也(천지야)

세계의 북쪽 끝 파도도 어두침침한 저 멀리 북해보다 어둡고 먼 파도 위에 수천 리 되는지 알 수 없는 거대한 체구를 가지고 옆으로 누

스트레스 없는 절대 자유를 배운다, 장자

워있는 곤(鯤)이라는 이름의 큰 물고기가 있다. 그 곤(鯤)이 일곱 가지 색의 극광(極光)의 신비에 세월을 보내고 크나큰 전신(轉身, 몸을 싹 바꿈)할 때를 만나면 몸의 너비가 몇천 리가 되는지 알 수 없는 거대한 새(鵬)로 변화한다. 힘차게 날면 그 날개는 하늘의 구름과 같다. 이 거대한 새는 힘껏 하늘을 날면 날개의 크기가 푸른 하늘을 덮는 구름으로 잘못 보게 된다. 날아서 남쪽 검푸른 바다로 날아가려고 하니, 남쪽 바다란 하늘의 못, 천지(天池)이다.

그런데 '곤(鯤)'은 본래 물고기 배 속의 알이란 뜻이다. 그런데 가장 작은 알을 북쪽의 큰 바다에 사는 거대한 물고기 이름으로 쓰고 더욱이 하늘을 가로질러 나는 큰 새(鵬)로 변한다는 것은 마치 인간의 생각과 사상의 초라함을 비웃고 상식의 세계를 뛰어넘어선 표현 같다.

'바다가 움직일 때'란 동지나(東支那) 바다의 계절풍에 따라 해조의 대단한 기세로 뛰어오르는 것을 바다가 움직인다고 생각한 듯하다. 하늘을 덮는 날개를 가지는 큰 새가 북쪽 끝 바다에서 남쪽 바다 끝까지 날기 위해서는 큰 바다 위에 강하게 부는 바람이 필요했다.

齊諧者(재해자) 志怪者也(지괴자야) 諧之言曰(해지언왈) 鵬之徙於南冥也(붕지사어남명야), 水擊三千里(수격삼천리) 搏扶搖而上者九萬里(박부요이상자구만리) 去以六月息者也(거이유월식자야)

여기서 '재해(齊諧)'는 사람 이름인데, 재해(齊諧)는 본래 세계가 하나로 조화한다는 의미이고, 지괴자야(志怪者也)의 지(志)는 식(識)과 같은 뜻으로 '알다'의 의미이다.

처음에 거대한 붕곤의 이야기를 듣고나와 상식을 틀을 깨어 사람들을 깜짝 놀라게 하는 장자는 보통 사람이 놀라고, 겁먹고, 의심하는 데 대비해서 자기 이야기가 그다지 엉터리가 아님을 보이려고 '재해'라는 사람을 내세워 근거로 하여 인용해 보였다.

붕(鵬)이 남쪽 끝 바다로 옮겨갈 때면 물을 삼천리치고 회오리바람에 날개를 치고 올라가는 것이 구만리. "유월 바람을 타고 하늘을 난다."라고 하며 장자가 '재해'라는 미덥지 못한 사람의 말을 그럴싸하게 인용해 보이는데, 당시 학자들의 고증벽(考症癖)에 대한 그의 통렬한 야유와 빈정거림이 볼만하다. "물을 친다." 함은 붕이 날아가려고 날개로 바다를 치는 것이다.

수격삼천리(水擊三千里)는 그 파도의 울렁거림이 삼천리나 된다는 말이다. 큰 새, 즉 붕은 여름철 아주 강한 바람을 타고 날개 쳐 구만리 하늘을 난다고 하며, 우리 인간의 몸 구석구석 쌓였던 티끌 같은 걱정, 근심 등 알게 모르게 겪고 있는 스트레스가 한 번에 날아가 버리는 듯이 몸이 한결 가벼워지고 상쾌함을 느끼게 하는 글귀다.

野馬也(야마야) 塵埃也(진애야) 生物之以息相吹也(생물지이식상취야) 天之蒼蒼(천지창창) 其正色邪(기정색야) 其遠而無所至極邪(기원이무소지극야) 其視下也(기시하야) 亦若是則已矣(역약시즉이의)

여기서는 대붕이 구만리 상공에서 내려다본 지상 세계의 광경을 설명한다. 우리들이 사는 세상, 아지랑이가 피어오르고 진애가 자욱하고 많은 사람이 모여 밀치락달치락하며 숨 쉬는 이 지상 세계에서 떨어진

스트레스 없는 절대 자유를 배운다, 장자

저 멀리 높은 곳에 펼쳐지는 끝없는 하늘의 가득 찬 푸르름. 그것은 하늘 자체의 색일까? 아니면 하늘과 땅 사이에 한없는 격차가 푸르게 보이게 하는 것일까? 짐작에 끝이 없는 무한한 거리가 그것을 푸르게 보이게 하는 듯하다.

대붕이 구만리 높은 하늘에서 세계를 내려다볼 때 이 세계도 아득한 푸르름 일색으로 눈 아래 펼쳐지지 않겠는가. 지상 세계의 왜소하고 잡다함(잡다한 스트레스로 쌓인 세계)을 초극하는 것, 그것은 대붕의 한없는 날갯짓(비상)이고 그 높고 높은 초월만이 일체의 지상에서 이루어지는 차별과 대립의 본모습을 하나로 통일하는 것이다.

읽는 사람에 따라 느끼는 바나 생각하는 바가 다를 수 있겠으나 하늘이 자연 그대로 주는 선물을 생각해 보자. 공기는 청량하고 하늘도 푸른데 저녁이 되어 어스레하게 해가 지면 하늘은 별들의 크고 작은 빛으로 해서 갖은 근심, 걱정은 사라지고 저절로 탄성과 경외감으로 마음을 평화와 안식으로 이끌게 된다.

그랬던 것이 요사이 우리나라는 어디나 미세먼지와 오염된 공기로 메워져 별도 사라지고 마음까지 황폐해지게 되었다. 이토록 대자연은 우리들의 몸과 마음을 평화로 이끌어 주는데도 불구하고, 아귀다툼으로 의미 없이 나날을 보내는 현실을 벗어나야 할 것이다.

장자의 글은 은연중 이러한 가르침을 암시하는 것 같다.

"허망된 스트레스 생활을 벗어나자. 지상 세계의 왜소함과 잡다함을 초극하는 것. 그것은 대붕의 한없는 날아오름이며, 그 높은 초월만이 지상의 일체 차별과 대립의 모습을 큰 하나로 지향하는 것이 아닐까."

且夫水之積也不厚(차부수지적야불후) 則其負大舟也無方(즉기부대주야무방) 覆杯水於拗堂之上(복배수어요당지상) 則芥爲之舟(즉개위지주) 置杯焉則膠(치배언즉교) 水淺而舟大也(수천이주대야) 風之積也不厚(풍지적야불후) 則其負大翼也無力(즉기부대익야무력) 故九萬里(고구만리) 則風斯在下矣(즉풍사재하의) 而後乃今培風(이후내금배풍) 背負靑天而莫之夭閼者(배부청전이막지요알자) 而後乃今將圖南(이후내금장도남).

'요당지상(拗堂之上)'은 '당상(堂上)의 요'와 같은 의미이다. 당상(대청위)의 오목 파인 곳에 엎지른 물은 기껏해야 먼지를 그 위에 뜨게 할 뿐, 큰 배를 뜨게 하려면 깊고 가득 찬 바다가 필요한데, 크나큰 날개를 가진 대붕이 날개 치기 위해서도 천공을 울려 퍼지게 하는 대풍이 필요하다. 구만리 상공에는 대풍이 불어 모인다. 대붕은 이 대풍 등에 그 날개를 얹고 한없이 펼쳐진 창공을 무엇에도 방해받지 않고 곧장 남쪽 바다를 향한다.

이 글은 장자가 그리는 대붕의 소요(逍遙, 슬슬 돌아다님)는 이를테면 절대자의 행동을 상징하는 것이다. 『장자』에서 절대자는 초월(超越)한 사람을 뜻한다. 초월한 사람은 인간의 생명에 활력을 차게 하고 건강한 정신을 막는 일체의 장애물에서 벗어난다.

『장자』에 있어서는 높은 초월자만이 인간을 해방하고 인간세계의 아름다움과 빛 그리고 조화를 이루게 한다. 그래서 대붕이라는 것은 이와 같은 절대자의 초월을 상징한다. 이 대붕을 앞세워 이 세상 사람들의 몸 둘 바 모르는 아비규환(심한 스트레스 상태)을 벗어나게 하는 것을 가르치고 있다.

蜩與學鳩笑之曰(조여학구소지왈) 我決起而飛(아결기이비) 槍楡枋而
止(창유방이지) 時則不至而控於地而已矣(시즉부지이공어지이이의)
奚以之九萬里而南爲(해이지구만리이남위)

거붕들의 크나큰 비상을 일응 그려낸 장자는 일변해서 지상에서 북
적대는 작은 날 것들이 뭔가 중얼대는 것에 귀를 기울인다.

매미와 작은 비둘기는 모든 위대한 것을 비웃는, 미물에 지나지 않
는다. 작은 것들은 항상 자기의 무지와 무력을 가리려고 큰 것을 냉소
한다. 그들은 대지를 앉은뱅이질하면서 그들의 보기 흉함과 작은 몸체
를 부끄럽게 여기는 대신, 높이 나는 것을 그들의 투덜댐으로 업신여
긴다.

무슨 필요가 있어 구만리나 높이 나는가? 느릅나무나 박달나무는
모두 작은 나무다. 그 나무는 기껏해야 7~8미터 높이로 자란다. 매미
와 작은 비둘기는 이 정도 높이의 나무 위를 날아다니는 데 충분하다
며 "큰 새[鵬]는 대체 어디까지 가려는가?"라고 말하고 있다. 이것이
작은 것과 큰 것의 차이이다.

適莽蒼者三飡而反(적망창자삼손이반) 腹猶果然(복유과연) 適百里者
宿春糧(적백리자숙용당) 適千里者三月聚糧(적천리자삼월취량) 之二
蟲又何知(지이충우하지) 小知不及大知(소년불급대지) 小年不及大年
(소년불급대년)

교외의 신록이 우거진 들판에 나갈 때는 하루 먹을 세 개 도시락을
가지고 나간다. 백 리 길 여행을 떠나는 사람은 하룻밤 걸쳐 쌀을 찧

고 천 리를 가는 데는 3개월이나 걸려서 식량을 모아 준비한다. 대체 이 작은 두 마리 매미와 작은 비둘기는 대붕의 비상을 어떻게 알까?

奚以知其然也(해이지기연야) 朝菌不知晦朔(조균부지회삭) 蟪蛄不知春秋(혜고부지기춘추), 此小年也(차소년야) 楚之南有冥靈者(초지남유명령자) 以五百歲爲春(이오백세위춘), 五百歲爲秋(오백세위추) 上古有大椿者(상고유대춘자) 以八千歲爲春(이팔천세위춘), 八千歲爲秋(팔천세위추) 此大年也(차대년야) 而彭祖乃今以久特聞(이팽조내금이구특문), 衆人匹之(중인필지) 不亦悲乎(불역비호) 湯之問棘也是已(탕지문극야시이)

이 작은 매미와 비둘기는 대붕의 비상을 어떻게 알겠는가. 협소한 지식으로 광대한 지식은 상상도 할 수 없으며, 짧은 수명으로는 긴 수명에 가까이하지 못한다. 어떻게 그런 것을 아느냐? 아침에서 해질 때까지가 수명인 버섯은 밤과 해 뜨는 것을 모르고, 여름에만 사는 매미는 한여름이 그 생명이니 봄, 가을을 모른다. 이것들은 수명이 짧다고 한다.

초(楚)나라의 남방에는 명령(冥靈)이라는 나무가 있었는데 5백 년 동안 성장하며 초목이 무성한 봄이고, 또 다른 5백 년 동안은 낙엽 지는 가을이다. 옛날 옛적에 대춘(大椿)이라는 나무가 있었는데 8천 년 동안 성장이 무성한 봄이고, 또 다른 8천 년이 낙엽 지는 가을이다. 이것을 긴 수명이라 한다. 그런데 지금은 팽조(彭祖)가 겨우 8백 년 살았다고 하며 장수로 유명하다고 떠들썩하다. 세간에서는 장수 이야기가 나오면 반드시 팽조를 꼽는다. 얼마나 슬픈 일인가? 팽조는 요(堯)의 시대부터 은(殷) 혹은 주(周)나라까지 7백 년에서 8백 년을 살았다고 한다. 위 한자 문구에서 '탕(湯)'은 은(殷)나라 건국 성왕이다.

스트레스 없는 절대 자유를 배운다. 장자

窮髮之北有冥海者(궁발지북유명해자) 天池也(천지야) 有魚焉(유어언) 其廣數千里(기광수천리) 未有知其修者(미유지기수자) 其名爲鯤(기명위곤) 有鳥焉(유조언) 其名爲鵬(기명위붕) 背若太山(배약태산) 翼若垂天之雲(익약수천지운) 摶扶搖羊角而上者九萬里(단부요양각이상자구만리) 絶雲氣負靑天(절운기부청천) 然後圖南(연후도남) 且適南冥也(차적남명야) 斥鷃笑之曰(척안소지왈) 彼且奚適也(피차해적야) 我騰躍而上(아등약이상) 不過數仞而下(불과수인이하) 翺翔蓬蒿之間(고상봉호지간) 此亦飛之至也(차역비지지야). 而彼且奚適也(이피차해적야) 此小大之辯也(차소대지변야)

북극 불모의 땅, 그 북쪽에 큰 바다가 있는 것은 하늘의 연못이다. 거기에 물고기가 사는데, 몸의 폭이 수천 리, 길이는 누구도 짐작할 수 없다. 이름은 '곤'이라고 한다. 거기에 새가 있어 그 이름은 '붕'이라고 한다. 등은 마치 태산과 같고 날개는 마치 넓은 큰 하늘을 더 덮은 구름과 같다. 그런데 이 새는 세찬 회오리바람에 날개를 치면 빙빙 나선을 그리며 9만 리 상공을 날아오르며 구름층을 빠져나와 푸른 하늘을 등지고 거기서 시작해서 남방을 향해서 남쪽 바다로 하늘을 날게 된다.

메추라기가 그것을 비웃으며 하는 말이 저 녀석은 대체 어디로 가려고 하는가? 나는 힘차게 뛰어올라도 5~6척 높이에서 덩굴풀이 무성한 곳을 날아다닌다. 이것도 대단한 비상인데 저 녀석은 대체 어디로 가려는 것일까? 이것이 작은 것과 큰 것의 차이인가? 좁은 지식으로 광대한 지식은 상상도 못 한다.

탕(湯)과 극(棘) 사이의 문답이다. 탕(湯)은 은나라 왕이고, 극(棘)은 탕왕에 봉사한 어진 신하의 이름이다. 앞에서 '재해'의 말을 인용해서 붕곤(鵬鯤, 모두 상상의 큰 새와 큰 물고기로 영웅, 인걸을 의미함)의 이야기를 그럴싸하게 꾸민 장자는 한발 나아가서 탕양과 극 사이의 문답을 인용해서 자기가 설파는 바가 황당무계한 것이 아니란 걸 밝히려고 한다. 그리고 그것을 어디까지나 사실처럼 꾸미는데 장자의 풍자와 해학이 있다.

궁발(窮髮)은 초목도 살지 못하는 북극 부근 불모지이고, 명해(冥海)란 동토 지대보다 저 멀리 북쪽의 큰 바다를 뜻한다. 태산은 지금의 산둥성에 높이 솟은 명산이고 양각(羊角)은 약(躍)과 같이 펄쩍 뛰어오른다는 뜻이다. 척안(斥鴳)은 메추라기를 닮은 작은 새의 일종이다. 소대지변(小大之辯)은 붕과 메추라기의 견해 차이가 생겼다는 것을 말한다.

故夫知效一官(고부지효일관) 行比一鄕(행비일향) 德合一君(덕합일군) 而徵一國者(이징일국자) 其自視也(기자시야) 亦若此矣(역약차의) 而宋榮子猶然笑之(이송영자유연소지) 且擧世而譽之(차거세이예지) 而不加勸(이불가권) 擧世而非之(거세이비지) 而不加沮(이불가저) 定乎內外之分(정호내외지분) 辯乎榮辱之境斯已矣(변호영욕지경기이의) 彼其於世(피기어세) 未數數然也(미삭삭연야) 雖然(수연) 猶有未樹也(유유미수야) 夫列子御風而行(부열자어풍이행) 冷然善也(냉연선야) 旬有五日而後反(순유오일이후반) 彼於致福者(피어치복자) 未數數然也(미삭삭연야) 此雖免乎行(차수면호행) 猶有所待者也(유유소대자야) 若夫乘天地之正,而御六氣之辯(약부승천지지정이어육기지변) 以遊无窮者(이유무궁자) 彼且惡乎待哉(피차오호대재) 故曰(고왈) 至人无己(지인무기) 神人无功(신인무공) 聖人无名(성인무명)

스트레스 없는 절대 자유를 배운다, 장자

처음에는 붕곤의 크나큰 비상에 대하여 쓰고 이것을 잡목 사이를 날개 치는 매미, 비둘기 등의 작은 것들과 대비하여 위대한 것과 하찮은 것들, 큰 지식의 세계와 작은 지식의 세계의 차이를 성명한 장자는 여기서 인간세계로 필봉을 옮긴다.

새들에 붕과 비둘기, 메추라기 등 대소의 차이가 있는 것처럼 사람들도 크고 작음의 가지가지 처지에 차이가 있다. 장자는 이와 같은 가지가지 사람의 경지를 우선 작은 것부터 시작해서 차츰 큰 것으로 올라간다. 처음에 선량한 새끼 비둘기, 예교(禮敎)의 세계에서 날개 치는 메추라기, 즉 상식적 가치와 규범의 세계에 안주하는 인간들 다음으로 그들의 비참한 선량함을 유연하게 웃는 송영자(宋榮子)의 고고함과 탈속, 다음으로 하늘에 부는 바람과 더불어 세속 세계를 비상하는 열자(列子)의 한계에 대한 초월이 마지막까지 무엇에도 구애되지 않는, 무엇에도 의존하지 않는 장자적 절대자의 궁극적인 그것을 말한다.

초월자로서 장자가 말하는 지인(至人), 신인(神人), 성인(聖人)이 소요유(逍遙遊)의 실천자로서 이 편의 결론이라는 것은 더 말할 나위 없을 것 같다.

앞을 다투는 보잘것없는 지식은 관직 하나에 오르고 공을 세우는 데 어울리고 그의 행위는 한 마을을 감화하여 의좋게 지낼 만큼의 훌륭함을 말한다. 덕은 훌륭한 군주 한 사람의 성미에 맞을 뿐, 재능은 한나라에 이름을 떨친다는 사람들, 말하자면 세상의 수재들은 자기 자신을 돌아볼 때 매미와 작은 비둘기처럼 좁은 자기 세계에 얽매어 있다.

훌륭한 덕과 뛰어난 재능이 일국의 군주 뜻에 맞고 불러내어 후대를 받는다. 이와 같은 예교 세계에 안주하여 세상에서 칭찬받는 사람이 되어 자기 생활이 전부라고 스스로 득의(得意)하는 것은 마치 작은 새들이 자기의 작은 비상을 지상의 것으로 생각하는 비소함과 닮은 점을 말한다.

송영자(宋榮子, 맹자에 '宋牼'이라고 나오는 인물)는 느긋한 모습으로 그네들을 냉소한다. 그리고 세상의 많은 사람이 칭찬하더라도 그것 때문에 더욱 노력한다는 것도 없고 여러 사람의 비웃음을 받아도 실망하지 않는다.

반면, 예교 세계(禮敎世界)에 안주하며 세상 사람의 칭찬을 받는 사람이 득의양양하여 그것을 자기 삶의 전부라고 생각하는 태도는 메추라기 등이 자기의 작은 비상을 지상으로 생각하는 하찮은 모습과 닮았다.

송영자는 유연하게 웃는다. 세간의 평가에 일희일비하는 선량한 상식적 사람들의 좁은 소견에 냉소하며 바라본다. 송영자는 세간의 비방과 포상에 마음이 흔들리지 않고 사람에게 무엇이 명예로운 진실함이며, 무엇이 참된 치욕인가 밝히는 주체성을 일률적으로 지키는 사람만이 가능하다.

또한, 송영자는 세속을 우습게 여기면서 세속에 얽매여 있다. 그의 다리는 아직 세속에서 떨어지지 않고 있다. 그의 초월이 참된 초월이 되기 위해서 다리가 다시 한 번 지상에서 떨어지지 않으면 안 된다. 참된 초월자는 현실을 비상한다. 이와 같은 비상에 익숙한 점은 보면 비상의 모든 것을 알고 있는 열자(列子, 춘추시대의 정(鄭) 나라 사상가)가 노자와 장자의 사상의 중계자라고 하나 그의 사적과 기타는 불분명한 점이 많은 쪽이라 하며, 송영자보다 더욱 높은 초월자라고 장자는 말한다.

열자는 세간의 행복을 추구하려고 급급하지 않았다. 그는 송영자의 세속에 얽매임을 초월하여 넓은 하늘을 난다. 나는 법을 아는 데는 송영자를 앞선다.

이 장에서는 앞에 말한 것을 더욱 밝힌 듯싶다. 세상 사람들이 막연한 행복이라는 것을 찾아, 출세를 바라보고 마음고생과 남과의 경쟁, 다툼이 얼마나 많은가? 이 책의 어느 한 구절을 되뇌어 보아도 보이듯, 우리 주변에 깔려 있는 스트레스에서 벗어날 때 비로소 몸이 건강해지고 사회가 건강해진다. 그 방법을 끝없이 살펴야 하지 않겠는가.
그러기에 노자, 장자의 가르침은 우리들의 심신을 울리는 경전임이 틀림없다.
열자의 사상에 대한 특징으로 '허(虛)'를 귀중하게 생각하는 데 있다. 열자가 바람을 타고 허공을 비상했다는 것도 이 허를 귀중하게 여겼다는 그의 사상을 설화한 것이 아닐까?

순유오일(旬有五日)은 10일과 5일, 즉 15일 지나서 지상으로 내려온다는 것인데 15일은 1년을 24기(氣)로 나눈 수이다. 그러므로 15일은 1기의 기간이다. 중국 고대 기상학에서 기후는 1기마다 변한다고 하니 15일 지나면 바람이 달라지고, 지상으로 춤추듯이 내린다. 그의 비상이 15일마다 지상에 내린다는 것은 그의 비상이 기후(자연의 외적 요건)에 의존하여 주체성이 없다는 뜻이다.

열자는 세상에서 행복을 추구하느라 급급하지 않았다. 열자는 송영자의 세속에 구속됨을 초월하여 하늘을 난다. 비상하는 수법을 터득하고 있는 점에서 송영자보다 앞선다. 그러나 열자는 아직 기대는 곳이 있다. 열자의 비상은 여전히 바람에 의존하고 있으니 그의 초월은 아직 바깥에 있는 것에 얽매여 있다. 이를테면, 그의 초월은 아직 참된 자유 자체의 경지에는 이르지 못한 것이다. 얽매이지 않는다는 것과 자유자재로 한다는 것은 스트레스에서 벗어나는 데 으뜸으로 손꼽힌다.

장자적 절대자의 초월이 필요하다. 참된 자유스러운 초월자는 천리 우주의 진리와 한몸이 되어 대자연의 생성 변화와 몽땅 하나가 되어 천지 우주가 유구함과 같이 대자연이 생기고 변화하는 것과 몽땅 하나가 되어 절대 자유의 세계를 소요한다. 그는 절대자유의 세계를 소요하니 아무것에도 의존할 필요가 없고, 무엇에도 속박되는 일이 없다.

지인(至人)은 자기가 없고, 신인(神人)은 공적이 없고, 성인(聖人)은 명예가 없다고 한다. 절대자는 저 멀리 높은 곳을 초월하느라 세속적인 자아에 사로잡히지 않고, 세간의 가치에 좌우되지도 않으며, 인간들의 말에 의하여 명예롭게 되지 않는다. 그것은 우주 자체와 하나가 되므로 얽매임을 초월하여 우주적 경지까지 높이 올라서 참된 가치를 창조하여 자유무애한 일을 위하여 존재한다.

절대자는 일체의 세속적인 것, 인건적인 것, 지상적인 것, 자기, 공(功)과 명(名)을 초월한다. 그리하여 절대자의 자유무애한 삶이 시작된다. 장자는 이와 같은 자유무애한 생활을 '소요유(逍遙遊)'라 부른다, 완전한 스트레스 해소의 방법을 이 장에서 명쾌하게 시사하고 있다.

스트레스 없는 절대 자유를 배운다, 장자

장자가 말하는 무기(無己), 무공(無功), 무명(無名)은 단순한 부정이 아니고 부정을 매개(媒介)로 하는 참된 긍정을 말한다. 무기, 무공, 무명은 노장사상에서 일반적으로 하는 말이라고 한다면 무위(無爲)라는 뜻인데, 노장사상에서 무위(無爲)란 아무것도 하지 않는다는 것이 아니고 인간이 본래 있던 곳으로 돌아간다는 뜻이다. 인간이 본래 자리로 돌아가기 위해서는 '나'가 부정되고, '이름'이 부정된다.

　'나'를 부정할 때 참된 '나'의 모습이 나타나고, '공(功)'을 부정하면 참된 공이 새로이 영롱하게 만들어진다. 이름을 부정하면 이 몸의 근원에 있는 것이 밝혀진다. 장자는 참된 '나', 참된 공덕과 참된 실재를 문제로 삼고 있다.

　바꾸어 말하면 무위(無爲)는 무불위(無不爲)하지 않는 것이 없다는 무위(無爲)이다. 일체의 인간적인 것을 부정하여 그 속에서 참된 인간적인 것을 추구하는 것이다. 그리고 장자의 초월이라 함은 인간이 참된 인간이 되기 위해서 일체의 인간적인 것을 부정하고 나면 그 속에 참된 인간적인 것을 추구할 수 있다는 것이다.

　장자가 말하는 무기(無己), 무공(無功), 무명(無名)이란 이와 같이 지인, 신인, 성인의 이상적인 자세를 설명한 말이다. 소요유의 실천자로서 이편 전체의 안목이 되는 것이며, 결론이라고도 할 수 있다.

　여기서 장자의 절대자, 지인, 신인, 성인의 무기, 무공, 무명에 대한 이해를 돕는데 두 가지 설명을 보태려고 한다.

　그 하나는 장자가 말하는 무기(無己), 무공(無功), 무명(無名)이 노자의 사상에 의거한 것이라는 점이다. 노자에서는 필경 참된 자기를 표현하기 위해서는 얽매인 자기를 버린다는 의미로 "'성인'은 '나(己)'가 없다."라고 말하는데 장자는 이와 같이 '나', '공(功)', '이름'을 부정하고 나서 자기가 절대자라고 말한다. 다만, 노자에 있어서 그것들을 부정함으로 처세 보신의 술수로 공리적으로 생각되어 타산적으로 생각되었을 경향이 강한 데 반하여 장자는 그 타산과 공리를 더욱 높은 주체적 입장에서 자기의 내면을 향하여 초극한다.

노자는 처세하는 방법이 더욱 큰 관심사였다. 노자는 처세에 있어서 '나'를 많이 생각하고 있다. 그러나 장자는 '나'가 궁극적 관심사였으며, 이 '나' 위에서 '세상'을 생각했던 것이다. 이 점에서 장자의 철저한 자기의 입장이 있고, 노자의 사상을 이어받으면서 그것을 넘어서는 장자 사상의 입장이 있다.

장자는 다만 이와 같이 자기 세계를 노자적 부정과 역설의 논리를 발판으로 하여 추구한다. 그리고 노자적 부정과 역설의 논리를 발판으로 하고 있다는 점에서는 장자의 사상은 무엇보다 노자를 잘 계승하고 있다.

이 두 가지는 장자의 소위 무기, 무공, 무명이 단순한 부정이 아니고 부정을 매개로 한 참된 긍정을 문제 삼고 있다. 무기(無己), 무공(無功), 무명(無名)은 노장사상에서 일반적 표현으로 바꾼다면 '무위(無爲)'라는 것인데 노장의 무위는 아무것도 안 한다는 말이 아니고 인간을 본래의 있던 곳에 돌아가게 한다는 것이다. 인간이 본래 있던 곳에 돌아가기 위해서 '나'가 부정되고, '공(功)'이 부정되며 '이름'이 부정되는 것이다.

장자는 '참된 나', '참된 공덕', '참된 실재'를 강조하고 있다. 바꾸어 말하면 무위를 위하여 참된 인간적인 것을 추구하는 것이다. 그리고 장자의 초월이란 인간이 참된 인간이 되기 위해서 일체의 인간적인 것을 부정하는 것이다. 이와 같이 참된 인간이 된 인간을 지인(至人)이라 부르고, 신인(神人), 성인(聖人)이라 하였다.

장자의 무기, 무공, 무명은 지인, 신인, 성인의 본연의 상태를 설명하는 말인 것이다.

근심, 걱정, 물욕, 미움, 경쟁심 따위로 본연의 자기 자신을 잃어버리고 허수아비 같은 자기가 되어 스트레스에 말려들어 허우적거리지 말고 청정한 주옥같이 깨끗한 사람이 되기 위해 힘쓴 사람들 이야기를 펼쳐 놓은 듯하다.

삶에서 진실이 없어진다는 것을 모르고 있지 않은가? 심신양면의 짐을 덜어두고 가볍게 사는 것이 어떠할까.

제2장
천하를 받은들 무슨 소용 있겠나?

堯讓天下於許由曰(요양천하어허유왈) 日月出矣(일월출의), 而爝火
不息(이작화불식) 其於光也不亦難乎(기어광야불역난호) 時雨降矣
而猶浸灌(시우강의이유침관) 其於澤也不亦勞乎(기어택야불역로
호) 夫子立而天下治(부자립이천하치) 而我猶尸之(이아유시지), 吾
自視缺然(오자시결연) 請致天下(청치천하)

許由曰(허유왈) 子治天下(자치천하) 天下既已治也(천하기이치야) 而
我猶代子(이야유대자) 吾將爲名乎(오장위명호) 名者實之賓也(명
자실지빈야) 吾將爲賓乎(오장위빈호) 鷦鷯巢於深林不過一枝(초
료소어심림불과일지) 偃鼠飲河(언서음하) 不過滿腹(불과만복)

歸休乎君(귀휴호군) 予无所用天下爲(여무소용천하위) 庖人雖不治庖
(포인수불치포) 尸祝不越樽俎而代之矣(시축불월준조이대지의)

절대자의 자유무애한 생활, 막힘이 없는 생활(逍遙遊)은 세속적인
일체를 벗어던지고 '나'도 없고, '공'도 없고, '명예'도 없는 것으로 결론
짓는 장자는 몇 가지 문답 형식의 서술을 보탬으로 더욱 구체적이며
실화적으로 설명한다.

그리고 여기서는 우선 요(堯)임금과 허유(許由, 요의 양위를 사양하고

스트레스 없는 절대 자유를 배운다. 장자

더러운 이야기를 들었다고 해서 흐르는 물에 귀를 씻었다고 함)와의 문답을 통해서 절대자가 '명예'를 초극하는 것을 밝히고 있다. 요(堯)는 중국의 전설 시대 성천자(聖天子)의 이름, 허유는 그 옛날에 있었다고 전해지는 은자의 이름이다. 두 사람은 명예에 집착하지 않는 성인(聖人)으로 등장한다.

요 임금은 허유에게 천하를 물려주려고 하면서 말하기를, "해와 달이 돋아 세상이 환하게 밝아졌는데도 횃불이 꺼지지 않고 있는 것은 그 빛을 밝힘에 또한 어렵지 아니하겠습니까? 때맞추어 단비가 내리는데도 여전히 물 대기를 하는 것은 논밭을 윤택하게 함에 또한 수고롭기만 한 것이 아니겠습니까? 선생께서 천하의 자리에 오르시면 천하가 다스려질 터인데 그런데도 내가 아직도 천하를 다스리고 있으니 내가 스스로 보아도 만족할 수가 없습니다. 청컨대 천하를 바치고자 합니다."

허유가 대답하길, "임금께서 천하를 잘 다스리고 있는데 나에게 대신하는 것은 혹시 내가 명예를 탐낸다고 하시는 말은 아닌지요. 명예 따위는 말하자면 주인이 없는 손님이 되라는 그것참 어처구니없는 말씀입니다. 내 몸은 깊은 산 속에 지저귀는 굴뚝새, 들녘을 이리저리 뛰어다니는 두더지와 같습니다. 굴뚝새는 무성한 나무숲에 새집을 짓는데 나무 한 가지로 만족하고, 두더지는 황하의 물을 마실 때에도 배가 부르면 그것으로 만족하는데, 요 임금께서는 빨리 돌아가십시오. 나는 천하를 가지고 할 일이 아무것도 없습니다. 신주는 신(神)이 자리 잡고, 요리하는 사람은 부엌을 지킵니다. 설령 요리사가 요리를 게을리하더라도 신주가 그것을 대신하지는 않습니다."

천자의 지위는 말할 것도 없이 지고 지대하다. 그 천자의 자리를 주저하지 않고 거절한 허유는 자기의 자유세계를 구가(求暇)하는 정신세계의 제왕이 아니겠는가. 따라서 허유는 의기양양하게 가슴을 펴고 소리높여 말하고 다닌다.

"우주의 절대자가 되려고 마음먹은 사람은 속세 일에 손을 내밀지 않는다."

본문의 일월(日月)과 시우(時雨, 철에 맞춰 내리는 비)는 허유의 덕(德)이 우주만큼 넓다는 뜻이다. 이와 대비하여 작화(爝火, 햇불)와 침관(浸灌, 물을 댐)은 요임금의 덕이 인위적이며 상대적으로 초라함을 묘사한 것이다.

주인 없는 손님을 난센스라 하듯이 실질이 따르지 않는 명목은 참으로 무의미하다. 천자라는 실질을 구하려 하면 그것은 천하를 부를 내 것으로 하는 것이겠으나 이로 인하여 여러 가지 고통과 비탄을 겪어야만 하는 삶을 벗어나 소요유의 생활을 할 수 있는 길을 찾고 있다.

현대의 상황에서 보자면 산더미처럼 쌓인 스트레스에서 어떻게 벗어날지 밝힌 듯하다.

제3장
아득한 고야의 산藐姑射山 신인神人은
천하의 정치 따위는 무관심하다

肩吾問於連叔曰(견오문어연숙왈), 吾聞言於接輿(오문언어접여), 大而無當(대이무당), 往而不返(왕이불반). 吾驚怖其言(오경포기언), 猶河漢而無極也(유하한이무극야). 大有逕庭(대유경정), 不近人情焉(불근인정언). 連叔曰(연숙왈), 其言謂何哉(기언위하재). 曰(왈), 藐姑射之山(막고야지산), 有神人居焉(유신인거언). 肌膚若冰雪(기부약빙설), 淖約若處子(작약약처자). 不食五穀(불식오곡), 吸風飮露(흡풍음로), 乘雲氣(승운기), 御飛龍(어비룡),而遊乎四海之外(이유호사해지외). 其神凝(기신응), 使物不疵癘(사물부자려), 而年穀熟(이년곡숙). 吾以是狂而不信也(오이시광이불신야).

連叔曰(연숙왈), 然(연). 瞽者無以與乎文章之觀(고자무이여호문장지관), 聾者無以與乎鐘鼓之聲(농자무이여호종고지성). 豈唯形骸有聾盲哉(기유형해유롱맹재). 夫知亦有之(부지역유지). 是其言也(시기언야). 猶時女也(유시여야). 之人也(지인야). 之德也(지덕야) 將旁礴萬物以爲一(장방박만불이위일). 世蘄乎亂(세기호란). 孰弊弊焉以天下爲事(숙폐폐언이천하위사). 之人也(지인야) 物莫之傷(물막지상) 大浸稽天而不溺(대침계천이불익) 大旱金石流土山焦而不

熱(대한금석류토산초이불열). 是其塵垢粃穗(시기진구비강) 將猶陶
鑄堯舜者也(장유도주요순자야) 孰肯以物爲事(숙긍이물위사).
宋人資章甫而適諸越(송인자장보이적제월), 越人斷髮文身(월인단발
문신), 無所用之(무소용지). 堯治天下之民(요치천하지민), 平海內之
政(평해내지정). 往見四子藐姑射之山(왕견사자막고야지산), 汾水之
陽(분수지양), 窅然喪其天下焉(요연상기천하언).

여기서는 유명한 고야산의 신인(神人) 이야기가 '견오(肩吾)'와 '연숙(連
叔)'이라는 두 사람의 유도자(有道者)의 문답을 빌어 이야기가 전개된다.

그 살결은 얼음인가. 눈처럼 새하얗고 그 자체는 순진하고 품위 있
는 처녀와 같았는데, 오곡은 먹지 않고 바람을 들이켜 이슬을 마시고
서 구름의 기운을 타고 비룡을 타고서 사해 밖에 노닌다. 그 막고야산
의 신인(神人)의 신묘한 작용력이 응집하면 만물로 하여금 병들지 않게
하고 해마다 곡식이 잘 익도록 한다는 이야기로, 이 접여의 이야기가
상식에서 벗어난 것으로 여겨져 믿기지 않는다.
　신인(神人)은 장자가 그리는 낭만적인 모습인 동시에 중국 민족이 마
음에 그리는 하나의 이상적인 인간성이기도 하겠다.

온갖 스트레스로 얼룩진 인생의 무거운 짐에서 풀려나는 홀가분함
이여. 장자는 이 막고야산에 있는 신인의 유화함과 강인함과 우주적
정신의 작용 속에서 절대자의 지고 지대한 덕과 공을 생각하는 것이
다. 그리고 이와 같은 신인의 공덕의 우주적 위대함 앞에서는 갖은 인
간적 영위로 얻어지는 공덕은 무(無)와 다를 바 없다고 한다.

스트레스 없는 절대 자유를 배운다, 장자

이 문장에 나오는 세 사람 중 견오(肩吾)는 장자 대종사(大宗師)편에 "도를 깨닫고 태산(泰山)에 머문다."라고 되어 있고, 덕충부(德充符)편에는 접여(接輿)와의 문답에 실려있는 옛날의 전설적 득도자(得道者) 또는 신(神)의 이름이라고도 한다.

연숙(連叔)도 옛날에 전설적 현자이다. 접여(接輿)는 장자 인간세(人間世)편과 「응제왕(應帝王)편」 이 외에 논어(論語), 『초사(楚辭)』, 『회남자(淮南子)』 등 고전에도 넓게 이름이 나오는 공자와 같은 때의 초나라 은자이다. 막고야의 신인을 설명하기 위해서 장자가 이러한 인물을 임의적으로 끌어넣은 것이다.

여기서는 막고야의 신인에 관하여 서술하면서 세속 세계에서 성천자로 불리는 요(堯) 임금이 이 산의 신인을 만나보고 망연자실한 이야기를 덧붙였다. 송나라 사람이 선조인 은나라 사람이 예장으로 쓰던 장포관(章甫冠)을 사들이고 월나라에 팔러 갔다는 이야기는 세속 세계의 가치를 초월한 사람들의 시계에서는 아무 쓸모도 없다는 일을 송나라의 인정과 풍속이 월나라와는 전혀 사정을 달리하는 데 눈뜨게 하였다.

장포관은 은나라 때의 오래된 예관의 이름. 송나라는 주나라 민족에 정복된 은나라 민족의 말예가 세운 나라이므로 선조로부터 내려오는 장포관은 은나라 때부터 전래하는 관을 진중하게 여겼다.

제월(諸越)은 어월(於越)이라고도 쓰며 월나라를 일컫는다. 월나라에서는 머리에 상투를 틀지 않고 가지런히 잘라서 산발한 머리 모양이었

고, 몸에는 문신을 넣는 것이 일반의 풍속이었으므로 송나라에서 진
중히 여기던 장보의 관도 여기서는 아무 소용없게 되었다.

　그와 비슷하게 세속의 세계에서 가장 반듯한 유덕자로 평가되어 이
상적인 정치를 한 성천자, 요(堯)도 한번 신인 앞에 나서면 그 위대함
에 압도되어 망연자실하게 된다. 사자(四子)는 막고야산에 사는 네 사
람의 초월자이다. 분수지양(汾水之陽)의 분수는 요(堯)가 도읍으로 삼
았다고 전해지는 산서성평양(山西省平陽) 부근을 흐르는 강의 이름이
다. 양(陽)은 산으로 말하면 남쪽을 뜻하고 강으로 말하면 북을 의미
한다. 막고야산의 신인을 만났던 요 임금은 도시의 교외 분수의 북쪽
근처까지 와서 실신하여 자신의 천하의 왕자임을 잊었다고 한다.

　본문의 "흡사 하한(河漢)의 끝없음과 같다."라는 것은 견오와 접여로
부터 들은 이야기가 밤하늘에 끝없이 펼쳐지는 하늘의 별처럼 저 멀리

스트레스 없는 절대 자유를 배운다, 장자

막연하다는 것을 말한다. "매우 격차가 있어 인정과는 거리가 멀다."라 함은 세상 일반의 말과는 몹시 떨어져 있어 상식으로는 도저히 받아들일 수 없는 현실과는 동떨어져 있다고 한다는 말인 것이다. 막고야지산(藐姑射之山)의 막(藐)은 '머나먼'이란 뜻. 고야(姑射)는 산 이름으로 북해 바다 안에 있어 성인들이 사는 산으로 전해진다.

신인은 만물을 널리 싸서 덮는 궁극적 하나의 세계에 서서 무위자연(無爲自然)의 덕으로 일체 존재를 감화해가는 것이므로 인간의 작위에 속하는 정치 세계로부터는 높이 초월한다는 것이다.

진구비강(塵垢粃穅)에서 진구는 먼지와 때, 비강은 쭉정이와 겨. 밥에서 끄집어 버린 찌꺼기다. 도주(陶鑄)는 도기쟁이나 주물공이 점토와 금속으로 기물을 만드는 것. 세상 사람들이 이상적인 성천자로 극구 찬양하는 요와 순 정도의 사람은 신인의 몸과 먼지와 때, 신인이 먹고 버린 쭉정이나 겉겨를 가지고 아무렇게나 되는 대로 만들어진다는 것이다.

이는, 요순 제왕들은 사람들 입에 자주 오르내린 만큼 훌륭한 사람이 못 된다는 것이다. 세속 세계에서 최고의 유덕자로 알려지고 이상적 정치를 한 성천자 요 임금도 한번 신인 앞에 나가면 그 위대성에 압도되어 망연자실한다는 것이다.

제4장
크기만 하고 소용없이 보이는데

惠子謂莊子曰(혜자위장자왈) 魏王貽我大瓠之種(위왕이아대호지종) 我樹之成(아수지성) 而實五石(이실오석) 以盛水漿(이성수장) 其堅不能自擧也(기견불능자거야) 剖之以爲瓢(부지이위표) 則瓠落無所容(즉호락무소용) 非不呺然大也(비불호연대야) 吾爲其無用而掊之(오위기무용이부지) 莊子曰(장자왈) 夫子固拙於用大矣(부자고졸어용대의) 宋人有善爲不龜手之藥者(송인유선위불균수지약자) 世世以洴澼絖爲事(세세이병벽광위사) 客聞之(객문지) 請買其方百金(청매기방백금) 聚族而謀曰(취족이모왈) 我世世爲洴澼絖(아세세위병벽광) 不過數金(불과수금) 今一朝而鬻技百金(금일조이육기백금) 請與之(청여지) 客得之(객득지) 以說吳王(이설오왕) 越有難(월유난) 吳王使之將(오왕사지장) 冬與越人水戰(동여월인수전) 大敗越人(대패월인) 裂地而封之(열지이봉지) 能不龜手一也(능불균수일야) 或以封(혹이봉) 或不免於洴澼絖(혹불면어병벽광) 則所用之異也(즉소용지이야) 今子有五石之瓠(금자유오석지호) 何不慮以爲大樽而浮乎江湖(하불려이위대준이부호강호) 而憂其瓠落無所容(이우기호락무소용) 則夫子猶有蓬之心也夫(즉부자유봉지심야부)

유명한 논리학자이며 정치가인 혜자(惠子)가 장자를 향해서 말했다.

"위왕(魏王)이 나에게 큰 호리병 씨를 기쁜 마음으로 보내주셨습니다. 이것을 뿌렸더니 크기 자라서 오석(五石, 약 95리터) 정도 되었는데, 이것에 마실 것을 담으려 해도 표면이 약해서 그 무게를 견디어내지 못합니다. 두 쪽으로 나누려고 하면 힘이 없어 무엇을 담을 수도 없습니다. 쓸모없이 크기만 하여 때려 부수고 말았습니다."

장자는 여기에 대하여 응답했다.

"당신은 큰 것을 쓰는 데 참으로 서툴다. 옛날 송나라 사람 중 추위로 손발이 트는 것을 낫게 하는 데 훌륭한 약을 만드는 사람이 있었는데, 그 약을 손에 발라서 풀솜을 햇볕에 쬐는 일을 대대로 가업으로 하고 있었다. 그런데 나그네 한 사람이 그 약 만드는 방법을 백금(百金)에 사고 싶다고 말해 왔으니 친족을 모아 논의를 했다.

그들은 대대로 풀솜을 햇빛에 말리는 일을 해왔는데 그것은 단지 금 5~6개를 얻을 뿐이다. 그런데 갑자기 이 약 만드는 기술이 백금에 팔리게 되니 여기서 물려주는 것으로 했으면 한다고 했다. 그 나그네는 그 약 만드는 방법을 오왕 앞에서 설명하고 수상전(水上戰)에 사용할 것을 권유했다. 얼마 있지 않아 월 나라와 전쟁이 일어났고 오왕은 그 나그네를 장군으로 등용하여 한겨울에 월군과 수상전으로 교전하여 월군을 크게 이긴다. 월군은 살갗이 터서 고생하여 충분히 싸우지 못했기 때문이다. 오왕은 공적을 찬양하여 나라를 분할하여 이 남자에게 넓은 영지를 주었다고 한다. 그런데 손발 트는 것을 막는 기술은 같은데도 불구하고 한편은 큰 나라의 영주가 되었고 다른 쪽은 손발 트는 약을 사용하여 근근이 살아가야 한다는 것은 그것을 사용하는 방법이 달랐기 때문이다. 당신에게 오석들이 호리병이 있으면 그것의 속을 도려내어 배로 만들어 그것을 타고 큰 강이나 바다에 떠서 자유롭게 천지를 즐기면 좋겠지. 그것을 하지 않고 얕은 곳에서 아무것도 들어갈 수 없다고 마음 쓰고 있는 것은 도대체 무슨 일일까. 말하자면 당신은 아직 꽉 막혀버려 열리지 않는 마음을 가지고 있구려."

혜자(惠子)는 논리학파 혜시(惠施), 위(魏, 지금의 하남성 대량에 도읍한 나라)의 재상이 되었다. 장자와의 교섭은 여러 편에서 보이는데 「천하편」에서 자세히 나온다.

오석(五石)- 석(石)은 양을 재는 단위. 십두(十斗)가 일석(一石), 지금의 약 19리터에 해당한다고 하는데 확실치 않음.

오(吳)·월(越) 두 나라 모두 양자강 하류에 있던 춘추시대 나라 이름. 원수처럼 여기던 나라로, "오월동주(吳越同舟)"라는 사자성어가 유명하다.

봉지심(蓬之心)은 꽉 막힌 마음을 뜻한다.

이 글에서 호리병을 세상의 가치에 따라 생각하는 것은 혜자의 입장이다. 그는 호리병 박을 상식적 유용성의 관념에 따라 처리하려고 하니 그것을 마실 것을 넣는 통이나 반으로 쪼개어 액체를 떠내는 용도로만 쓰려고 한다. 그러나 상식을 넘어선 것이 상식에 의하여 처리될 일은 없으므로 음료를 담는 것으로 너무 무거워 들어 움직이지 못하고, 국자로 사용하면 밑바닥이 납작하여 물이 넘쳐 흐르고 만다.

그래서 그는 모든 상식인이 그러하듯이 자기의 무능을 모른 체하고 "이것이 쓸모없다."라며 불평한다. 그는 그것으로 양자강의 넓고 넓은 흐름, 즉 대자연 속에서 노니는 것을 모르는 것이다.

"부자는 쑥과 같이 부스스한 사나이구나."라며 장자에게 혼난 이유이다. 쑥은 모두 왜소한 것, 난쟁이의 근성을 상징한다.

가죽나무라 불리는 꾸불꾸불한 대목도 한가지 아닐까? 규구준승(規矩準繩)은 세간의 가치의 규범인데, 그 세간의 가치와 규범에 맞지 않는 큰 나무는 상식을 전부라고 하는 목수에게 있어서는 손 쓸 도리가 없다.

장자는 말한다. 그것은 무용의 용(無用之用)을 모르기 때문이다. 어찌하여 그 대목을 아무것도 없는 세계, 사람 하나 없는 광야의 한가운데에 서서, 그 옆에는 일체의 인간적인 것을 초월하여 자유스러운 고독 속에 방황하며 흡족한 안락과 풍부한 삶으로 꽉 찬 소요를 즐기고 있지 않은가.

세상 사람으로부터 무용(無用)의 딱지가 붙여지고, 대목으로부터 버림받은 이 가죽나무 대목은 천수를 다하여 도끼에 의하여 잘리는 일도 없이 모든 것으로부터 안전한 자기를 확보하게 된다. 거기는 끊임없는 방황과 환희와 멈춤 없는 소요의 즐거움이 있겠다. 세간에 무가치하다고 해서 걱정할 필요는 없지 않은가?

제5장
허무의 촌락, 드넓은 황야에
소요유 하면^{스트레스 해소의 절정}

惠子謂莊子曰(혜자위장자왈) 吾有大樹(오유대수) 人謂之樗(인위지저)
其大本擁腫而不中繩墨(기대본옹종이부중승묵) 其小枝卷曲而不中
規矩(기소지권곡이부중규구) 立之塗(입지도) 匠者不顧(장자불고) 今
子之言(금자지언) 大而無用(대이무용) 衆所同去也(중소동거야) 莊子
曰(장자왈) 子獨不見狸狌乎(자독불견리성호) 卑身而伏(비신이복) 以
候敖者(이후오자) 東西跳梁(동서도량) 不辟高下(불피고하) 中於機辟
(중어기벽) 死於罔罟(사어망고) 今夫斄牛(금부리우) 其大若垂天之雲
(기대약수천지운) 此能爲大矣(차능위대의) 而不能執鼠(이불능집서)
今子有大樹(금자유대수) 患其無用(환기무용) 何不樹之於無何有之
鄕(하불수지어무하유지향) 廣莫之野(광막지야) 彷徨乎無爲其側(방황
호무위기측) 逍遙乎寢臥其下(소요호침와기하) 不夭斤斧(불요근부) 物
無害者(물무해자) 無所可用(무소가용) 安所困苦哉(안소곤고재)

장자의 시작에 붕곤(모두 상상의 큰 새와 큰 물고기)의 크
나큰 비상을 묘사했고, 다음으로 큰 비상으로 상징되는 신인(神人)의
높은 초월을 말하면서, 왜소한 것에 대한 위대한 것, 사로잡힌 작은 세

계에 대해 활달 자유한 큰 세계를 밝혀 놓은 소요유편은, 마지막으로 이 대(大)라는 세계에 대한 혜자의 비판과 거기에 대한 장자의 반박을 내용으로 하는 두 가지 문답을 덧붙여서 씀으로 이 편을 끝낸다.

최후의 두 가지 문답은 옛날부터 내려오는 말처럼 장자 자신의 필치는 아닌 것 같다. 어쩌면 후세 사람들이 장자의 말처럼 전해진 것을 소요유편의 내용에 덧붙였겠지.

혜자는 맹자와의 문답으로 유명한 양나라 혜왕[본문에 큰 박씨를 혜자에 보냈다는 위왕은 어쩌면 이 양나라 혜왕이 아닐까? 위 나라는 처음에는 산서성의 안입에 도읍했다가, 나중에 진나라의 압박을 받고 하남성 대량(大梁)에 천도했다.]에 출사한 장자와 같은 무렵의 논리학자이며 정치가이다. 장자와의 교섭도 당시의 사상가 중에서 가장 밀접했으며 두 사람 사이에서 이루어진 의논도 장자 전편 안에서 열 편 넘게 보인다.

요컨대 장자의 사상이 너무나 초세속적이어서 현실에 아무 도움을 주지 않는다고 하는데, 장자는 그 비난에 대하여 "무용의 용(無用之用)"이라는 말로 답한다. 장자는 참된 위대한 인간이 자기를 세속의 허다한 왜소한 것에 동여 매인 일체에서 날아가듯 참으로 유용한 것은 세속의 유용한 것을 넘어서는 일이다.

세속의 유용함을 넘어선 곳, 이를테면 세간에서 무용하다는 것 속에 참된 유용함이 있다. 그러나 세속에 붙들어있는 사람들은 세속의 유용함을 넘어서는 무용한 것의 유용성을 알지 못한다. 그들의 눈은 고정화되고 습관화된 것이며 만들어진 가치체계에 못 박혀서 존재하는 모든 것의 자유스러운 사치, 참된 유용성을 시야에서 놓친다.

장자는 이와 같은 세속의 인간들이 시야에서 놓치는 자유스러운 가치와 참된 유용성을 그네들이 쓸모없는 것으로 판정한 것 중에서 발견한다. 그리고 세속 인간들이 무용이라고 하는 것 중에 참된 유용성과 자유스러운 가치를 찾아내며 가는 장자의 다리는 세속 그 자체를 넘어서고 있는 것이다. 모든 걱정에서 풀려나서 몸을 꽁꽁 동여매던 스트레스에서 벗어나 진정한 자유를 만끽하게 된다. 고민, 걱정의 시달림에서 해방되어 하는 일에 생기가 돈다.

두 개의 문답 안에 인용된 병벽광(逛澼絖)의 이야기와 리성(狸狌)의 이야기는 말할 나위 없이 사물의 가치는 고정적이고 절대적이지 못하고, 쓰기 나름으로 '대(大)'도 되고 '소(小)'도 된다는 것, 그리고 세간적으로 무가치하다는 것이 오히려 참된 가치를 가진다고 비유한 것이나, 병벽광의 광은 서(絮)와 같고, 병벽이란 그 거친 솜을 물속에서 바래는 것이다. 물일이라서 손발의 살갗이 트는 것을 막는 약이 필요하다.

혜자(惠施)가 장자에게 말하기를, "나에게 큰 나무가 있는데 사람들은 그것을 가죽나무라고 이른다. 그 큰 뿌리줄기는 혹처럼 울퉁불퉁하여 먹줄에 맞지 않고, 그 작은 가지는 비비 꼬여서 규구에 맞지 않는다(동그라미나 네모꼴을 그릴 수가 없다). 이 나무가 길옆에 서 있지만 목수가 쳐다보지도 않는다. 지금 그대의 말이 크기만 하고 쓸모가 없는지라, 많은 사람이 모두 버리는 것이다."

스트레스 없는 절대 자유를 배운다. 장자

장자가 대답하기를, "그대만 유독 살쾡이를 본 일이 없는가? 몸을 바짝 낮추고 엎드려서, 그리고 나와 놀고 있는 짐승들을 엿보고, 먹이를 찾아 동(東)으로 서(西)로 이리 뛰고 저리 뛰면서, 높고 낮은 데를 가리지 않는다. 덫에 걸리기도 하고 그물에 걸려 죽기도 한다. 이제 저 털이 검고 꼬리가 긴 소는 그 크기가 하늘에 드리운 구름과 같으니 이 소는 큰일은 할 수 있지만 쥐는 잡을 수 없다. 이제 그대에게 큰 나무가 있으면서도 그 나무의 쓸모없음이 걱정된다면 어찌하여 어디에도 없는 허무의 고향(無何有之鄕, 유토피아), 광원막대한 들판에 그것을 심어 놓고, 그 옆에서 이리저리 거닐면서 아무 하는 일 없이 지내고, 그 아래에서 유유자적하면서 낮잠이라도 자지 아니하는가? 이 큰 나무는 도끼에 잘리지도 아니하고 아무도 해치지 않으니, 쓸 만한 것이 없긴 하지만 어찌 고달프고 괴로워할 것이겠는가?"

山靜似太古日長

知少年

제2편

제물론 齊物論

제1장
하나ᄀ라는 무^無에 깊이 침잠한다

南郭子綦隱机而坐(남곽자기은궤이좌) 仰天而噓(앙천이허) 荅焉似喪
其耦(답언사상기우) 顏成子游立侍乎前曰(안성자유입시호전왈), 何居
乎(하거호). 形固可使如槁木(형고가사여고목) 而心固可使如死灰乎
(이심고가사여사희호) 今之隱机者(금지은궤자) 非昔之隱机者也(비석
지은궤자야) 子綦曰(자기왈) 偃(언) 不亦善乎(불역선호) 而問之也(이
문지야) 今者吾喪我(금자오상아) 汝知之乎(여지지호)

이 제1장은 중국 고대 도가 사상의 역사적 전개의 개막을 알리는 불후의 문답이다. 이 문답은 장자를 비롯하여 도가(道家)의 제(諸)문헌 중에 가장 빠른 시절에 성립하여 가장 중요한 문장 중 하나이다. 그뿐 아니라 중국 고대의 모든 문헌 중에 가장 난해한 사상 표현이다. 이 장의 사상 내용을 이해할 수 있다면 장자의 제사상, 나아가서 도가의 제사상을 과반은 이해하는 것이라고 해도 지나친 말이 아닐 정도이다.

'도(道)'는 중국 고대 도가(道家)에 있어서 가장 중요한 것이다. 그 '도'가 '하나(一)'이며 결국 '무(無)'이며, 인간의 지혜로는 결코 잡을 수 없는 그 무엇이라고 한다. 이 학파로서 근본 명제는 여기에 처음으로 정립되었는데, 이것을 계승해서 후대의 여러 문장과는 다른데 여기에는

스트레스 없는 절대 자유를 배운다, 장자

앞의 명제의 내용과 성립 근거가 기존의 예비지식 없이 극히 명료하게 논해진 데 대하여 주목을 받는다.

이것을 직접 기원으로 하여 도가 제사상은 이후 다방면으로 전개되어 간다. 예를 들면 근원의 실재 '도'를 중심에 자리 잡고 형이상학 존재론, '일(一)'이란 '무(無)'로부터 '다(多)'의 '유(有)'의 형성을 말하는 우주생성론, 만물의 법칙으로서의 '기(氣)'를 논하는 자연론, 무정부주의적 '지덕(至德)의 사회'로 돌아가려는 유토피아 사상 등이 있다.

소요유편에서 절대자의 얽매임 없는 생활, 자유 무애의 경지를 붕곤의 큰 비상과 더불어 설명한 장자는 이 제물론(齊物論)편에서 그와 같은 절대자의 생활에 대한 논리, 인간이 어떻게 해서 절대자가 될 수 있을까에 대한 실천적 근거를 밝혀 놓았다.

제물론(齊物論)이란 만물이 한가지라는 논리를 밝힌다는 의미이다. 중국 고대 도가의 사상을 역사적으로 전개하기 시작하는 기념비적인 문답이다. 본 문답은 장자를 시작으로 도가(道家) 여러 문헌 중에서 가장 먼저 작성되었으니 가장 중요한 문장의 하나이다.

어디 그뿐이겠는가. 앞서 말한 것처럼 중국 고대의 여러 가지 문헌 중에서 가장 난해한 사상의 표현이다. 제물론에서 장자는 인간이 절대자가 되려면 일체 존재가 모두 하나인 입장에 서지 않으면 안 된다고 가르치고 있다. 아무것에도 속박됨이 없는 절대적 자유 인간으로서 생활은 만물이 모두 하나라는 궁극적 '하나(一)'의 세계에 서는 것으로써 비로소 가능해진다고 했다. 궁극적 자유 평화를 얻을 수 있는 스트레스 세계로부터 자유로워지는 길을 가르치고 있다.

제물론편은 우선 남곽자기(南郭子綦)와 안성자유(顏成子游)와의 문답으로 시작된다.

　남곽자기는 남백자기 또는 남백자규(子葵)라고도 써 놓았다. 초(楚)나라 철인(哲人)으로 성곽 남쪽 변두리에 살고 있었으므로 남곽자기로 불렸다. 안성자유는 이름을 언(偃)이라고도 하고 남곽자기의 제자이다. 성내의 혼잡을 피하여 조용한 교외에 집을 장만하여 세속을 잊어버리고 자기 자신마저 잊어버린 채 유유자적한 생활을 즐기는 남곽자기는 이른바 소요유의 훌륭한 실천자이며, 그의 세속을 훌쩍 넘어선 생활은 아득히 저 멀리 푸른 하늘의 높은 곳을 나는 대붕의 웅장한 모습과 견주어 볼 수 있다. 번거로운 세상에서 시달림을 받고 신음하는 사람들이 그 많은 무게를 감당하기 어려운 스트레스에서 빠져나올 수 있는 멀지만 귀중한 지름길임을 순간순간 깨닫게 한다.

　어느 날 그는 고요한 창가에 옆으로 대놓은 책상에 지그시 기대 느긋하게 깊고 큰 숨을 쉰다. 그 모습은 멍한 모양으로 짝과 사별한 것과 같다. 사랑하는 처를 잃어버리고 얼빠진 마음에 몸과 세상을 잊어버린 남자와 같다. 제자인 안성자유에게는 선생의 무표정과 무감동의 모습이 더러는 마른 나무가 삐죽 서 있는 듯하고 또는 불의 기운이 사라진 재와 같이 보인다. 그때 그는 남곽자기에게 질문을 던진다.

　"오늘 책상에 기대어 있는 모습은 이전에 계시던 모습이 아닙니다." 자기 왈, "언이여, 참 좋은 모습이 아니냐? (제자의 관찰력을 칭찬한 말이다.) 지금의 나는 나를 잊어버렸도다." 상아(喪我), 망아(忘我)는 한가지 뜻인데 남곽자기의 말은 제물론편 전체의 귀결로 볼 수 있겠다.

스트레스 없는 절대 자유를 배운다, 장자

女聞人籟而未聞地籟(여문인뢰이미문지뢰) 女聞地籟而未聞天籟夫
(여문지뢰이미문천뢰부) 子游曰(자유왈) 敢問其方(감문기방) 子綦曰
(자기왈) 夫大塊噫氣(부대괴애기) 其名爲風(기명위풍) 是唯無作(시유
무작) 作則萬竅怒呺(작즉만규노호) 而獨不聞之翏翏乎(이독불문지료
료호) 山林之畏崔(산림지외최) 大木百圍之竅穴(대목백위지규혈) 似
鼻(사비) 似口(사구) 似耳(사이) 似枅(사계) 似圈(사권) 似臼(사구) 似
洼者(사와자) 似汚者(사오자) 激者(격자) 謞者(학자) 叱者(질자) 吸者
(흡자) 叫者(규자) 譹者(호자) 宎者(요자) 咬者(교자) 前者唱于(전자
창우) 而隨者唱喁(이수자창우) 冷風則小和(냉풍즉소화) 飄風則大和
(표풍즉대화) 厲風濟(여풍제) 則衆竅爲虛(즉중규위허) 而獨不見之調
調(이독불견지조조) 之刁刁乎(지조조호)

남곽자기의 말을 빌려서 이 편의 귀결을 미리 모두(冒頭)에 실었다. 장자는 거기에 더하여 자기의 자유에 대한 설명을 빌려서 그의 자아를 성립시키고 있는 것도 소요유의 논리를 설명한 것이었다. 그리고 자기가 여기서 말한다 '천뢰(天籟)'야말로 '망아(忘我)'의 논리와 다를 게 없다.

"여자는 인뢰를 들어도 미처 지뢰를 듣지 못하고, 지뢰를 들어도 아직 천뢰를 듣지 못하는구나."라는 천뢰를 설명하기 위해서 그 먼저 지뢰와 인뢰를 올려놓았던 것이다. '뢰(籟)'는 울림이란 뜻이다. '인뢰'는 사람이 악기를 연주하여 생기는 소리. '지뢰'는 대지에서 생기는 울림, 즉 바람 소리를 말한다.

"대지의 내쉬는 숨을 바람이라 한다."로부터 "너 혼자 이 나뭇가지 흔들리는 소리, 이 솔솔 부는 소리를 보지 않는가."까지 이 일체의 남

곽자기의 말은 지뢰(地籟)를 설명한 것이다.

"큰 덩어리, 즉 대지의 숨을 바람이다."라 함은 고대 중국 사람에 있어서 바람이 불고 일어나는 것은 대지가 하품하기 때문이라고 생각했기에 그러한 것이다. "이것은 그저 만드는 일 없을 뿐. 만들면 즉 만 가지 구멍이 심하게 울리다."란 이 바람은 불어 일으키지 않으면 그것으로 끝인데, 한번 불어 일어나면 모든 구멍이란 구멍은 심하게 소리를 내기 시작한다는 것이다.

규(竅)는 혈(穴)과 같이 구멍이라는 뜻이고, 료료(寥寥)는 멀리서 불어오는 바람 소리, 산림의 외최(畏崔 - 나무숲의 웅성거리며 흔들리는 모습)는 그 멀리서 퓨퓨 소리를 내며 불어오는 바람이 산 가까이 오면 순식간에 여태껏 고요한 산의 나무들이 한꺼번에 웅성거림을 말한다.

입 같은 것, 귀 같은 것 이하는 산에 우뚝 선 거목 구멍의 가지가지 모양을 형용한 말이다. 격한 것, 소리 지르는 것 이하는 여러 가지 모양의 구멍이 바람을 받아 울리는 소리를 형용한 것이다. "사나운 바람이 지나면 많은 구멍이 허해진다."라는 것은 큰 바람이 지나고 나면 천지가 본래의 정적으로 돌아간다는 뜻이다. 여기서 우리들은 장자가 그리는 바람의 생태를 그리는 필치의 예리함과 정확함에 눈을 크게 떠야 하지 않을까.

이 문장은 옛날 사람 왕안중(王安中)이 "책을 덮고 앉아도 아직 쓸쓸한 소리가 귓전에 다가오는 것을 느끼게 한다."라고 평한 뛰어난 주옥같은 글이다.

子游曰(자유왈) 地籟則衆竅是已(지뢰즉중규시아) 人籟則比竹是已
(인뢰즉비죽시아) 敢問天籟(감문천뢰) 子綦曰(자기왈) 夫吹萬不同(부

스트레스 없는 절대 자유를 배운다, 장자

취만부동) 而使其自己也(이사기자기야) 咸其自取(함기자취) 怒者其誰
邪(노자기수야)

세속적 입장에서는 모든 울림은 울림을 일으키게 하는 그 무엇 또는
누군가가 그 배후에 숨어 있어서 모든 울림이 울림으로 된다는 생각이
든다는 것이다. 모든 현상의 깊숙한 곳에는 현상을 현상으로 성립하게
하는 무엇인가 하나 있다는 것이 세속의 생각이다.

거기서는 사물의 결과는 항상 원인과 연결되어 있다고 생각하여 인
과의 연결고리는 인간의 사유를 묵직하게 동여맸다. 거기서는 현재는
항상 과거 및 미래와 갈라져 있다. 지금 있는 모든 것을 그저 지금 있
는 것으로 받아들이는 늠름한 자유스러운 정신이 질식한다. 따라서
사람들은 인과의 연쇄에 따라가서 함부로 파고들며 분별을 모색한다.
그러면서 과거로 위협받고 미래에 겁을 먹고 발랄한 생명의 용솟음치
는 사유 탐닉과 닫힌 의식의 자학 속으로 밀려들어 가 죽는다.

남곽자기는 이와 같이 인간의 건강한 정신을 좀먹는 분별, 인과적
사유를 멀리한다. 그는 만뢰의 울림은 모두 자기 자신의 원리에 따라
울림이 되는 것이지 그것을 배후에서 울림으로 하는 것은 아무것도 없
다고 한다.

남곽자기에게는 하늘이란 사람과 땅과 대립하며 또는 사람과 땅을
넘어서는 무엇이 아니고 사람이 사람이며 땅은 땅이듯 사실 그 자체이
다. 바꾸어 말하면 하늘이란 '있는 그대로'라는 것이고, 스스로 그러한
자연(自然)이라는 것이며, 분별(인과적 사고)을 초월한 것이다.

제2편 제물론 齊物論

사람은 이 하늘의 입장에 설 때 모든 것을 있는 그대로 긍정할 수 있지 않을까. 그는 일체 존재를 그대로 긍정하니 일체 존재와 하나 될 수 있다. 일체 존재와 하나가 된다는 것은 내가 나를 잊어버린 경지이다. 그리고 내가 나를 잊어버린 경지에서 자기는 처음으로 참된 자기가 된다.

남곽자기는 책상에 기대어 깊은 큰 숨을 쉰다. 깊고 큰 숨을 쉬고 있는 그는 자기와 세계 일체를 천뢰로 듣고 있는 것이다. 하잘것없는 사람을 동여매고 채찍질하는 스트레스 속에서 신음하는 현대인들이 많이 생각하고 읽고 또 읽어야 할 어둠 속을 빛나게 하는 글귀처럼 느껴진다.

장자가 인간의 참된 자유정신을 종교적 도피와 합리주의적 오만을 극복함으로 그 안에서 찾으려 할 때, 그의 입장은 무엇보다 근대 유럽의 실존철학 정신의 기반, 그 중에도 현대 유럽 정신의 고민을 연상케 한다.

세간과 자기와의 기분 전환함으로 그 속에 숨어 있던 인간이 갑자기 인간의 부조리에 눈뜰 때 우리들도 혼돈을 바라보고 있음을 알게 된다.

환상이든 희망이든 갑자기 잃어버린 우주 속에서 인간은 자기가 이방인임을 깨닫게 된다. 거기에는 인생의 부조리를, 눈 뜬 사람의 고통과 평온을 생각하게 된다.

大知閑閑(대지한한) 小知閒閒(소지간간) 大言炎炎(대언담담) 小言詹詹(소언첨첨) 其寐也魂交(기매야혼교) 其覺也形開(기교야형개) 與接爲搆(여접위구) 日以心鬪(일이심투) 縵者(만자) 窖者(교자) 密者(밀자)

스트레스 없는 절대 자유를 배운다, 장자

小恐惴惴(소공췌췌) 大恐縵縵(대공만만) 其發若機栝(기발약기괄) 其
司是非之謂也(기사시비지위야) 其留如詛盟(기류여저맹) 其守勝之謂
也(기수승지위야) 其殺若秋冬(기살여추동) 以言日消也(이언기일소야)
其溺之所爲之(지닉지소위지) 不可使復之也(불가사부지야) 其厭也如
緘(기염야여함) 以言其老洫也(이언기노혁야) 近死之心(근사지심) 莫
使復陽也(막사부양야)

대지(大知)는 한가하고 너그럽지만 소지(小知)는 사소한 일이나 또박
또박 따지며, 대언(大言)은 담담(淡淡)하여 시비에 구애받지 않지만 소
언(小言)은 수다스럽기만 하다. 세속적인 인간은 그가 잠들어서도 마음
쉴 새가 없고 그가 깨어나서는 육체가 열려 외계의 욕망을 받아들여 외
물과 접촉함으로써 분쟁을 일으켜서, 날마다 마음속에서 싸운다.

이 같은 자기주장의 아비규환과 자기 상실의 그 모습은, 어떤 경우는
너그럽게 마음 쓰고, 어떤 경우는 심각하게 마음 쓰며, 어떤 경우는 세
밀하게 마음을 써서 결국은 작은 두려움은 깜짝깜짝 놀라게 하고, 큰
두려움은 생기를 잃어버리게 해서 그 움직임이 마치 활 틀에 건 화살과
같이 튕겨 나가는 것은 시비를 따지는 것을 일컫는 것이고, 마음이 움
직이지 않는 것이 마치 맹세한 사람과 같은 것은 승리를 지키려는 것을
말하는 것이고, 퇴색해 가는 것이 마치 가을이나 겨울에 초목이 시드
는 것과 같은 것은 날로 소멸해 감을 말함이니, 그것이 세속에 빠져 버
린 것은 그것을 한 결과로, 그것을 다시 돌이키게 할 수는 없다.

대지한한(大知閑閑)에서 한한(閑閑)은 조용하고 침착하여 여유가 있
는 모습. 소지간간(小知閒閒)에서 간간(閒閒)은 이것저것 세세한 점까
지 깊이 파고듦을 의미한다.

대언담담(大言炎炎)에서 담담(炎炎)은 시원스럽고 작은 일에 구애받지 않는 것이고, 소언(小言)은 수다만 떠는 모습. 자나 깨나 심신의 평정이 없어진 상태이다.

일상생활을 살면서 서로 교섭하면서 옥신각신하며 날마다 정신을 투쟁하느라 닳아 없애고 잡념과 망상으로 고통을 받는다. 어쩌면 현대 사람의 복잡한 인위적인 생활로 무수히 생기는 스트레스에 시달림을 받고 몸과 마음의 병을 이것으로 키운다.

고통은 말로 표현이 다 되질 않는다. 정신적 투쟁으로 여러 가지 마음 모양이 생긴다. 만(縵)은 느긋함, 무관심함, 교(窖)는 음험한 것, 밀(密)은 대범한 데가 없이 사소한 일에 얽매이는 모양. 소공(小恐)은 무서워서 떠는 모양. 췌췌(惴惴)는 근심 있어 하고 두려워하는 모양이다.

대공만만(大恐縵縵)에서 만만(縵縵)은 종잡을 수 없고 살아 있다는 기분이 아니다. 죽음에 다가서 마음가짐은 아직 가을. 겨울의 기(氣)가 청청한 초목을 조락(凋落)토록 하듯이 나날이 정신을 닳아 없애는 세속 인간들의 미친 듯한 감정은 물욕에 휩싸인 노인의 나날 망집이 손을 쓸 방법도 없는 죽음으로 가는 병이라고 한다.

정신이 닳아 없어지는 과정을 신기할 정도로 생동감 넘치게 표현했다. 이것이 어림잡아 2,000년이 넘는 옛날에 스트레스가 생기고 움직이는 모습을 생생하게 그려 놓았으니 오늘날의 스트레스 해소 방법 책보다 선명한 듯하다. 이 글을 읽고도 스트레스를 남의 일처럼 보아 넘길 수 있을까?

喜怒哀樂(희로애락) 慮嘆變熱(여탄변집) 姚佚啓態(요질계태) 樂出虛(락출허) 蒸成菌(증성균) 日夜相代乎前(일야상대호전) 而莫知其所萌

스트레스 없는 절대 자유를 배운다, 장자

(이막지기소맹) 已乎(이호) 已乎(이호) 旦暮得此其所由以生乎(단호득
차기소유이생호) 非彼無我(비피무아) 非我無所取(비아무소취) 是亦
近矣(시역근의) 而不知其所爲使(이부지기소위사) 若有眞宰(약유진
재) 而特不得其眹(이특부득기진) 可行己信(가행이신) 而不見其形(이
불견기형) 有情而無形(유정이무형) 百骸九竅六藏(백해구규육장) 賅
而存焉(해이존언) 吾誰與爲親(오수여위친) 汝皆說之乎(여개설지호)
其有私焉(기유사언) 如是皆有爲臣妾乎(여기개유위신첩호) 其臣妾不
足以相治乎(기신첩부족이상치호) 其遞相爲君臣乎(기체상위군신호)
其有眞君存焉(기유진군존언) 如求得其情與不得(여구득기정여부득)
無益損乎其眞(무익손호기진)

희로애락의 감정이 아니면 '나'라는 주체를 확인할 수 없고, 내가 아
니면 희로애락의 감정이 나타날 수 있는 주체가 없어진다. 이 같은 견
해는 진실에 가깝지만 그렇게 하도록 시키는 것이 무엇인지 알지 못한
다. 참다운 주재자가 있는 것 같지만 다만 그 조짐을 알 수 없으며, 작
용으로써의 가능성(可行)은 매우 믿을 수 있지만 그 형체는 볼 수 없으
니, 작용의 진실성은 있으나 그 구체적 형체, 즉 증거는 없다. 인간의
몸에도 1백 개의 뼈마디와 아홉 개의 구멍과 여섯 개의 장부를 갖추어
보존하고 있는데, 나(남곽자기)는 어느 것과 더불어 가까운가? 그대(안
성자유)는 모두를 사랑할 것인가? 아니면 그중 어느 하나만을 사사로
이 사랑할 것인가? 이와 같다면 만약 신체의 어느 하나가 전체의 지배
자가 될 수 없다면 그것들 모두를 신첩으로 삼을 것인가? 신첩은 서로
다스리기에는 부족한가? 교대하면서 서로 돌아가면서 서로 군주가 되
고 신하가 될 수 있는가? 아니면 어디쯤인가에 참다운 군주가 존재하
는 것인가? 그 실상을 알든 모르든 간에, 그것은 참다운 자연의 진실

에는 아무런 영향도 미치지 못한다.

인간의 마음의 웅성거림과 서로 미워함, 미쳐서 날뜀, 미혹하여 나쁜 길에 빠지는 모양이 이상과 같고, 사람의 마음에 생기는 만 가지 울림은 무엇에 의거해서 생기는 것일까? 분명히 사람 마음의 움직임도 천 가지, 만 가지다.

어느 것은 즐겁고 또는 성내게 하고, 슬퍼도 하고 즐거워하고, 더러는 아직 닥치지도 않은 미래에 대하여 지레짐작하여 고생을 사고 더러는 돌아가지 못하는 과거에 대하여 푸념을 한다. 변덕스러움과 앙심이 얼마나 깊은가? 알랑거림, 아첨하거나 잘난 체하고 숨기거나 삼가는 태도 없이 거드름 피우며 변죽을 울리기도 한다. 거목의 수만 개 구멍과도 같은 인간 심리의 가지가지 양상은 흡사 피리 소리가 빈 관에서 울려 퍼지고, 마치 버섯이 습기 찬 것에서 생겨나는 것처럼 낮과 밤이 없이 눈앞에 들어오고 사라져 생기고 없어지고를 거듭한다.

그러면 그것이 어째서 생겼다, 없어졌다 하는가. 그 궁극적 원인은 알 수 없다. 궁극적 원인을 알 수 없는 것에 대한 탄식의 말이다. 그러나 아무리 알 수 없는 것에 대해 절망, 탄식하여도 해가 뜨고 지는 것과 같이 오만 가지 우렛소리를 내용으로 생기는 것에 지나지 않는다.

사람이 산다는 것은 실은 즐거워하고 노여워하고 마음 아파하고 즐기는 것, 즉 형상이 없는 것들이다. 요새 스트레스와 같이 흔히 나도는 말처럼 사람 산다는 것은 희로애락 그 자체가 삶의 구체적 내용이다. 그런데 장자의 내용처럼 섬세하고 확실하게 스트레스에 대해서 표현된 것도 귀중한 우리의 본보기 아니겠는가.

놀랍고 웅장하면서도 섬세한 장자의 스트레스 해소에 대한 해례(解例)라고 생각한다.

사람의 일생을 생각해 보면 행동이 민첩할 때는 세상의 시비, 선악을 결정해 주겠다며 패기에 찬 청년기의 모습이다. 초목이 모두 시드는 가을, 겨울처럼 될 때는 나날이 쇠약해지는 중년기의 모습이다. 쇠약이 축적한 노년기는 이제 와서 되돌아갈 수 없다.

인간의 감정과 태도는 이 글에도 있듯이 "희로애락(喜怒哀樂), 여탄변집(慮嘆變慹 근심함, 탄식함, 변화함, 두려워함)이 있고 완고함, 경솔함, 제멋대로 노골적으로 말하는가 하면, 겉을 꾸며 잘못을 숨겨 넘기기도 한다." 등의 일상생활에서 생기는 모습처럼 보인다. 예리한 관찰로 스트레스의 본체를 잡고 이야기를 한 듯 느껴진다.

요컨대 인간의 정신과 육체의 하는 일의 배후에는 일을 지배하는 절대자가 있는 듯한데, 그 절대자에게는 진실함은 있어도 모양이 없는, 일하는 그 자체이자 변화 자체이며 그 진재(眞宰)란 자연, 이를테면 하늘(天)이라고 말할 따름이다. 사람은 보통 이 자연을 자연으로 받아들일 때만 참된 자기가 될 수 있다.

자연 세계의 인간이 하는 일 일체를 그냥 하늘, 이를테면 자연으로 받아들일 때 사람은 인간적인 일체로부터 초월하여 절대 자유를 누릴 수 있다.

一受其成形(일수기성형) 不忘以待盡(불망이대진) 與物相刀相靡(여물상인상미) 其行盡如馳(기행진여치) 而莫之能止(이막지능지) 不亦悲乎

(불역비호) **終身役役**(종신역역) **而不見其成功**(이불견기성공) **茶然疲役**
(나연피역) **而不知其所歸**(이부지기소귀) **可不哀邪**(가불애사) **人謂之**
不死(인위지불사) **奚益**(해익) **其形化**(기형화) **其心與之然**(기심여지연)
可不謂大哀乎(가불위대애호) **人之生也**(인지생야) **固若是芒乎**(고약시
망호) **其我獨芒**(기아독망) **而人亦有不芒者乎**(이인역유불망자호)

사람은 한번 몸의 형체가 이뤄지면 곧장 죽지는 않더라도 명이 다하
기를 기다리는 것인데, 공연히 사물과 더불어 서로 다투고 서로 손상시
키는 것, 그 생명이 다하는 것이 마치 말이 달리는 것과 같아서 이것을
멈추게 하지 못하니, 또한 슬프지 아니한가? 일생을 수고하면서도 그
성공은 기약하지 못하고, 고달프게 고생하면서도 돌아가 갈 곳, 즉 죽
음을 알지 못하니, 가히 애처롭지 아니한가? 어떤 사람은, 사람은 죽지
않는다고 말하지만 그렇다고 무슨 도움이 되겠는가? 그 육체가 죽어서
다른 사물로 변하면 그 마음도 육체와 더불어 그렇게 될 것이니, 큰 슬
픔이라 말하지 않을 수 있겠는가? 인생이란 참으로 이처럼 미혹된 것인
가? 아니면 나만 홀로 어둡고 남들은 어둡지 않은 사람이 있는 것인가?

인간존재를 근원적으로 떠받치는 것이 하늘, 이를테면 자연이다. 사
람의 마음과 몸의 일체의 하는 일을 또한 자연이라고 한다면 사람은
한번 자연으로 생명을 이 세상에 받아서 인간이 된 이상 오직 이 자연
으로서의 삶을 자연 그냥 그대로 받아서 이것을 잃어버리지 말고 손상
하지 않고 생명 다할 날을 기다릴 따름이 아닌가? 자연에 따르고 자연
을 완수하는 것. 그것만이 인간을 구하기 힘든 제정신을 잃어버리는
것으로부터 구하는 것. 거기서만 사람은 자기가 본래의 자리로 돌아갈
수 있는 것이다.

스트레스 없는 절대 자유를 배운다, 장자

그런데 세속의 인간들은 하늘(天)을 따르고 자연을 완수할 줄 모르면서 함부로 바깥세상의 사물에 질질 끌려서 남과 싸움질하고 자기를 닳아 없애고 그 일생은 마치 고삐를 끊고 거칠게 날뛰는 말처럼 마음을 가라앉힐 줄을 모르는 모습이다.

그런 지경에 빠지면 거기에는 단지 끊이지 않는 초조와 그침 없는 두려움과 그리고 권태와 피로의 저변에 가라앉은 영혼의 얼빠진 신음 소리가 들린다. 그러면서도 나는 살아 있다고 말하겠지만 무슨 소용이 있겠나.

사람이 오늘날 살고 있는 모습을 깊이 파고들어 밝혀 놓았다. 오늘날 사람들의 스트레스의 혹독한 광란에 시달림을 받는 모습을 생생하게 파고들어 여러 모습의 스트레스로 인한 신음 소리가 들리는 듯하다. 현대인들이 알지 못하는 사이 부득이 겪어야 하는 스트레스 속에 살고 있다. 이보다 더 무의미하고 무서운 인생이 또 있을까?

장자는 이와 같은 사람들이 미쳐서 날뛰는 모습, 정신이 착란한 모습들을 보면서 되풀이하여 비탄에 빠지고 슬퍼한다. 참으로 슬프지 않은가?

夫隨其成心而師之(부수기성심이사지) 誰獨且無師乎(수독차무사호) 奚必知代而心自取者有之(해필지대이심자취자유지) 愚者與有焉(우자여유언) 未成乎心而有是非(미성호심이유시비) 是今日適越而昔至也(시금일적월이석지야) 是以無有爲有(시이무유위유) 無有爲有(무유위유) 雖有神禹(수유신우) 且不能知(차불능지) 吾獨且奈何哉(오독차내하재)

대저 성심(成心, 이루어진 마음)을 따라 그것을 스승으로 삼으면 누군들 유독 스승이 없겠는가? 어찌 반드시 생성 변화의 이법(理法), 즉 사물의 변화를 알아서 스스로 깨닫는 자만이 성심이 있을 수 있겠는가? 어리석은 사람도 함께 이것을 가지고 있다. 아직 마음에 성심(成心)이 생기지 않았는데 시비(是非)를 따진다면, 이것은 오늘 월(越)나라에 갔는데 어제 도착한 것이다. 이것은 있음이 없는 것을 있다고 한 것이다. 만약 있음이 없는 것을 있다고 한다면, 비록 신묘한 우(禹)임금이라도 또한 알 수 없을 것이니, 난들 이를 장차 어찌할 것인가?

今日適越而昔至也(시금일적월이석지야), 이 말은 이상이 있는 것 같지 않지만 장자는 이것을 以無爲有(이무위유), 즉 없는 것을 있다고 우기는 것이라고 말한다. 시간의 흐름을 도치시킨 것이고, 실제로는 있을 수 없는 일이므로 희랍의 궤변론의 "나는 화살이 정지한다. 아킬레스는 거북이를 이길 수 없다(제논)." 등과 비교해 볼 수 있다.

성심(成心)은 전문에 있는 성형(成形)에 대한 말로 사람이 본래 자기 속에 가지고 있는 '마음'을 말한다.

모든 사람은 자기 자신 안에 하늘(자연)로부터 받은 마음을 가지고 있다. 천지 우주가 생기고 변하는 이법(理法)을 깨닫고 자기 스스로 판단할 수 있는 현자만이 소유하고 있는 것이 아니고 이와 같은 넓고 깊은 이법을 스스로 밝힐 줄 모르는 우둔한 사람에게도 스스로 갖추어져 있다. 모든 사람이 있는 그대로의 마음에 따라 행동하는 한 인간의 미친듯한 행동과 인간세계의 떠들썩한 행동들은 그 본래의 고요함으로 되돌아가지 않겠는가.

스트레스 없는 절대 자유를 배운다, 장자

이 장은 세상 사람들이 스트레스에 휩쓸려 제정신이 아닌 것을 슬퍼하는 문구이다. 현시대를 사는 우리들도 깊이깊이 마음을 가다듬지 못하면 이 꼴에 빠지지 않겠는가? 두려움과 걱정이 앞선다.

춘추전국시대를 살면서 온갖 어려움에 시달림을 겪고 나서 세상을 걱정하며 이래서는 안 되겠다며 걱정에 가득 찬 장자는 세상을 구해야겠다며 가장 강력한 어구를 사용하면서 결연한 마음으로 쓴 것 같다.

현대인들이 쓴 스트레스 학자들의 표현인들 이렇게 강력하겠는가. 비록 스트레스랑 용어는 여기서 보이지 않지만, 이 글처럼 섬세하게 분석하고 그 해소법에 대해서 이처럼 우리들의 심금을 울리는 깊은 관찰과 강렬한 표현을 다른 곳에서는 찾아보지 못했다.

대지한한(大知閑閑)에서 오독차내하재(吾獨且奈何哉)까지 자연 세계의 만뢰(萬籟)에 비교할 만큼 인간 정신의 가지가지 웅성거림과 서로 미워하기와 같은 물질문명세계의 고르지 못한 모습을 그린 장자는 거기에 보이는 바와 같은 인간들의 한없는 광란과 제정신을 잃은 모습을 깊게 슬퍼하고 한탄하면서 동시에 일체의 인간적 일들을 하늘, 자연이라고 명확히 본질을 봄으로써 곤경을 극복할 수 있다는 것을 가르친다. 그러나 인간세계의 만 가지 울림이 하늘(자연)에서는 똑같이 하나 된다 하더라도 하늘 또는 자연은 더욱더 구체적으로 어떻게 하면 현실세계의 대립과 모순을 넘어서는 원리, 물질세계의 고르지 않는 모습을 하나 되게 하는 논리가 될 수 있는가.

특히, 인간세계의 가장 큰 울림인 시비의 쟁론은 어떻게 하면 떠들썩한 싸움을 큰 하나에 담을 수 있을까? 거기에는 아직 시비 논쟁의 그릇으로 인간의 언어와 마음이 하는 일과 실재로서 '도'와의 관계에 대한 엄격한 인식론적 비판과 고찰이 이루어지지 않으면 안 되겠다.

그리고 당시에 이미 혜시, 공손룡, 문적일파의 논리학 또는 인식론이 많이 발달하여 여러 학파의 논쟁도 한창이었던 그 무렵 인식론이 상당히 발달하여 여러 학파의 논쟁이 한창이었던 춘추 말 전국시대의 중국 사상계에 살았던 장자는 전기한 바와 같이 그의 독특하고 예민한 비판과 반성을 들여다보게 된다. 스트레스에 대한 여러 가지 이론을 밝히는 데 이보다 더 큰 공적이 있을까. 이렇게 말하면 미련한 생각일까?

夫言非吹也(부언비취야) 言者有言(언자유언) 其所言者(기조언자) 特未定也(특미정야) 果有言邪(과유언야) 其未嘗有言邪(기미상유언야) 其以爲異於鷇音(기이위이어구음) 亦有辯乎(역유변호) 其無辯乎(기무변호) 道惡乎隱而有眞僞(도악호은이유진위) 言惡乎隱而有是非(언악호음이유시비) 道惡乎往而不存(도악호왕이부존) 言惡乎存而不可(언악호존이불가) 道隱於小成(도은어소성) 言隱於榮華(언은어영화) 故有儒墨之是非(고유유묵지시비) 以是其所非(이시기소비) 而非其所是(이비기소시) 欲是其所非(욕시기소비) 而非其所是(이비기소시) 則莫若以明(즉막약이명)

인식과 도(실재)와의 관계에 대해서 예리한 인식론적 반성을 더하는 장자는 여기서 우선 인간세계의 최대의 울림은 시비의 논쟁이 인간의 편견과 허구, 독선과 방자한 마음이 생긴다는 것을 말하고 있다.

스트레스 없는 절대 자유를 배운다, 장자

일상생활 중에 스트레스가 어떻게 그렇게 많이 생길 수 있는가에 대해서 말하였다. 그리고 본래의 고요함을 찾으려면 일체의 편견, 인간적 분별 등을 초극하는 크나큰 지혜, 즉 명(明)에 의지해야 함을 설파한다.

사람들 사이의 미워함, 싸움 등을 생기게 하는데 이를테면 허다한 스트레스로부터 헤어 나오는 데 필요한 방법을 명시하고 있는 셈이 된다.

말에는 모두 내용, 바꾸어 말하면 의미가 있다고 한다. 그러나 말의 내용으로 의미가 분명하지 않으면 언어는 언어의 기능을 잃게 되니 이런 말은 처음부터 하지 말았어야지. 정확한 개념과 내용이 없는 말은 병아리의 울음소리처럼 무의미하기는 한가지다.
본래 진실하지도 거짓도 아니었던 실재에 어떻게 해서 진위(眞僞)의 구별이 생겼고, 옳거니 그르거니 구별이 생겨 혼돈이 일어나게 되었는가. 생활 중에 생기는 한없는 스트레스도 많은 부분이 이렇게 생긴다고 밝힌 것은 아닐지.

본래 옳고 그름이 없던 것이 사람들의 가치에 관한 판단의 잘못으로 진위 대립이 생겨나게 되었다. 본래 어느 곳이고 없는 데가 없던 도(道)는 사람들의 가치에 대한 잘못, 편견으로 진위의 대립이 생기고 본래 모든 말이 가(可)였는데, 인간의 허영과 잘난체함, 거짓된 문화 때문에 시비와 대립이 생겼다고 한다.
유묵(儒墨)의 시비란, 장자 시대의 중국의 사상가로 풍미하던 공자학파와 묵자학파가 서로 자기네가 옳고 상대편은 그르다며 논쟁을 벌였는데, 이 논쟁을 양쪽이 서로 옳다고 자랑하므로 생긴 그들의 의논

제2편 제물론 齊物論

이 시끄러워지면서 겉보기에는 매우 화려함에도 불구하고 그들의 주장은 명확한 내용도 근거도 없으며 병아리의 울음소리의 무의미함과 꼭 닮았다고 한다.

명(明)을 가지고 해결하는 것보다 나을 게 없다. '명(明)을 가지고 한다.'라는 명명백백한 이치, 이를테면 일체의 인간적 상대성을 넘어서 천지자연의 절대적 진리에 입각하는 것을 말한다.

사상계에서는 참된 도가 무엇인가에 가려져서 진위의 대립이 생겼는데 무엇에 가려졌을까. '도(道)'를 내용으로 하는 참된 말이 무엇인가에 가리워져서 시비의 논쟁이 생겼는데 무엇에 가려졌을까? 참된 도는 본래 어디에 가도 존재할 것이니 참된 말은 어디에 있어도 좋을 것이다. 생각건대 참된 도는 작게 성취된 도의 그늘에 가려져 참된 말은 들뜬 눈부신 말의 그늘이 가려지고 말았다.

그래서 유가와 묵가의 시비의 논쟁이 생겨났다. 그들은 자기 학파의 시비로 타 학파가 비(非)라는 것을 시(是)로 하고, 타 학파가 시(是)라는 것을 비(非)라 하며 논쟁이 계속된다. 이 논쟁을 멈추기 위해서는 명지를 사용하는 것이 최상이다.

시와 비라는 가치를 제거하면 거기에는 가치 없는 세계, 이것저것의 구별만을 인정하게 된다. 모든 것은 저것이라 부를 수 있고, 모든 것을 이것이라고도 할 수 있다. 그의 입장에서는 보이지 않던 것도 자신의 입장에 서면 알 수 있게 되어 그것은 이것이라 불린다.

대저 말이라는 것은 바람 소리가 아니다. 말에는 말하고자 하는 의미가 있기 때문이다. 그가 말하고자 하는 의미를 특별히 결정된 것이

스트레스 없는 절대 자유를 배운다. 장자

아니면 과연 말이 있는 것인가? 아니면 일찍이 말이 있지 않은 것인가? 사람의 말은 병아리의 무의미한 울음소리와 다르다고 한다면, 또한 구별이 있는 것인가? 아니면 구별이 없는 것인가?

참된 도는 어디에 숨었기에 이처럼 진(眞)과 위(僞)가 있게 되었으며, 참된 말은 어디에 숨었기에 이처럼 시(是)와 비(非)가 있는가? 참된 도(道)는 어디에 간들 있지 않을 것이며, 참된 말은 어디에 있은들 옳지 않겠는가? 도(道)는 작은 성취에 숨어 버렸고, 참된 말은 화려한 꾸밈에 숨어 버렸다. 그러므로 유가와 묵가의 시비(是非)가 생겨나게 되어, 상대 학파가 그르다고 하는 것을 옳은 것이라고 주장하고, 상대 학파가 옳다고 하는 것을 그른 것이라고 주장한다. 상대가 그르다고 하는 것을 옳은 것이라 하고 상대가 옳다고 하는 것은 그른 것이라고 주장하려면, 밝음으로써 하는 것만 못하다. 명철(明哲)한 의식, 시비의 입장을 넘어선 입장에서 판단하는 것이 최상의 방법이다.

物無非彼(물부비피) 物無非是(물무비시) 自彼則不見(자피즉불편) 自知則知之(자지즉지지) 故曰(고왈) 彼出於是(피출어시) 是亦因彼(시역인피) 彼是方生之說也(피시방생지설야) 雖然(수연) 方生方死(방생방사) 方死方生(방사방생) 方可方不可(방가방불가) 方不可方可(방불가방가) 因是因非(인시인비) 因非因是(인비인시) 是以聖人不由(시이성인불유) 而照之於天(이조지어천) 亦因是也(역인시야) 是亦彼也(시역피야) 彼亦是也(피역시야) 彼亦一是非(피역일시비) 此亦一是非(차역일시비) 果且有彼是乎哉(과차유피시호재) 果且無彼是乎哉(과차무피시호재) 彼是莫得其偶(피시막득기우) 謂之道樞(위지도추) 樞始得其環中(추시득기환중) 以應無窮(이응무궁) 是亦一無窮(시역일무궁) 非

亦一無窮也(비역일무궁야) 故曰(고왈) 莫若以明(막약이명)

여기서는 "명으로 하는 것보다 나을 게 없다."를 받아서 절대의 지혜에 서는 것이 구체적으로 무슨 뜻인가 밝혀 놓았다.

'모든 것은 그것이 아닌 게 없고 한편 모든 것은 이것이 아닌 게 없다'는 시비의 싸움의 근거가 되는 이것과 저것의 구별, 피시(彼是)의 개념의 상대성을 분명히 하는 것이다. 사람은 존재 세계에서 이것과 저 사람으로 구별 짓고, '나'를 이것이라 하고, 남을 '저 사람'이라고 하는데, '이 사람', '저 사람'의 구별은 본래 무엇일까? 지금 나를 이것이라 부르고 남을 저 사람이라고 할 때 남을 저 사람이라고 부르는 나도 또한 다른 사람 입장에서 보면 하나의 저 사람이다.

그리고 저 사람으로부터 하면 보이지 않고 자기 스스로 알면 이것을 안다는 인간의 판단은 어쨌든 일방적인 것이고 그 사람의 입장에서는 숨겨져서 보이지 않는 도리도 이것의 입장에서는 분명히 알 수 있는 것이니, 요컨대 그 사람과 이 사람(이것)과는 상대적인 것이며, 그 사람(그것)은 이 사람(이것)에서 나오고 이 사람도 그 사람에 비롯된다고 말하지 않으면 안 된다.

일체 존재는 모두 이것이라고도 저것이라고도 말할 수 있지 않겠는가.

저것과 이것의 상대성은 더 깊이 파고들어 생각해 보면 천지간의 온갖 현상, 온갖 가치판단에 대해서도 말할 수 있다. 생(生)과 사(死), 가(可)와 불가(不可), 시(是)와 비(非)의 대립도 실은 서로 힘이 되고 서로 어울려서 성립되는 융합되어 구별할 수 없는 개념이며, 일체의 모순과 대립하는 모습이야말로 그 모습 그대로 존재 세계의 실상에 불과하다.

스트레스 없는 절대 자유를 배운다, 장자

만물은 생겼다가 사라지고, 사라졌다가 살아나는 변화의 흐름만이 절대인데, 이것을 삶(生)이라 부르고 죽음(死)으로 나누는 것은 사람들의 편향된 분별에 지나지 않는다. 이와 마찬가지로 존재하는 모든 것은 좋다고 보는 입장에서 보면 좋지 않은 것은 없고, 나쁘다고 보는 입장에서는 나쁘지 않은 것이 없다. 좋다, 나쁘다 하는 것은 전적으로 인간의 망상일 뿐이다.

따라서 실제 인간 사회 진상을 간파하는 절대자는 이와 같은 만물의 차별과 대립성을 분별하려 하지 않고 있는 그대로의 모습을 그대로 자연으로 관조하고 이것을 절대적 하나의 세계로 지향하는 것이다. 일체의 차별과 대립을 넘어선 절대의 세계에서는 피시(彼是)의 대립 따위는 어디에도 없다.

그리고 이와 같은 그 사람과 나가 서로 대립하는 것을 모두 다 잃어버린 경지를 장자는 '도추(道樞)'라고 부른다. 도추의 경지에서는 일체의 대립과 모순을 넘어선 절대 하나(一)에 입각하여 천변만화하는 현상, 이것과 저것은 상대적 개념이라 한다.

논리학자 혜시가 주장하는 바가 이것이다. 도추의 경지에 있어서는 시(是)와 비(非) 또한 하나의 무궁한 진리를 포함한다. 말하자면 거기에서 차(此), 피(彼), 시(是), 비(非) 등 일체의 대립은 상대성의 근원에서 하나가 된다.

그러므로 왈, 명철(明哲)한 인식(認識), 명(明)으로 판단하는 것이 최상(莫若)이라고 한 것이다.

以指喩指之非指(이지유지지비지) 不若以非指喩指之非指也(불약이

비지유지지지비지야) 以馬喩馬之非馬(이마유마지비마) 不若以非馬喩
馬之非馬也(불약이비마유마지비마야) 天地一指也(천지일지야) 萬物
一馬也(만물일마야) 可乎可(가호가) 不可乎不可(불가호불가)

인간들의 작은 성과, 이를테면 가치편견에 사로잡히고 사람들의 영
화, 즉 문화적 위선 때문에 왜곡된 진실성, 즉 도의 본래의 모습을 명
백히 하고, 일체 존재의 대립과 모순이 상대성의 근원에 있어서 하나
된다고 할 때 거기서는 어느새 사물의 모든 차별과 대립과 모순의 모
습들은 단순히 인간의 분별심의 소산일 뿐이다.

만물제동(萬物齊同)이라는 실재하는 진상에서는 대(大)도 소(小)이
고, 긴 것도 짧으며, 하나도 보편이다.

이런 관점에서 만물을 보면 개체는 보편적이 된다. 장자는 이런 소
식들을 마무리해서 "천지는 손가락 하나이며, 만물은 말 한 마리"라는
말로 표현했다. 이 표현을 쓰게 된 것은 당시 다음과 같은 궤변이 나돌
았기 때문이다. 궤변론자들은 손가락을 가지고 손가락의 손가락이 아
니라는 것을 밝힌다. 손가락이라 하면 엄지이든 중지이든 약지이든 그
안에 들어가는데, 엄지는 중지와 약지와도 다르니, 엄지는 손가락이
아니라고 주장하였고, 말을 가지고 말이 아니라는 것을 밝힌다. 말이
라고 하면 백마, 흑마, 황마 등이 모두 포함되는데 백마는 흑마도 황마
도 아니므로 백마는 말이 아니라고 주장한다.

그 사람들이 개개물의 실체성에 관심을 가지고 참으로 존재하는 것
을 찾으려고 노력하는 동안에는 그네들의 궤변은 유희성에도 불구하
고 한 가지 의미를 가지고 있는 것이다. 장자는 그것을 어떻든 인정한
다. 그러나 아쉽게도 그네들의 눈은 개개의 사물이나 개념에 지나치게

꼼짝 못 하고 있다고 장자는 말한다.

손가락이나 말이라는 개개의 사물에 붙잡혀 있는 동안에는 아무리 정밀한 논리와 분석을 가지고도 실제 진상은 파악될 수 없다. 실제의 진상이 올바르게 파악되기 위해서는 손가락이 손가락인 동시에 손가락이 아니라는 입장에 서지 않으면 안 된다. 그리고 손가락이 손가락인 동시에 손가락이 아니고 말이 말이면서 말이 아닌 도추(道樞)의 입장에 서지 않으면 안 된다.

말하자면 진실재의 세계에서는 하나가 그냥 그대로 다(多)이며, 소(小)가 그냥 그대로 대(大)이므로 천지와 같은 큰 것도 손가락 하나와 같고, 만물의 다(多)도 말 한 마리와 동일하다.

이와 같은 천지도 손가락 하나, 만물도 말 한 마리의 만물제동(萬物齊同)의 경지에 서는 것과 다를 게 없다.

道行之而成(도행지이성) 物謂之而然(물위지이연) 惡乎然(오호연) 然於然(연어연) 惡乎不然(오호불연) 不然於不然(불연어불연) 惡乎可(오호가) 可於可(가어가) 惡乎不可(오호불가) 不可於不可(불가어불가) 物固有所然物固有所可(물고유소연물고유소가) 無物不然(무물불연) 無物不可(무물불가)

길은 사람이 그곳을 걸어 다녀서 만들어지고, 사물(物)은 사람들이 그것을 일러서 그렇게 된 것이다. 무엇을 근거로 그렇다고 하는가? 습관과 편견이 그렇다고 하는 데서 그렇다고 하는 것이며, 무엇이 그렇지 않다고 하는가? 습관과 편견이 그렇지 않다고 하는 데서 그렇지 않다고 하는 것이다. 그러나 만물제동(萬物齊同)의 커다란 긍정(肯定)의 세

계에서는 모든 사물(物)은 진실로 그러한 바가 있으며 모든 사물(物)은 진실로 가(可)한 바가 있으며, 어떤 사물(物)이든 그렇지 않은 바가 없으며 어떤 사물(物)이든 가(可)하지 않은 바가 없다.

세속의 사람들은 본래 하나인 만물을 좋고 나쁘다고 나누어 좋은 것을 좋다고, 나쁜 것을 나쁘다고 끝까지 고집부리는데, 대체 이와 같은 좋다 또는 나쁘다 하는 구별은 무엇으로 해서 생기는 것일까?

그것은 사람들의 습관적 사고와 가치적 편견에 기인하는 것으로 흡사 도로가 본래 아무것도 없던 들판에 사람이 오고 가면서 생겨나고, 본래 아무 이름도 없는 사물이 사람들 생활의 편의를 위해서 무엇무엇이라고 이름 지어지는 것과 같지 않을까?

그러나 그네들은 대체 무엇을 근거로 하여 옳다거나 옳지 않다고 단정 지을까? 그네들은 다만 세간의 상실과 습관에 따라 세간 사람들이 그렇다고 하는 것을 자기도 그렇다고 하고 세상 사람들이 그렇지 않다면 자기도 또 그렇지 않다고 할 뿐이다.

그네들의 단정은 결코 절대적인 것이 못 된다. 그런데 절대적 입장, 만물은 말 한 마리고 천지가 손가락 하나인 궁극적으로 하나인 세계에서는 가(可)도 없고 불가(不可)도 없고, '당연하다', '당연하지 않다'도 없으니, 일체는 가(可)이면서 불가(不可)이다. '그렇다'일 수 있고 '그렇지 않다'일 수 있다. 거기서는 모든 것이 '가(可)'일 수도 '불가(不可)'일 수도 있다. '그렇다'로 긍정될 뿐 아니라 그렇다를 부정하는 '그렇지 않다'도 또 한 번 부정되어서 그렇지 않음이 없다고 긍정하게 된다.

스트레스 없는 절대 자유를 배운다, 장자

　물체로써 그렇지 않음이 없고 물체로써 가(可)하지 않음이 없다. 이 큰 일체 긍정의 세계가 도추, 즉 실재의 세계와 다름없다. 도(道)가 깔려 있는 세상이다.

　현대인의 말을 빌리면 스트레스 없는 이상적 세계라고나 할까.

故爲是擧莛與楹(고위시거정여영) 厲與西施(여여서시) 恢恑憰怪(회궤휼괴) 道通爲一(도통위일) 其分也成也(기분야성야) 其成也毀也(기성야훼야) 凡物無成與毀(범물무성여훼) 復通爲一(부통위일) 唯達者知通爲一(유달자지통위일) 爲是不用(위시불용) 而寓諸庸(이우제용) 庸也者用也(용야자용야) 用也者通也(용야자통야) 通也者得也(통야자득야) 適得而幾矣(적득이기의) 因是已(인시이) 已而不知其然(이이부지기연) 謂之道(위지도)

　그 때문에 이 만물제동을 위해서 풀줄기와 큰 기둥, 문둥이와 서시

(西施)를 들어서, 약한 것과 강한 것, 추한 것과 아름다운 것을 예로 들어서, 세상의 온갖 이상한 것들에 이르기까지 도(道)는 통해서 하나가 되게 한다. 하나인 도(道)가 분열하면 상대 세계의 사물(事物)이 성립되고, 상대 세계의 사물이 성립되면 그것은 또 파괴된다. 따라서 모든 사물은 성립과 파괴할 것 없이 도를 통해서 통해서 하나가 된다.

오직 통달한 사람이라야만 통해서 하나가 됨을 안다. 이 때문에 인간세계의 습관이나 편견을 쓰지 않고, 자연에 맡긴다. 용(庸)이란 무한 변화의 작용이고, 그것은 보편적인 통함이고, 통함은 자득(自得)함이니 자득의 경지에 나아가게 되면 도에 가깝다. 절대의 시(是)에 말미암을 따름이니 그렇게 할 뿐이고 그러한 까닭을 알지 못하는 것을 도(道)라고 이른다.

오직 깨달은 사람만이 통하여 하나 됨을 안다. 참으로 도를 닦아서 체득한 절대자만이 모든 실재의 실상이 인간들의 가치판단의 편견으로 찢어지지 않으며 좋고 나쁨의 망집(妄執)을 버리고 만물이 변하지 않는 본질, 본래의 자연으로 해방된다.

세상에 태어날 때 순진무구하고 아름답기 그지없었던 것이 자라나면서 세상 물정을 배운다며 본래의 모습을 갈기갈기 찢어서 만사를 구별하고 비교하기를 천사로 여긴다. 비교하기 시작하면 거기서는 공연히 싫고 좋고가 생기고 미워하고 즐기는 일이 다반사처럼 생겨서 그때 가지가지 고통, 미움, 싸움과 같은 생활 속의 스트레스가 휘몰아친다.

사람들은 고통의 나락에서 허우적거린다. 스트레스에서 빠져나와야 하는데 그러기 위해서 만물의 불변하는 본질을 본래의 자연으로 돌아

스트레스 없는 절대 자유를 배운다, 장자

가는 것을 되새겨봤으면 한다.

그러나 용(庸)은 만물의 변하지 않는 본질, 이를테면 변치 않는 본래의 자연을 의미하는 '용'이라는 말은 유용의 용(用)과 통하는 말이니 만물은 그 자연에 자리 잡게 되면 처음으로 참된 유용성을 발휘하게 된다. 그리고 용(用)이란 말은 통행의 통(通)과 통하는 말이니, 일체 존재가 하나하나 유용성(본래 가지고 있던)을 발휘하게 되면 만사가 정체되지 않고 일이 제대로 풀려나가면 일체 존재는 하나하나 다 자기의 삶을 즐길 수 있게 된다. 스트레스는 이때 모습을 감추고 만다. 요컨대 상대의 시비에 얽매이지 말고 그것을 넘어선 자연을 따르라는 것이다.

오로지 이 자연에 따르고 있다는 의식마저 없어진 나를 잊어버린 경지(忘我), 말하자면 내가 나를 잊어버리는 경지야말로 도(道)라고 한다. 망아는 자기 마음을 비운 상태 그리고 일체 만물이 하나하나는 자기의 삶을 즐길 수 있게 하는 세계, 이를테면 자득의 세계야말로 최후의 경지이며 안성맞춤의 세상과 다름없다.

상대의 시비를 넘어선 절대 시(是), 자연에 따르는 것이며, 오로지 자연에 수순하여 수순하고 있다는 의식마저 없어진 망아의 경지야말로 도라고 할 만하다.

본문의 용(庸)은 용(用)과 통하고 통(通)이란 득(得)이다. 발음상으로 서로 연락을 가지고 의미상에서 서로서로 연결되어 있는 한 무리의 문자이므로 상호연관성에 입각하면서 의론을 전개하고 있다.

장자도 본문에서 만물 자득의 궁극적 세계 실현을 가져온다는 것을 이 말들을 사용해서 표현하고 있다. 스트레스 해소의 극치를 그려놓은 듯하다.

도가 만물을 통해 제동하다는 것을 아는 것은 도에 이른 사람뿐이다. 그러므로 만물제동 사상은 세계의 있는 그대로의 모습 속에 있다고 보인다. 세계가 있는 그대로라는 것은 이 사상을 참 잘 이용하고 있다는 것이고 이 사상을 사용하고 있다는 것은 그가 세계의 만물과 통하고 있다는 것이며 만물에 통하고 있다 함은 그의 참모습을 잡고 있다는 것이다.

이와 같이 만물제동을 무의식중에 쓴다면 그것으로 이제 완전하다. 왜냐하면, 만물제동의 사상도 이것을 옳다고 하는 시(是)에 따라 구축된 것이기 때문이다. 실제로 만물제동을 잡고 있으면서 그런 것에 무의식인 상태에 말로 도(道)라고 하는 것이다.

勞神明爲一(노신명위일) 而不知其同也(이부지기동야) 謂之朝三(위지조삼) 何謂朝三(아위조삼) 狙公賦芧曰(저공부서왈) 朝三而暮四(조삼이모사) 衆狙皆怒曰(중저개노왈) 然則朝四而暮三(연즉조사이모삼) 衆狙皆悅(중저개열) 名實未虧(명실미휴) 而喜怒爲用(이희노위용) 亦因是也(역인시야) 是以聖人和之以是非(시이성인화지이시비) 而休乎天鈞(이휴호천균) 是之謂兩行(시지위양행)

세속 사람들은 함부로 정신을 썩히며 시비의 논쟁으로 고생이 많은 신세를 불태우고 만물의 차별과 대립의 말로 해서 분열의 말이 통일되리라 착각하고 본래 하나인 실재의 진상을 깨닫지 못하는데 그와 같

은 어리석음은 조삼(朝三)이라고 부른다.

조삼이란 말은 다음과 같은 이야기에서 비롯된다.

옛날 어느 곳에 저공(狙公), 즉 원숭이를 시켜 재주를 부리게 하여 그것으로 돈을 버는 사람의 우두머리가 있어 많은 원숭이를 키우고 있었는데 어느 아침에 그는 원숭이들에게 먹이로 상수리나무 열매를 나눠주면서 이렇게 말했다.

"아침에 세 개씩, 저녁에 네 개씩 주겠다." 그랬더니 원숭이들은 격분했다. 그때 저공의 우두머리가 다시 그러면 "아침에 네 개씩, 저녁에 세 개씩 하자."라고 말했더니 많은 원숭이가 깩깩 소리 내어 즐거워했다는 이야기다.

조삼모사며, 조사모삼이며 결국 같다. 아무리 말을 바꾸어 보아도 실질은 아무 변화도 없는데 원숭이들은 마음대로 즐거움이나 성내는 감정으로 시끄럽게 만든다. 이러한 감정의 발생은 오늘날 사람들의 생활에 즐비하게 깔려 심신을 괴롭힌다.

스트레스가 횡설수설 지껄임에서 우러나서 사람의 정신을 말라 비틀게 할까 걱정된다.

세속 학자들의 어리석음이 소견이 얕은 원숭이들과 얼마나 차이가 있단 말인가. 그래서 장자는 말한다. 원숭이들의 미친 듯한 모습이나 시비의 상대를 넘어선 절대의 시(是), 말하자면 만물제동의 실재 진상에 크게 깨치는 바가 있으면 조용한 정기에 그 정신을 안정시킬 수 있는 것이다. 따라서 성인(聖人), 즉 절대자는 시비(是非)의 가치적 편견을 바른 것도 없고 틀린 것도 없는 실재의 하나에 조화하여 절대적 하나의 세계에서 편안해진다.

여기서는 일체만물의 대립과 모순의 모습은 모순과 대립체로 동시에 존재할 수 있으니 이 경지를 양행(兩行)이라고도 한다.

여기서 장자가 설명하는 저공의 이야기는 유명한 조삼모사란 말의 출처가 되는 문장이다.

조삼모사는 본문에서 설명되어 있듯이 같은 사실을 표현을 바꾸어 속인다. 또는 감언으로 유혹한다는 의미로 현재 사용되고 있다. 이말 자체는 어쩌면 장자가 제멋대로 꾸며냈으리라. 과연 장자답게 임기응변하는 슬기와 풍자가 풍부한 우화이다.

오늘날 물건을 사고팔 때도 이러한 수법이 많이 쓰이고 있지 않나 생각이 든다. 사람들이 점점 약아지니까 생활 중에 걸려들어 스트레스의 원인이 되기도 하지 않겠는가? 어쩌면 이 점을 장자가 그 옛날 이미 밝혀 놓은 것 같다.

古之人(고지인) 其知有所至矣(기지유소지의) 惡乎至(오호지) 有以爲
未始有物者(유이위미시유물자) 至矣盡矣(지의진의) 不可以加矣(불가
이가의) 其次以爲有物矣(기차이위유물의) 而未始有封也(이미시유봉
야) 其次以爲有封焉(기차이위유봉언) 而未始有是非也(이미시유시비
야) 是非之彰也(시비지창야) 道之所以虧也(도지소이휴야) 道之所以
虧(도지소이휴) 愛之所以成(애지소이성) 果且有成與虧乎哉(과차유성
여휴호재) 果且無成與虧乎哉(과차무성여휴호재)

'도(道)'란 먼저 밝힌 것처럼 스스로 한결같이 절대의 '하나'이며 모든 모순과 대립을 동시에 생기게 한 혼돈(混沌)이었는데, 이 '도(道)'로부터 대체 어떻게 하여 시비(是非)의 가치적 편견이 성립하였을까? 장자는

스트레스 없는 절대 자유를 배운다, 장자

여기서 더욱 앞으로 나아가서 실재와 인식의 관계를 예리하게 반성하면서 생기고 망가지고 옳고 그름의 가치적 대립이 성립하는 과정을 인식론적으로 고찰하여 요컨대 그것이 인간 마음의 허망됨과 다름없다며 결론을 내린다.

옛날 절대자는 최상의 지혜를 소유하고 있었다. 최상 지혜란 무엇인가. 구체적으로 무엇이라고 규정지을 수 없는 무엇인데, 아니 무엇이라고 규정지을 수 없는 혼돈(천지가 아직 개벽되지 않아 모든 사물의 구별이 확실치 않은 상태) 그 자체여서 혼돈과 일체가 된 경지, 지(知)를 잊은 지(知)야말로 극진하여 아무것도 보탤 것이 없는 최상의 경지다.

그런데 최상의 경지, 체험 그 자체의 세계가 한 발짝 인간이 인식할 수 있는 세계 가까이 다가서면 거기에 '무엇이 있다'는 판단이 성립하고 도의 실재성을 인식하기에 이른다. 그러나 이 단계에서 도의 실재성이 인식되면서 인식된 도는 아직 이질적 연속, 이를테면 혼돈 상태이며 거기에는 아직 아무런 경계 내지는 질서도 없다.

그런데 다시 제3단계가 되면 혼돈은 차츰 인식 세계 속에서 분명해지며 '도(道)'는 본래 스스로의 속에서 구별이나 차별 없이 둘러싸고 있던 만물의 형태로 나타난다. 말하자면 일(一)이 다(多)가 되고 절대(絶對)가 상대(相對)의 여러 모습으로 전개되는 경지다. 이 경지는 아직 처음부터 물체 없는 경지에는 미치지 못하나 그런데도 도의 순수성은 조금 유지되어 있다고 말할 수 있다.

한번 옳고 그름의 가치판단이 더해지면 거기서부터 도는 사멸하고 인간이 돌이킬 수 없는 미혹이 시작된다. 시비가 나타나면 도는 사라지는 소위가 된다. 시비의 가치판단이 확립되는 것과 함께 생생한 혼돈으로서의 도는 그 생명이 끊어지고 생명을 잃은 도의 덧없는 시체 속에서 애증호오의 망집이 떼 지어 무성한다.

혼돈, 즉 천지가 개벽되지 않아 선악의 구별 등 가치판단이 없었던 시절에는 고요했다. 그런데 시비가 나타나서부터 도가 무너지는 원인이 되고, 도가 무너지는 것은 사사로운 애증이 생성되는 까닭이다.

이와 같이 생각할 때 진실재라는 도가 본래 생겨남도 없고 망가짐도 없는 절대 하나이며, 그것이 생겨남으로 기뻐하고 망가짐으로 슬퍼하는 것은 전혀 근거 없는 미망임을 더 말할 나위 없지 않은가? 도에는 본래 생겨남, 망가짐의 구별이 없다는 말이다.

有成與虧(유성여휴) 故昭氏之鼓琴也(고소씨지고금야) 無成與虧(무성여휴) 故昭氏不鼓琴也(고소씨불고금야) 昭文之鼓琴也(소문지고금야) 師曠之枝策也(사광지지책야) 惠子之據梧也(혜자지거오야) 三子之知幾乎(감자지지기호) 皆其盛者也(개기성자야) 故載之末年(고재지말년) 其好之也以異於彼(유기호지야이이어피) 其好之也(기호지야) 欲以明之(욕이명지) 彼非所明而明之(피비소명이명지) 故以堅白之昧終(고이견백지매종) 而其子又以文之(이기자우이문지) 綸終(륜종) 終身無成(종신무성) 若是而可謂成乎(약시이가위성호) 雖我亦成也(수아역성야) 若是而不可謂成乎(약시이불가위성호) 物與我無成也(물여야무성야) 是故滑疑之耀(시고활의지요) 聖人之所圖也(성인지소도야) 爲是不用(위시불용) 而寓諸庸(이우제용) 此之謂以明(차지위이명)

생겨남과 망가짐이 있는 것은 소문(昭文)이 거문고를 연주하였기 때문이고, 생겨남과 망가짐이 없는 것은 소문(昭文)이 거문고를 연주하지 않았기 때문이다. 아름다운 음악은 더 좋은 음악이 나오면 모두 없어진다는 것을 전제한다. 소문(昭文)이 거문고를 연주하고, 사광(師曠)이 거문고를 조율하고, 혜시(惠施)가 오동나무 책상에 기대어 변론함에 그 셋의 재지(才知)는 거의 완성의 지경에 가까웠는지라 모두 자기 분야의 완성자(成者)들이다. 그래서 후세에 그 이름이 실려 있다.

다만, 그들이 좋아하는 것은 도(道)의 경지와는 다른 것이었다. 그들이 좋아하는 것은 道의 경지를 밝히고자 하는 것이다. 도는 무리하게 밝힐 수 있는 것이 아닌데 그것을 밝히려 하였다. 그 때문에 혜시(惠施)는 견백(堅白, '단단하고 흰 돌은 하나가 아니고 둘이다.' 하는 논리)의 우매함으로 끝났고, 소문(昭文)은 그 아들 또한 소문의 거문고 연주 기술만으로 그쳐, 종신토록 도를 이룸이 없었다. 이와 같이 하고서 도를 이루었다고 말할 수 있을 것인가? 그렇다면 비록 우리 범인(凡人)들 또한 도를 이루었다고 할 수 있을 것이다.

혼돈 가운데 감추어져 있는 분명하지 않은 빛의 밝음, 이것을 성인(聖人)이 도모하는 것이다. 이 때문에 성인은 인간의 사사로운 지혜를 쓰지 아니하고 자연에 맡기니, 이것을 일컬어 참된 명지(맑은 슬기)로써 밝힌다고 하는 것이다.

소문, 사광, 혜시와 같이 훌륭한 사람들도 잔꾀를 써서 도를 깊이 추구하기 불가능하여 조작하는 입장을 고집하는 한, 사람들의 조작과 실재 그 자체 사이에는 항상 무한한 거리가 남는다.

제2편 제물론 齊物論

따라서 성인, 즉 절대자는 인간들의 가지가지 잔꾀를 던져버리고 어둡고 분명하지 않은, 불명의 명을 자기의 지혜로 하려고 생각한다.

밝지 않은 밝음이란 인간의 가치적 편견을 버리고 살아 있는 혼돈으로 살리는 것이며, 시비의 분별을 사용하지 않고 일체 존재의 자연성에 순순히 따라가는 것과 다름없다. 그리고 불명의 명이야말로 참된 뛰어난 지혜이며, 자기 것으로 하는 것과 다를 바 없다.

절대의 지혜, 명(明)을 분명하게 밝힌 장자는 인간의 분별이란 망집을 버리지 못하고 고집을 세움, 시와 비, 가와 불가 등 일체 만물이 가지런하지 않은 모습, 인간의 온갖 미쳐 날뛰는 일, 미혹하여 나쁜 길에 빠지는 일, 바람으로 인하여 구멍을 통하여 나오는 모든 음향의 울림 등이 본래의 고요함으로 돌아가는 것을 강조하는 것인데, 인간의 분별하려는 망상을 버리지 못하고 고집을 세우면서 절대의 지혜에 의하여 난관을 넘어 극복이 가능하다는 판단은 대체 무엇에 비롯된 것일까?

세속적 사람은 시비가 있다고 하고, 장자는 시비는 없다고 한다. 시비가 있다는 것도 한 가지 판단(말)이고, 시비는 없다고 말하는 것도 한 가지 판단(말)인데 시비 없다는 논정(판단)은 무슨 근거로 시비 있다는 판단보다 없다는 판단이 옳다는 것인가.

이 문제에 답하기 이르려면 인간의 판단과 실제 그 자체와의 관계, 장자의 이른바 언어와 도와의 관계가 지금 한번 음미하고 반성하지 않으면 안 되리라. 장자는 반성과 음미를 다음과 같이 시도했다. 그리고 그 반성과 음미로써 장자는 놀라운 치밀한 사색과 논리를 전개하였다.

시비가 있고 없고가 그렇게 중요한가? 우리들의 일상생활에서 싸움

스트레스 없는 절대 자유를 배운다, 장자

질하느냐와 평온을 유지하느냐는 시비를 따지느냐 마느냐에 따라 스트
레스도 여기서 비롯되는 것이니 이 문장에 대한 음미를 거듭해야 할
것이다.

今且有言於此(금차유언어차) 不知其與是類乎(부지기여시류호) 其與
是不類乎(기여시부류호) 類與不類(유여부류) 相與爲類(상여위류) 則
與彼無以異矣(즉여피무이이의) 雖然(수연) 請嘗言之(청상언지)

지금 여기에 시(是)도 없고 비(非)도 없다는 내가 한 말이 있다. 그런데
그 말이 진실과 더불어 유사한가? 유사하지 않은가를 알지 못한다. 유사
한 것과 유사하지 않은 것을 서로 유사한 것으로 간주하면 세속과 다를
것이 없을 것이다. 비록 그렇지만 청컨대 시험 삼아 말해 보고자 한다.

　장자는 여기서 절대 하나(一)로써 도에는 시도 없고 비도 없다고 일
응 말하고 있다. 도에 시비 없다고 하는 장자의 주장도 하나의 의론이
라는 점에서는 시비가 있다는 세속의 의론과 다르지 않다. 결국, 장자
의 주장이 세속의 의론과 한 가지 종류라 하든, 다른 종류라 하든 문
제를 사람의 지혜 세계에서 해결하려고 하는 한, 굴속의 너구리가 되
지 않을 수 없다.

　세속의 의론과 아무것도 다를 게 없다. 도는 원래 사람의 지혜로는
잡을 수 없는 것. 체험하는 일밖에 어쩔 수 없는 것이니 절대자는 오로
지 체험의 세계만을 최상으로 삼고 살아있는 혼돈과 함께 노는 수밖에
없다. 그러나 장자는 우리들이 무엇을 설명하려 할 때면 말을 매개로
하지 않으면 전혀 불가능하니 이 말의 한계성을 충분히 염두에 두고 지

금 조금씩 도와 말, 실재와 인식과의 관계를 생각해 보기로 하자.

본문에 "이것과 동류, 그것과도 틀리지 않는다."의 피(彼), 시(是)는 모두 세속의 의론을 말한다. 원컨대 시험 삼아 이것을 말하련다. 언어 개념에 의한 도의 설명 방법은 단 하나 이른바 달을 가리키는 손가락이지, 달 바로 그것은 아니라는 것을 미리 양해를 구해 놓는다.

장자는 도에 대해서는 다른 사물에 비겨 의견이나 교훈을 은연중에 나타내려 하는데 중간쯤 되어서 말하려는 바를 잊어버리고 만다. 유명한 도연명(陶淵明, 동진(東晉)의 자연시인)의 "유연(悠然, 침착하고 여유가 있음)하게 남산을 바라본다(悠然見南山) 마음 한가로이 남산을 바라보네."는 시의 마지막 구에 "변론하려고 하니 벌써 말을 잊어버렸다."라는 구절도 장자의 말에서 비롯된 것이다.

장자가 가끔 도에 대해서 무엇을 말할 때도 "내가 시험 삼아 너를 위해 망언하련다. 너는 이것을 망청하여라."란 말을 전제하고 말한다. 장자로서는 도란 체험하는 외에 달리 방법이 없으며, 가지가지 대립과 모순을 마치 하나로 싸 뭉치는 혼돈의 도를 혼돈 그대로 긍정하는 것이 유일절대(唯一絶大)의 가치였으나 이 유일절대의 가치는 인식 세계에 가지고 들어가게 해서 언어에 실림과 동시에 그 절대성을 상실하여 상대의 가치에 의하여 좋지 않은 경향으로 빠질 거라 생각했다. 따라서 장자는 "원컨대 시험 삼아 이것을 말하련다."라고 서론을 쓴다.

시험 삼아 이렇게 말한다고 서론을 쓰는 장자는 파우스트에 있어서 괴테와 더불어 일체의 이론(理論)은 회색이며 녹색인 것은 푼돈이 되는 생활의 나무라고 노래 불렀다. 불립문자(不立文字)를 표방하는 중국 선

스트레스 없는 절대 자유를 배운다. 장자

(禪)의 체험주의도 장자의 사상을 계승하여 세워진 것과 다름없다.

有始也者(유시야자) 有未始有始也者(유미시유시야자) 有未始有夫
未始有始也者(유미시유부미시유시야자) 有有也者(유유야자) 有無也
者(유무야자) 有未始有無也者(유미시유무야자) 有未始有夫未始有
無也者(유미시유부미시유무야자) 俄而有無矣(아이유무의) 而未知有
無之果孰有孰無也(이미지유무지과숙유숙무야) 今我則已有謂矣(금
아즉이유위의) 而未知(이미지) 吾所謂之其果有謂乎(오소위지기과유
위호) 其果無謂乎(기과무위호)

'처음'이라는 말이 있으며, 처음에 '처음(始)'이라는 말이 아직 있지
않았다(無始)는 말이 있으며, 처음에 '처음(始)'이라는 말이 아직 있지
않았다는 말도 아직 있지 않았다(無無始)는 말이 있다. 유(有)라는 말
이 있으며, 무(無)라는 말이 있으며, 처음에 무(無)라는 말이 아직 있
지 않았다는 말(無無)이 있으며, 처음에 무(無)라는 말이 아직 있지 않
았다는 말이 아직 있지 않았다는 말(無無無)이 있다.

이처럼 언어표현이 생기자 이윽고 무(無)가 있게 된 것이다. 그러나
유(有)와 무(無) 중에서 과연 어느 것이 유(有)이고, 어느 것이 무(無)
인지를 아직 알지 못하겠다. 이제 내가 이미 말함이 있는데 아직 알지
못하겠다. 내가 말한 것이 과연 진실을 말함이 있는 것인가? 아니면
과연 진실을 말함이 없는 것인가?

장자는 앞에서 아직 처음부터 사물은 없다고 한다는 경지를 더할
나위 없다고 말했다. 그러나 이 경지가 최상 궁극의 입장이라 하더라
도 돌이켜 생각했을 때 아직 처음부터 아무것도 없다고 판단하려면

제2편 제물론 齊物論

논리적 전제로서 '처음'이라는 말(개념)과 '있다'는 말(개념)이 정립되어야 한다.

그런데 '처음'이란 말은 논리적 부정개념으로 아직 처음부터 처음도 없다. 무시(無始)란 말을 성립시키고 아직 처음부터 처음도 없다는 말은 논리적 부정개념으로 아직 처음부터 처음도 없음도 없다는 무무시(無無始)란 말을 성립시킨다.

그리고 한편 있다(有)는 말은 그것의 부정개념으로 없다(無)는 말을 정립한다. 이 무는 상술한 처음(始)이라는 말과 결합하여 부정되는 곳에 아직 처음부터 무도 없다. 무무(無無)란 말이 생긴다. 그러나 "아직 처음도 없다."란 말이 다시 부정되면 아직 처음부터, 아직 처음부터 무도 없다 무무무(無無無) ―는 말이 되어 그 논리적 추구는 끊임없이 계속되어 그칠 줄 모른다.

그러다 한편 다시 돌아가 생각해 보면 이런 말들이 결국 '있다'로 단정하고 있다는 점에서 생각하면 일반으로 말은 그것이 아무리 부정적인 판단일지라도 그 근저에는 역시 '유―무'라는 한 쌍의 순수개념을 예상하지 않을 수 없다. 말은 그 뿌리에는 항상 있고 없다는 한 쌍의 순수개념을 예상한다.

그러나 한 발자국 더 추구해서 생각하면 단순하게 순수개념으로서의 유―무의 형식을 열어 놓고 발전시켰다 치더라도 그것이 대체 무엇을 표현한 것이 되는가? 대체 판단 형식으로서의 개념이라는 것은 구체적 내용을 성취해서 여기에 일정한 형식을 붙임으로 비로소 이의를 가지게 된다.

스트레스 없는 절대 자유를 배운다, 장자

그런데 내용을 뺀 순수 형식만으로 과연 무엇을 말한 것이 될까? 따라서 장자는 아직 모른다. "내가 말한 곳에 과연 무엇을 말한 게 있을까. 그것은 과연 말한 게 없는 것일까?"라고 말한다. 이 순수개념으로서 유무의 범주만으로는 무엇이건 표현된 것이 안 된다는 것이다.

한 자, 한 자 참 어렵게 보이는 곳 안개 속에 무엇이 보일 듯 말 듯해서 흔적만이라도 보일런지. 공부와 생각이 아직 미치지 못한다는 징조인가. 많은 참된 가르침이 담긴 장자의 글귀 같다.

天下莫大於秋豪末(천하막대어추호말) 而大山爲小(이대산위소) 莫壽於殤子(막수호상자) 而彭祖爲夭(이팽조위요) 天地與我並生(천지여아병생) 而萬物與我爲一(이만물여아위일)

천하(天下)에는 가을 털의 끝보다 큰 것이 없고 태산은 작은 것이다. 일찍 죽은 아이보다 장수한 사람이 없고 8백 년을 살았다고 하는 팽조(彭祖)는 일찍 죽은 것이다. 만물제동(萬物齊同)의 세계에서는 천지도 나와 더불어 태어났고 만물도 나와 하나이다.

팽조는 여러 군데서 설명된 옛날의 전설적 장수자의 이름이다. "천지와 우리는 나란히 살고 있다."라고 함은 상대의 세계에서는 천지는 유구 무한하고 자기는 죽을 수밖에 없는 유한한 존재인데, 절대적 도의 입장에 서게 되면 천지의 유구한 생명도 우리들의 삽시간의 생명과 하나라는 점을 말한다. "만물과 우리와는 하나."라는 말은 현상세계를 달리다 보면 버드나무는 푸르고 꽃은 빨갛듯이 일체의 존재는 천차만별 가지가지 모습을 나타내어 자기의 존재는 그 만물 안에서 있는지

없는지 작은 하나에 불과한데, 절대 세계에 입각해서 생각하면 만물의 많음도 자기의 하나와 한가지라는 것이다.

유명한 소동파(蘇東坡)의 「적벽부(赤壁賦)」의 마지막 구절 중 일부를 소개한다.

逝者如斯(서자여사) 而未嘗往也(이미상왕야) 盈虛者如彼(영허자여피) 而卒莫消長也(이졸막소장야) 蓋將自其變者而觀之(개장자기변자이관지) 則天地曾不能以一瞬(즉천지증불능이일순) 自其不變者而觀之(자기불변자이관지) 則物與我皆無盡也(즉물여아개무진야) 而又何羨乎(이우하선호)

"흘러가는 것은 이 물과 같다고 하나 아직 일찍이 가지 않았다. 차고 기울고 차는 것은 저 달처럼 되는데 끝끝내 성쇠하지 않는다. 생각건대 어쩌면 변하는 것에서 보면 천지도 일찍이 일순간에 지나지 않고 변하지 않는 것으로 이것을 보면 즉 무엇과 나 모두 끝이 없다."

이 말은 장자의 사상에서 따온 것으로, 참으로 놀라운 문구이다.

既已爲一矣(기이위일의) 且得有言乎(차득유언호) 既已謂之一矣(기이위지일의) 且得無言乎(차득무언호) 一與言爲二(일여언위이) 二與爲三(이여위삼) 自此以往(자차이왕) 巧曆不能得(교력불능득) 而況其凡乎(이황기범호) 故自無適有(고자무적유) 以至於三(이지어삼) 而況自有適有乎(이황자유적유호) 無適焉(무적언) 因是已(인시이)

스트레스 없는 절대 자유를 배운다, 장자

이미 하나가 되었다면 또 무슨 말이 있을 수 있겠는가? 그러나 이미 하나(一)라고 말하였다면 또 말이 없을 수 있을 것인가? 이미 하나라고 말했기 때문에 말이 없다고 할 수 없다는 뜻이다. 일(一)과 말이 이(二)가 되고, 이(二)와 더불어 삼(三)이 된다. 이로부터 이후로는 아무리 역법(曆法)에 뛰어난 사람이라도 계산해 낼 수 없을 터인데, 하물며 보통 사람이겠는가? 그 때문에 무(無)로부터 유(有)로 나아가도 삼(三)이 됨에 이르니, 하물며 유(有)로부터 유(有)로 나아감이겠는가? 한없이 분열되는 세계로 나아가지 말아야 할 것이니 절대의 시(是), 즉 도(道)의 자연(自然)을 따를 뿐이다.

혼돈세계에 그대로 머물기를 바라는 장자적 절대자는 혼란과 분열 속에 몸을 두지 말고 기껏해야 무엇인가 있다고 해야 처음부터 경계

제2편 제물론 齊物論

없는 세계에 발을 붙이고 살면서 실재의 일(一)과 신불(神佛)이 모르는 사이에 가호를 받아 오로지 한길로 도의 자연에 순종하며 산다.

개별에서 개별로 앞서가는 세상 천 가지, 만 가지 지적 변화를 파악하려면 수습하기 힘든 혼란으로 분열되리라. 더 말할 나위 없지 않은가. 오늘날 우리들이 사는 주변을 돌아보면 미친 듯이 변해가는 모습을 본다.

'갈 필요 없다.' 이것에 의지할 뿐이라는 장자의 말은 오늘날 급변하는 스트레스 세상에서 본성을 잃어가는 모습에 보내는 일대 경종으로 보인다. 어쩌면 스트레스 상태로 위험한 적막세계를 비추어 주는 한 줄기 햇살 같다. 혼란으로 암흑의 세계, 스트레스 세계를 벗어나 아비규환을 벗어났으면 한다.

더욱 여기서 우리들은 "일(一)과 말(言)이 합쳐져서 이(二)가 되고, 이(二)와 일(一)은 삼(三)이 된다."라고 한 장자의 서술에 주의를 기울여야 하지 않겠는가? 이 서술은 노자의 도는 일(一)을 만들어 내고, 일(一)은 이(二)를 만들고, 이(二)는 삼(三)을 만들고 삼은 만물을 만든다는 42장과 닮아 보이나 노자가 다만 도가 분화 발전해 나가는 과정을 설명한 데 대하여 장자의 입장에서 노자를 해석한 것으로, 어쩌면 노자의 본래의 의미는 아닐지도 모른다. 장자는 그것을 정밀한 인식론으로 바꾸어 놓았다.

스트레스 없는 절대 자유를 배운다, 장자

제2장
아무리 부어도 가득 차지 않고,
아무리 덜어내도 마르지 않는다

夫道未始有封(부도미시유봉) 言未始有常(언미시유상) 爲是而有畛也
(위시이유진야) 請言其畛(청언기진) 有左有右(유좌유우) 有倫有義(유
륜유의) 有分有辯(유분유변) 有競有爭(유경유쟁) 此之謂八德(차지위
팔덕)

대저 도(道)는 본시 구별이 있지 않았고, 말은 본시 고정불변의 일정
한 의미가 있지 않았다. 그런데 일정한 의미가 없는 말로 도(道)를 표
현하려 했으니 이 때문에 사물에 구별이 있게 되었다. 청컨대 그 구별
에 대해서 말해 보겠다. 왼쪽이 있고 오른쪽이 있으며, 인륜(人倫)이
있으며 의리(義理)가 있으며, 신분이 있으며 차별이 있으며, 겨루는 일
이 있으며 다투는 일이 있으니, 이것을 일컬어 인간에게 있는 8개의
덕(작용)이라고 한다.

이상과 같이 도와 말, 즉 실재와 인식과의 관계를 정교하고 치밀한
번성과 음미를 보탬과 동시에, 인식의 파탄성과 분열성, 말하자면 실재
에 대한 인식의 살육성을 밝힌 장자는 이 인식의 살육성에서 벗어나서

살아 있는 혼돈으로서의 도를 살아 있는 혼돈으로 살리기 위해서는 판단 이전의 경지, 체험 그 자체 세계에 머무를 것을 강조했는데 여기서는 앞의 글에 무에서 유로 이르기까지의 전재를 밝힌 것과 관련해서 유에서 유로의 전개, 상대적 가치 세계의 윤곽을 소묘한다.

　도란 벌써 밝혀 놓았듯이 본래 아무 경계나 질서도 없는 맹목의 혼돈이었다. 아직 도에 대한 말도 앞에서 말한 것처럼 본래 그것만으로는 아무 일정한 내용을 가지지 않는 순수 형식에 지나지 않았다. 그런데 이 혼돈의 입장에서 도가 말의 내용으로 받아들여진다. 실재(實在)가 개념적 인식 세계에 가져오게 되면 거기에 도의 경계 질서(畛)가 성립한다.

　이로써 생겨난 좌우, 논의, 분변, 경쟁을 8개의 덕이라 한다. 이는 사람이 도(道)에 심지(心知)의 분별을 보태어 얻어진 8가지 작용이란 의미이다.

六合之外(육합지외) 聖人存而不論(성인존이불론) 六合之內(육합지내) 聖人論而不議(성인론이불의) 春秋經世先王之志(춘추경세선왕지지) 聖人議而不辯(성인의이불변) 故分也者(고분야자) 有不分也(유불분야) 辯也者(변야자) 有不辯也(유불변야) 曰何也(왈하야) 聖人懷之(성인회지) 衆人辯之(중인변지) 以相示也(이상시야) 故曰(고왈) 辯也者(변야자) 有不見也(유불견야)

　그런데 성인(聖人), 즉 절대자는 생각의 분별을 던져버리고 절대 하나에 소요(逍遙)하는 존재이므로 이 우주를 초월한 신비한 세계에 관해서는 설혹 그것이 존재한다 하더라도 존재하는 대로 맡겨두고, 우

스트레스 없는 절대 자유를 배운다. 장자

주 안에서 생기는 일에 대해서는 흔히 있는 문제를 논의하는데 세세한 문제는 파고들지 않는다.

『춘추(春秋)』라는 책은 세상을 다스린 옛적 왕자의 역사적 기록인데 성인(聖人)은 그 안에 기록된 구체적 사실은 자세하게 논의하지만, 그 사실에 대한 독자적 시비와 가치판단은 삼가고 있다.

그럼에도 세속 사람은 자기의 분별을 절대적인 것인양 착각하고 무엇이든 쉽사리 가치비판을 크게 소리친다. 그것은 그네들의 분별은 참된 분별이 아니라는 것을 느끼지 못하기 때문이다.

참된 분별이라는 것은 분별하는 일 없는 분별이다. 분별할 일이 없는 분별이란 무엇일까? 일체의 차별과 대립을 차별과 대립체로 자기 주머니에 쑤셔 넣는 지혜와 다름없다. 말하자면 품는 것이다. 이와 반대로 보통 사람은 자기의 분별을 보라는 듯이 휘두른다. 즉 참된 분별은 자기의 분별을 안으로 싸서 남의 웃음거리가 되지 않는 지혜라고도 말할 수 있겠다. 차별해서는 귀중한 '도'는 보이지 않는다.

본문의 육합(六合)이란 하늘과 땅과 사방(四方), 즉 우주라는 의미이다.

夫大道不稱(부대도불칭) 大辯不言(대변불언) 大仁不仁(대인불인) 大廉不嗛(대렴불겸) 大勇不忮(대용불기) 道昭而不道(도소이부도) 言辯而不及(언변이불급) 仁常而不成(인상이불성) 廉淸而不信(염청이불신) 勇忮而不成(용기이불성) 五者園而幾向方矣(오자환이기향방의)

앞에 말한 것으로 미루어 명백하듯이 참된 도는 명칭 개념(말)으로
는 표현되지 않고 참된 변설은 말에 의지하지 않고 소리 높여 말하지
않으며, 참된 사랑은 오히려 사랑은 부정하고, 참된 염양(廉讓, 청렴하
여 남에게 양보를 잘함)은 작은 결백함이 아니고 참된 용맹은 남을 상하
게 하지 않는다. 따라서 역으로 도가 명칭 개념에 따라서 명시되면 그
도는 지금에 와서는 참된 도가 아니고 언론이 몹시 귀찮은 변증에 사
용하면 점점 진실과는 멀어진다.

사랑이 특정한 대상에 고정되면 어느새 보편성을 잃어버리고, 결백
도 지나치면 남의 눈을 속이게 되며, 용기도 폭력화하면 참된 용기가
아니다.

대도(大道), 대변(大辯), 대인(大仁), 대렴(大廉), 대용(大勇)의 다섯
가지는 마치 둥근 기둥이 온갖 각을 스스로의 안에 싸듯이 본래 원융
무애(圓融無礙)인데, 이 둥근 기둥도 직선으로 잘리면 거기에 삼각형,
사각형이 만들어지는 것처럼 대도(大道)는 개념에 따라 손상되고, 대
변(大辯)은 언론 때문에 상하고 대인(大仁)은 고집 때문에 상하고 대
렴(大廉)은 팍팍하여 의지를 굽히지 않으므로 손상되고 남과 화합하
지 않으므로 해를 보며, 큰 용기는 폭력에 의하여 해를 입어 부자유스
럽게 되는 경향을 내포하고 있다. 깨끗함이 지나치게 맑으면 사람들이
믿지 아니하고, 용맹스러움이 사나워지면 평화가 이루어지지 않게 된
다. 이 다섯 가지는 둥글고자 하면서도 도리어 모난 데로 나아가는 것
에 가깝다.

故知止其所不知(고지지기소부지) 至矣(지의) 孰知不言之辯(숙지불언
지변) 不道之道(부도지도) 若有能知(약유능지) 此之謂天府(차지위천

스트레스 없는 절대 자유를 배운다, 장자

부) 注焉而不滿(주언이불만) 酌焉而不竭(작언이불갈) 而不知其所由
來(이부지기소유래) 此之謂葆光(차지위보광)

장자는 결론을 내린다. 최상의 지혜는 마치 직선에 의하여 잘리지
않는 원주(둥근 기둥)와 같이 시비의 편견으로 손상되지 않는 자연의
지혜, 인식의 한계를 알고 그 한계의 밖에서 머무는 지혜, 지(知)가 알
지 못하는 곳에 머무는 지혜일 뿐이다. 절대의 진리란 이것을 알았다
고 하는 곳에는 이미 절대 진리가 모습을 감추고, 이것을 알지 못한다
는 곳에 오히려 절대 진리의 모습을 드러내는 역설적 존재이다.

따라서 이 역설의 의미를 바르게 이해하는 사람이 있으면 그의 앞에
는 무한히 풍성한 생명의 보고가 열릴 것이다. '말 없는 변(辯)', 이를테
면 말하지 않는 웅변, 진리를 부정하는 진리. 이 말의 의미를 참으로
터득할 수 있는 사람이 있다면 그 사람이야말로 천연 자연의 보고를
마음에 간직하고 있는 사람으로 부를 만하다.

그의 가슴 속에는 흘러들어 가도 차지 않고, 부어내도 마르지 않는
다. 그러나 어디로부터 와서 어디로 가는지도 알 수 없다. 끝없이 이어
지는 생명의 대지가 열린다. 그는 그 생명의 대지에서 한없이 자유롭게
운명의 장난을 즐기고 인간적 왜소함을 초극한다.

그리고 그와 같은 경지 이를테면 가지가지 인간적 분별과 인간적 분
별로 생긴 만 가지 잡소리, 떠들썩한 시비의 논쟁이 본래의 고요하고
마음이 가라앉는 경지를 보광(葆光 빛을 감춤. 지덕을 감추고 나타내지
아니함)이라고 한다. 보광은 절대의 지혜란 뜻과 같다. (葆는 宝와 같음,

노자 化其光 同其塵) 이 보석 같은 빛은 우리 사회에 만연하는 스트레스의 아픔에서 벗어나게 하는 주옥같이 빛나는 말이 아니겠는가?

故昔者堯問於舜曰(고석자요문어순왈) 我欲伐宗膾胥敖(아욕벌종회서오) 南面而不釋然(남면이불석연) 其故何也(기고하야) 舜曰(순왈) 夫三子者(부삼자자) 猶存乎蓬艾之間(유존호봉애지간) 若不釋然(약불석연) 何哉(하재) 昔者十日並出(석자십일병출) 萬物皆照(만물개조) 而況德之進乎日者乎(이황덕지진호일자호)

마지막으로 위대함을 찬미하는 한가지 설화를 덧붙여서 이 편의 서술을 일단 마감한다. 요(堯)와 순(舜)의 문답이 바로 그것이다.

옛날 천하에 군림하던 요(堯)가 당대 제일의 유덕자로 알려진 순(舜)에게 이와 같이 질문했다.

"어쩔 수 없는 처지라 할지라도 천하의 지배자가 되어 무력을 쓰지 않으면 안 되는 자기에게 무어라 말할 수 없이 석연치 않은 기분이 생기는 것은 대체 무슨 이유일까요?" 그랬더니 순은 대답했다.

"저 세 나라의 왕은 쑥이 무성한 미개의 땅에 사는 야만한 사람, 아직 절대자의 덕이 무엇인가 알지 못하는 불쌍한 사람들입니다. 그러므로 당신이 이제 와서 끙끙 앓아도 별도리가 없습니다. 정벌 따위의 폭력 사태에 호도하기에 앞서 어찌하여 그네들을 덕으로 감화하려고 생각하지 않습니까? 옛날에 열 개의 태양이 한꺼번에 하늘에 나타나서 일체 만물은 그 빛에 구석구석 남김없이 비추어졌다는 이야기가 있습니다.

절대자의 덕의 빛은 열 개의 태양을 함께한 것보다 더 위대합니다.

스트레스 없는 절대 자유를 배운다, 장자

이 위대한 덕의 빛을 가진 절대자가 되는 것이야말로 당신이 마음 써야 할 것이 아니겠습니까?

장자의 이 요순 문답은 그 당시 전해지던 이러한 전설에 의거하여 설화한 것으로 추측한다.

그리고 옛날에 "10일 함께 나타난다."라는 것은 10개의 태양이 하늘에 나타난다는 의미이겠으나 이것은 기류의 변화로 태양이 여러 개로 보이는 기상현상의 이변을 설화한 것이겠다. 현재 몽고에서 가끔 이와 같은 현상이 나타난다고 한다.

제3장

분별은 의미 없는 것이다
분별심에서 갈등과 스트레스가 생긴다

齧缺問乎王倪曰(설결문호왕예왈) 子知物之所同是乎(자지물지소동시
호) 曰(왈) 吾惡乎知之(오호호지지) 子知子之所不知邪(자지자지소부
지야) 曰(왈) 吾惡乎知之(오호호지지)

然則物無知邪(연즉물무지야) 曰(왈) 吾惡乎知之(오오호지지) 雖然(수
연) 嘗試言之(상지언지) 庸詎知吾所謂知之非不知邪(용거지오소위지
지비부지야) 庸詎知吾所謂不知之非知邪(용거지오소위부지지비지야)

설결이란 남자가 그의 선생인 왕예에게 질문했다. (왕예가 설결의 스
승이란 것은 장자 외편 「천지편」에서 보인다.)

"선생은 모든 존재가 거기서는 한결같이 옳다고 긍정되는 근본적 진
리, 단적으로 '도'가 어떤 것인가 알고 계십니까?"

"나에게는 거의 아는 것이 없다네."

"그렇다면 선생이 모르신다는 것은 알고 계시는지요."

"그것도 알 수 없다네그려."

"그렇다면 일체를 모르시는 걸까요?"

"그것도 모르겠네. 그러나 모처럼 질문이니 시험 삼아 조금 수다 떨

어 보겠네."

대체 인간이 안다는 것 이를테면 판단은 전적으로 상대적인 것으로 절대라고 할 수 없다.

따라서 지금 내가 혹시 뭔가를 알고 있다고 말해도, 그 알고 있다는 실은 알지 못할지 모르면서 역으로 또 모른다고 해도 그 모른다는 것은 사실은 알고 있는 것일지도 모른다. 역으로 또 모른다고 말해도 그 모른다는 실은 안고 있는 것일지도 모른다.

'도', 즉 참된 실재는 흔히 있는 언어로서는 파악하기 힘들다. 그러나 언어를 매개로 하지 않으면 아무 말도 할 수 없으니 시험 삼아 재잘거려 보겠다는 것이다.

원래 '도'는 구별되는 사실이 포함되어 있지 않다. 말은 본디부터 일정한 가르치는 대상을 가지고 있지 않다. 그래서 인간의 실제 생활을 위해서 사물의 구별이 생겼다. 그 점을 말해 보면 오른쪽과 왼쪽의 상반, 친밀함, 소원함과 귀천의 상이, 본분과 지위의 차별, 경합과 투쟁의 구별 등이 있다. 이것을 인간의 여덟 가지 능력이라 한다.

이 세상 바깥일(형이상학의 세계)에 대해서는 그냥 그대로 두고 사리에 맞게 말하지 않는다. 성인은 이 세상 안(형이하학의 세계)의 얕은 시비로 왈가왈부하지 않는다. 왜냐하면, 이상의 일들을 성인은 마음속에 담아두는데, 대중들은 공과 죄로 심판하여 그것을 서로 자랑하기 때문이다. 차별하면 중요한 것(道)은 보이지 않는다.

막고야산의 네 명의 신인(神人)은 피의, 왕예, 설결, 허유이며, 이들의 관계는 요의 스승 허유, 허유의 스승 설결, 설결의 스승 왕예, 왕예의 스승 피의이다.

장자는 말로 표현하는 것은 도(道)가 아니라고 하면서 6만5천2백13
자로 되는 저술을 남겼는데, 말을 할 때는 상시언지(嘗試言之), 청상시
언지(請嘗試言之) 오상시문호(吾嘗試問乎) 등으로 말을 시작한다.

且吾嘗試問乎女(차오상시문호여) 民濕寢則腰疾偏死(민금침즉요절편
사) 鰍然乎哉(추연호재) 木處則惴慄恂懼(목처즉췌율순구) 猨猴然乎
哉(원후연호재) 三者孰知正處(삼자숙지정처) 民食芻豢(민식추환) 麋
鹿食薦(미로식천) 蝍蛆甘帶(즉저감대) 鴟鴉耆鼠(치아기서) 四者孰知
正味(사자숙지정미) 猨猵狙以爲雌(원편저이위자) 麋與鹿交(미여록고)
鰍與魚游(추여어유) 毛嬙麗姬(모장여희) 人之所美也(인지소미야) 魚
見之深入(어견지심입) 鳥見之高飛(조견지고비) 麋鹿見之決驟(미록견
지결취) 四者孰知天下之正色哉(사자숙지천하지정색재) 自我觀之(자
아관지) 仁義之端(인의지단) 是非之塗(시비지도) 樊然殽亂(번연효란)
吾惡能知其辯(오오능지기변)

지자(현명한 사람)로 유명한 왕예가 내가 지(知)라고 말하는 것도 진짜는
무지(無知)일지 모른다. 무지(無知)라는 것은 진짜는 지(知)일지 모른다.

그리고 시험 삼아 당신에게 물어보겠다. 사람은 습지에서 자고 일어
나면 요통을 앓거나 반신불수로 중풍을 앓기도 하는데 미꾸라지는 흙
탕물 속에 살면서 아무렇지 않다. 사람은 나무 위에 있으면 무서워서
놀라며 벌벌 떨면서 사는 것 같지 않은데 원숭이는 이 나무, 저 나무
를 뛰어다니면서 아무렇지 않다.

스트레스 없는 절대 자유를 배운다, 장자

사람, 미꾸라지, 원숭이 등 셋 중 과연 어떤 것이 참으로 올바른 살 곳을 알고 있을까. 사람은 마음대로 만물의 영장이라며 우쭐대며 자기의 거주 모습이 최상인 것처럼 마음먹고 있는데 참으로 수상하지 않은가?

음식의 기호도 그렇다. 사람은 소와 양, 돼지 등 가축을 식용으로 하고 노루는 야생하는 풀을 먹고 지네는 뱀을 즐겨 먹고 올빼미와 까마귀는 쥐를 쩝쩝거린다. 사람과 노루, 지네, 올빼미, 까마귀 등 네 가지 중에 과연 어느 것이 올바른 음식의 맛을 알고 있을까?

그리고 색정에서도 마찬가지다. 원숭이는 편저라는 일종의 원숭이와 자웅이 교미하며, 미(麋, 사슴과에 속하는 짐승)라는 일종의 사슴은 사슴과 암수 한 쌍이 되며, 미꾸라지는 물고기와 노는데, 사람들은 절세의 미인이라고 소란피우는 모장(毛嬙, 궁중의 시녀)과 여희를 그들에게 가까이하며, 물고기는 놀라서 물 깊숙이 도망쳐 숨고, 새는 무서워서 하늘 높이 날아오르고, 노루는 쏜살같이 도망치리라. 따라서 이 세상에서 무엇이 대체 진짜 매력 있는 아름다움이며, 원숭이와 미꾸라지 노루와 사람 네 가지 중 어떤 것이 정말로 진짜를 알고 있을까. 일률적으로는 정하지 못한다.

인간들의 판단 따위는 결코 절대적인 것이 못 되는데 절대적이라 생각하는 것은 인간의 자기중심적 독선적이거나 독단적 편견임을 알 것이다. 따라서 세속의 인간들이 인간의 역사는 스스로 문화라고 부르면서 자연에 등을 돌리고 걸어왔다. 문화라는 것은 사람과 자연이 점점 벌어지는 현상에 붙인 말이라고 할 수 있지 않을까. 그러나 인류는 그간에 자연과의 괴리 속에서 인간들이 보이지 않게 넘쳐 흐르면서 허황된 오만과 독선 그리고 편견이 무성하게 자라났다. 사람들은 어디서 태어났으며 그곳에서 사람은 허망된 오만심 그리고 독선과 편견을 키우고 있었다. 사람들이 태어난 그곳에서 출발한 자연과 붕괴하고 떨어지게 되었는데, 지금에 와서 드디어 능욕과 유린 속에 우쭐대는 현대인의 목을 죄고 있어서 질식하고 있다. 장자는 여기서 현대인의 질식을 신랄하게 풍자하고 있는 듯하다.

여기서 우리들은 왕예의 말 속에 보이는 인간과 자연물과의 혼효(뒤섞임), 인간의 자연 혼돈화에 주목해야겠다.

앞에서 인간의 개념적 인식과 실재와의 관계를 고찰하면서 인간의 심지의 혼돈화, 심지의 판단을 버리고 만물이 아직 개벽하지 않은 경지로 가라앉음을 설파한 장자는 여기서 거듭 심지(心知)의 주체로서의 인간 그 자체의 자연으로의 혼돈화를 주장한다.

인의라든가 시비라고 떠들어보아도 단서도 찾지 못한 채 이치를 어수선하게 늘어놓았다. 아무리 해도 쉽게 알아차리지 못한다. 무엇이 인(仁)이고 무엇이 의(義)인가? 그리고 무엇이 시(是)이고 무엇이 비(非)인가? 여간해서는 구별되지 않는다.

인간들은 커틀릿을 먹고 노루는 야초를 먹는다. 그러나 커틀릿을 먹는 인간이 풀을 먹는 노루보다 고등(高等)이라는 근거는 대체 어디서 나온 것일까. 장자는 반문한다. 그렇지만 반문하는 장자는 반드시 사람은 커틀릿을 버리고 풀을 먹으라는 말은 아니다. 그는 인류의 근거 없는 잘난 체가 인류 자신을 파멸시키는 생명의 함정임을 경고하고 있는 것이다.

모장(毛嬙)과 여희(麗姬)는 사람들이 아름다움을 찬양하는 미인이

스트레스 없는 절대 자유를 배운다. 장자

지만, 물고기는 이 사람을 보면 깊이 물속으로 들어가 숨고, 새는 높이 날아가 버릴 뿐이다. 이 한 구절 안에는 우리들이 상식적인 가치관의 질곡으로부터 해방된 장자의 분방하고 크게 입을 벌려 웃는 모습을 떠올릴 수 있다.

현대 사람들은 그 옛날 철인 장자가 냉철하게 우리들의 삶의 모습을 보고 나락으로 빠져들고 스스로를 얽매는 모습에 통탄하며 빗나간 여러 모습에 경고를 한 모양이다. 작은 스트레스도 함부로 생각하며 무심코 오랜 세월을 거스르면 스스로 큰 낭패를 가져올 수도 있다는 가르침일까.

그런데 제물론의 첫머리부터 요순의 문답까지 먼저 남곽자기의 천뢰 문답을 빌어서 장자와 같은 절대자의 망아 해탈을 표현하고 다음으로 그 망아의 해탈을 성립시키는 만물제동의 논리가 있다.

미쳐서 날뛰고 혹닉(惑溺, 미혹하여 나쁜 길에 빠짐), 만뢰를 천뢰로 품는 지혜를 밝히고 거기에 더하여 인간의 개념적 인식과 실재와의 관계, 말의 도에 대한 한계를 예리하게 반성하면서 마지막으로 요순의 문답을 구실 삼고 절대의 지혜, 보광의 위대함을 찬미한 장자는 이상을 제물론(齊物論)편의 중요한 내용으로 삼았다.

본문의 편사(偏死)라 함은 류머티즘이나 중풍 등의 반신불수 병신을 말한다.
여희(麗姬)는 다음에도 보이는 것처럼 춘추시대 진나라 헌공의 총애를 받은 미인이다.

齧缺曰(설결왈) 子不知利害(자부지이해) 則至人固不知利害乎(즉지인고부지이해호)

王倪曰(왕예왈) 至人神矣(지인신의) 大澤焚而不能熱(대택분이불능열) 河漢沍而不能寒(하한호이불능한) 疾雷破山飄風振海而不能驚(질뢰파산표풍진해이불능경) 若然者(약연자) 乘雲氣(승운기) 騎日月(기일월) 而遊乎四海之外(이유호사해지외) 死生無變於己(사생무변어기) 而況利害之端乎(이황리해지단호)

왕예의 설명을 들은 설결은 다시 질문을 했다.

"선생은 가치 판단 따위는 상대적인 것이고, 무엇이 참된 이로운 것이고 무엇이 참으로 해로운가 등은 참으로 끝까지 밝히기 힘들다고 하셨는데 그렇다면 극히 높은 것을 갖춘 사람, 즉 절대자도 물론 이해득실 따위는 전혀 염두에도 없습니까?"

왕예는 대답했다.

"절대자는 일체의 인간적인 것을 초극한 영묘한 존재이다. 그 사람은 큰 못이 타서 그슬러질 만큼 뜨겁고, 하천이 얼어버릴 정도로 추워도 아무렇지 않고, 세찬 천둥이 산을 뚫고 미친 듯이 부는 회오리바람이 바다를 뒤흔들어 엎을 만한 천변 재해에도 꿈쩍도 하지 않는다. 이런 절대자는 세속 위를 높게 날면서 하늘의 구름과 안개를 타고 해와 달에 다리를 걸치고 우주 밖을 소요하는 인물이다. 그에게는 죽음도 삶과 같고 모든 사람이 겁을 먹고 슬퍼하는 죽고 사는 변화마저 그의 마음을 흔들어 놓지는 못한다. 하물며 자질구레한 이해득실의 갈림길 따위는 처음부터 염두에도 없다."

장자의 소요유(逍遙遊)편이나 대종사(大宗師)편 등에는 장자가 종종

스트레스 없는 절대 자유를 배운다, 장자

절대자를 형용하는 문구들이 들어 있다. 바쁜 세상 많은 이득을 따라 상대를 이기려고 안달하는 사람들의 사는 모습을 보고 마음의 여유를 가지는 방법을 가르치는 것 같다. 흔히 나돌고 있는 스트레스에 찌든 현대 사람들의 구제의 길을 제시한 것일까?

장자는 종종 절대자를 스트레스를 초월한 사람으로 표현하는 문구를 보인다.

후세의 이야기이지만 선종(禪宗, 장자와 노자가 만든 도교의 영향을 크게 받은 종교)에서는 해탈자의 경지를 나타내는 말로 종종 여기에 적힌 표현들이 자주 사용된다.

본문의 하한(河漢)은 황하를 뜻한다.

제4장
자연의 균재작용으로 시비의 구별을 유화하자

瞿鵲子問乎長梧子(구작자문호장오자) 曰(왈) 吾聞諸夫子(오문적부자) 聖人不從事於務(성인부종사어무) 不就利(불취리) 不違害(불위해) 不喜求(불희구) 不緣道(불연도) 無謂有謂(무위유위) 有謂無謂(유위무위) 而遊乎塵垢之外(이유호진구지외) 夫子以爲孟浪之言(부자이위맹랑지언) 而我以爲妙道之行也(이아이위묘도지행야) 吾子以爲奚若(오자이위해약)

여기서는 구작자(瞿鵲子, 공자의 제자)와 장오자(長梧子, 가공의 사상가)의 문답으로 절대자가 사생의 변화, 시비의 대립을 하나로 하고 시공을 초월한 절대의 세계에서 끝이 없는 생의 자유를 소요하는 우주적 인격이라는 것을 밝힌다.

장자의 가공인물은 다양하다. 앞 장의 견오(肩吾)와 연숙(連叔)은 신체의 어깨와 팔뚝을 의인화한 것이고, 구작자(瞿鵲子)는 까치처럼 경망하고 깜짝깜짝 놀라(懼)고 뛰어다니는 사람을 우화(寓化)한 가공인물이며, 공자 제자를 칭한다는 주석이 있다. 장오자(長梧子)는 큰 오동나무처럼 도를 깨달은 인물을 우화한 가공인물이다. 큰 오동나무 가지에 앉은 참새가 오동나무와 서로 얘기를 한다.

나의 스승이신 공자에게서 들은 일인데 성인(聖人), 즉 절대자는 높게 세속을 초월해서 세상사와는 교섭이 없고 이(利)와 해(害)를 같이 하나로 보고 이익을 탐내지 않고 피해를 피하려 들지 않고 남이 자기를 탐내어 쓰려고 해도 즐거워하지 않는다.

짐짓 도를 의식하며 거기에 따라가지도 않는다. 또한, 그 사람은 침묵하고 말을 입 밖에 내지 않고도 무슨 말을 하고 있으며 지껄이고 있어도 그 말은 무심한 말이고 말하지 않는 것과 한가지며 그 몸은 세속에 있으면서 그 마음은 멀리 떠나 세속 바깥 세계를 소유하고 있다.

그런데 공자 자신은 자기 설명을 하는 이 절대자의 존재를 부정하고 그럼 경지는 현실적으로 도저히 바랄 수도 없는 말의 허구, 즉 관념의 유희라고 말하는데 나의 생각으로는 이것이야말로 도를 체득한 절대자의 높은 실천으로 생각하는데 너는 대체 어떤 생각을 가지고 있는가?

본문의 맹랑(孟浪)이라는 것은 종잡을 수 없는 말이라는 뜻이다.

長梧子曰(장오자왈) 是黃帝之所聽熒也(시황제지소청형야) 而丘也何足以知之(이구야하족이지지) 且女亦大早計(차녀역대조계) 見卵而求時夜(견란이구시야) 見彈而求鴞炙(견탄이구효자) 予嘗爲女妄言之(여상위여망언지) 女以妄聽之(여이망청지) 奚(해) 旁日月(방일월) 挾宇宙(협우주) 爲其脗合(위기문합) 置其滑涽(치기골혼) 以隷相尊(이예상존) 衆人役役(중인역역) 聖人愚芚(성인우둔) 參萬歲而一成純(참만세이일성순) 萬物盡然(만물진연) 而以是相蘊(이이시상온)

장오자가 말하길,

절대자의 경지라는 것은 전 인류 최고의 지자로 알려진 황제마저 그 설명을 듣고는 진위 판단을 망설였다고 할 정도였다. 더욱이 공자 같은 인물이 이해하지 못하는 것도 무리도 아니다. 그는 "아직 삶을 모르면서 어찌 죽음을 알겠는가."라며 모르는 체하는 철저한 현실주의자이다.

그렇다 하더라도 공자도 공자이나 너도 마음이 조급하구나. 그 정도 설명으로 절대자의 위대함이 이해되었다고 생각하니 비유도 있지 않나. 아직 닭이 되지 않은 알을 보고 아침을 알릴 것을 바라며, 새를 쏘는 총알을 보고 새 꼬치구이를 주문한다는 말과 다름없다.

지금부터 내가 너를 위해 이 절대자의 참된 위대함. 그 진면목을 이야기해 줄 터이니, 그러나 그 진면목은 말로써 모조리 설명되는 것이 아니니 어디까지나 하나의 편의적 시도로써 해보련다. 편의적 시도이므로 진실 여부는 보증되지 않지만, 너도 그런 줄 알고 듣는 것이 좋겠다.

절대자란 그 위대한 덕화는 저 만물을 골고루 비추는 태양과 달의 빛남과 같으며 그 위대한 포용력은 광대무변한 우주마저 겨드랑이에 끼고 있을 정도이다.

그는 도와 착 들러붙어 하나 되어 일체의 분별 지(知)를 버리고 흐트러지고 컴컴한 불명의 명을 자기 스스로의 지혜로 삼고 나를 오욕의 노예로 하여 모든 타인을 높이며 산다.

세속 사람은 함부로 지(知)를 다투고 이익을 위해 경쟁하여 마차 말과 같은 인생을 허덕이고 있다. 그러나 절대자는 시비의 분별을 버리고 이해득실을 하나로 봐서 무심무아의 경지에서 편안한 자기를 즐기니 그 외모는 완전히 우둔한 사람과 같다. 그는 영겁의 시간 속에 들어가 시간 그 자체와 하나 되며 하나 된 경지에서 오로지 자기의 순수성을 완수한다.

그는 일체 존재의 대립과 모순의 모습을 대립과 모순 그대로 옳다 긍정하고 도와 하나 된 자기 경지에 만물을 포섭한다. 절대자란 이와 같은 경지를 자기의 경지로 하는 지고 지대의 인격이다.

이 짧은 글 안에도 스트레스로 온 백성들이 마차에 달린 바퀴처럼 매달려서 허덕이며 살고 있다. 절대자라는 사람들이 사는 모습을 보고 그 안에서 자기의 순수성을 다한다. 갖은 어려움 속에서 빠져나오려면 절대자 모습들의 가르침이 참 크다.

절대자는 만물을 널리 비추는 태양과 달과도 같고 포용력은 광대무변한 태양과 별빛처럼 비추어준다. 우리들은 걸핏하면 남과 비교하려 들고 좋고 나쁨을 가르려 든다. (분별심)
스트레스가 생기는 원인은 모래알처럼 널려있는 틈새만 보면 그곳을 뚫고 들어간다.
일체의 분별심을 버리고 평생을 살아가는 게 얼마나 중요한가? 몇 번이고 보아야 할 대목인 성싶다. 나를 잊어버리는 경지, 무심망아(無心忘我)의 경지에 다다르면 스트레스를 벗어나서 편안한 자기를 즐길 수 있겠다.

본문의 청형(聽熒)의 형(熒)은 감(感)과 같이 느낀다는 말이고, 시야

(時夜)는 닭 울음소리가 시각을 알리는 뜻이다. 우둔(愚芚)의 둔(芚)은 어리석은 모습이다. 온(蘊)은 쌓다의 의미.

予惡乎知說生之非惑邪(여오호지열생지비혹야) 予惡乎知惡死之非 弱喪而不知歸者邪(여오호지오사지비약상이부지귀자야) 麗之姬(여지 희) 艾封人之子也(애봉인지자야) 晉國之始得之也(진국지시득지야) 涕 泣沾襟(체읍점금) 及其至於王所(급기지어왕소) 與王同筐牀(여왕동 광상) 食芻豢(식추환) 而後悔其泣也(이후회기읍야) 予惡乎知夫死者 不悔其始之蘄生乎(여오호지부사자불회기시지기생호)

장오자는 거듭 말을 이어간다.

세속 사람들은 산다는 것을 즐겁게 여긴다. 그러나 즐겁다는 것은 인간들의 슬픈 미혹이며 나쁜 길에 빠져드는 게 아닐까. 세속 사람들은 죽음을 증오한다.

그렇지만 죽음이란 인간이 그의 본래의 자연으로 돌아가는 게 아닌가. 어릴 적에 고향을 떠난 사람은 오랜 떠돌이 생활로 돌아가야 할 고향을 잊어버려도 그네들의 죽음에 대한 증오야말로 고향을 상실한 사람의 비극이 아니겠는가.

옛날 여희(麗姬)라는 미인은 애(艾)라는 변방을 지키는 병사의 딸이 었는데 진(晉)나라 왕이 처음으로 그녀를 손에 넣었을 때, 여희는 남의 나라로 가야 하는 자기의 슬픈 운명을 옷섶이 흠뻑 젖도록 울었다. 그러나 바야흐로 진나라 궁궐 안에 들어와 왕과 훌륭한 잠자리를 함께 하고 맛있는 성찬을 먹게 되니 그 행복에 취하여 옛날 흘리던 눈물은 싹 잊어버리고 처음에 운 것을 후회했다고 한다.

생과 사의 변화인들 이것과 다르다고 누가 보장할 수 있다는 것인가.

죽은 사람인들 죽음 당초에 더 살고 싶다고 울부짖어 봤자 소용없는 자기를 후회할지 모른다.

夢飲酒者(몽음주자) 旦而哭泣(단이곡읍) 夢哭泣者(몽곡읍자) 旦而 田獵(단이전렵) 方其夢也(방기몽야) 不知其夢也(부지기몽야) 夢之中 又占其夢焉(몽지중우점기몽언) 覺而後知其夢也(각이후지기몽야) 且 有大覺(차유대각) 而後知此其大夢也(이후지차기대몽야) 而愚者自以 爲覺(이우자자이위각) 竊竊然知之(절절연지지) 君乎(군호) 牧乎(목호) 固哉(고재) 丘也與女(구야여여) 皆夢也(개몽야) 予謂女夢(여위여몽) 亦夢也(역몽야) 是其言也(시기언야) 其名爲弔詭(기명위조궤) 萬世之 後(만세지후) 而一遇大聖知其解者(이일우대성지기해자) 是旦暮遇之 也(시단모우지야)

꿈속에서 술을 마시고 환락을 마음껏 즐긴 사람은 한밤이 새고 나면 슬픈 현실에 소리를 높여 울고, 거꾸로 슬픈 꿈을 꾸고 울음을 터뜨리던 사람은 아침이 되면 천연덕스럽게 즐거운 수렵에 나서기도 한다. 꿈을 한창 꾸고 있을 때 꿈이 꿈인 줄도 모르고 심할 때는 꿈속에서 거듭 꿈 판단을 할 때마저 있으나 눈을 뜨기 시작하면 비로소 그것이 꿈이었다고 느끼게 된다. 인간의 일생도 이와 같지 않은가. 많은 사람은 얽매인 인생을 꿈같이 살고 꿈같은 인생 중에 다시 다 보지 못한 꿈을 좇고 있다. 그러나 그것이 꿈인 줄 느끼는 인간이 과연 몇 명이나 될까?

꿈이 꿈인지 알아차리기 위해선 큰 각성이 있어야 한다. 크게 각성한 사람, 이를테면 절대의 진리에 크게 눈뜬 사람만이 큰 꿈에서 해방된다. 그럼에도 바보같이 세속에서 미혹하여 나쁜 길에 빠진 사람들은 자기의 꿈에서 깨어났다고 하며 깜찍하게 스스로를 지자(知者)로 생각하고, 자기가 좋아하는 사람을 윗사람으로 높이고 내가 미워하는 사람을 노예처럼 천하게 여기는 애증호오의 편견으로 득의양양하다. 그들의 구하기 힘든 고루함이여.

절대자의 존재를 엉터리 관념 놀이하는 공자도, 공자의 설명을 해탈자의 교묘한 실천이라 하는 너도 같이 큰 꿈을 꾸고 있는 것이다. 아니, 공자와 너뿐만 아니다. 공자와 너도 꿈을 꾸고 있다고 하는 이 나 자신도 꿈을 꾸고 있는 것이다. 그러나 이와 같이 일체를 꿈이라고 설명하는 나의 말은 너무나 기이해서 상식적 생각으로는 도저히 받아들여지지 않겠지. 그래서 나의 이 말은 더할 나위 없이 세속 상식과 어긋난 그로테스크한 말이라고 한다. 그러나 이 수수께끼를 풀 수 있는 절대자는 어쩌면 몇십만 년에 한 사람 만날 수 있을까 말까 하지 않는가.

사람들은 살면서 여러 꿈을 꾸지만 무슨 꿈을 꾸었는지 모르고 지나간다. 그것을 알아차리는 데는 큰 깨우침이 있어야 한다. 이를테면 절대의 진리에 눈을 크게 뜬 사람만이 그 많은 꿈에서 해방된다. 그런데 어리석게 방향을 잃고 방황하는 사람들은 자기의 꿈에서 깨어났다 하며 깜찍한 잔꾀를 부려서 똑똑한 척하는 사람이 요즘 세상에는 즐비하다.

근대문화의 발달 때문이기는 하겠으나 그 틈새를 뚫고 약은 지식인과 똑똑한 사람으로 집과 거리를 메우고 있다. 내가 좋다는 사람을 섬기려 들고 내가 미워하면 노예처럼 천하게 대한다. 좋고 나쁘고 미워하는 것은 물질만능의 세상에서 독버섯처럼 자라난다. 이런 편견들은

오늘날 많은 사람을 스트레스라는 함정에 빠뜨려 삶이 꼼짝달싹하기
도 힘들게 만든다.

이런 사람들을 스트레스의 함정에서 빠져나가게 하기란 결코 쉬운
일이 아니다. 장자는 일찍이 스트레스의 위험성을 깨닫고 고대부터 구
해내려고 얼마나 많은 심혈을 쏟았던가.

혹시 내가 너와 논쟁을 벌였다고 하자. 너와 같은 생각을 하고 있는
사람에 부탁하여 판정을 바란다면 이미 너와 같은 생각을 하고 있는
것이다. 어떻게 판정이 가능한가. 나하고도 다르고 너하고도 다른 생
각을 가진 사람을 찾아서 판정을 부탁해본들 양쪽 모두와 다른 생각
이다. 판정이 가능하겠는가?

나하고 같고 너와도 같은 생각을 하고 있는 사람에게 판정을 바라도
양자와 같은 생각으로 판정되지 않는다. 그렇다면 논쟁에서 시와 비는
나와 너 제3자 어느 누구에게도 결국 모르는 것이 된다. 논쟁으로 공
연한 스트레스만 쌓이기에 십상이다.

본문의 전렵(田獵)은 수렵(狩獵)과 같은 뜻이고 절절연(竊竊然)은 깜
찍하게 처신하는 모양이다.

既使我與若辯矣(기사아여약변의) 若勝我(약승아) 我不若勝(아불약
승) 若果是也(약과시야) 我果非也邪(아과비야야) 我勝若(아승약) 若
不吾勝(약불오승) 我果是也(아과시야) 而果非也邪(이과비야야) 其或
是也(기혹시야) 其或非也邪(기혹비야야) 其俱是也(기구시야) 其俱非
也邪(기구비야야) 我與若不能相知也(아여약불능상지야) 則人固受其

제2편 제물론 齊物論

黮闇(즉인고수기담암) 吾誰使正之(오수사정지) 使同乎若者正之(사동호약자정지) 旣與若同矣(기여약동의) 惡能正之(오능정지) 使同乎我者正之(사동호아자정지) 旣同乎我矣(기동호아의) 惡能正之(오능정지) 使異乎我與若者正之(사이호아역자정지) 旣異乎我與若矣(기이호아여약의) 惡能正之(오능정지) 使同乎我與若者正之(사동호아여약자정지) 旣同乎我與若矣(기동호아여약의) 惡能正之(오능정지) 然則我與若與人(연즉아여약여인) 俱不能相知也(구불능상지야) 而待彼也邪(이대피야야)

장오자는 다시 말을 이어갔다. 앞에서 인간들의 판단 따위는 전적으로 일면적인 것이고 미덥지 못하여 꿈을 꾸는 따위라 했는데 판단의 상대성에 대해서 더 알아보기로 하자.

지금 가령 너와 내가 어느 문제에 대해서 시비를 따졌다고 하자. 그때 만일 네가 나를 이기고 내가 너에게 졌다고 하면 네가 옳고 내가 틀렸다고 할 수 있을까? 또는 반대로 만일 내가 너에게 이기고 네가 나에게 졌다고 치면 내가 옳고 네가 틀렸다고 할 수 있나? 의론의 승패와 시비와는 반드시 일치하는 것은 아니니 승부를 곧바로 시비로 바꾸어 놓을 수는 없지 않을까?

그렇다면 너와 나와는 어느 쪽이 옳고 어느 한쪽의 틀린 것으로 되겠는가. 또는 양쪽이 모두 옳거나 또는 양쪽이 모두 틀린 것으로 되겠는가. 그러나 이것은 의론의 당사자인 나와 너는 결정할 수 없는 문제일 것이다.

그런데 당사자인 너와 내가 결정할 수 없다면 제3자의 판정에 따라야 하는데 그 3자라는 것은 귀머거리 처지이며 칠흑 같이 어두운 방에 있는 것과 다름없다. 따라서 너와 나의 시비를 누군가 제3자의 판단을 바라도 그것은 불가능하며, 만일 판정하도록 하는 제3자가 너와 같은 의견을 가진 사람이라 할지라도 나와 너의 시비를 판정할 수 있을 리 없으며, 그 3자가 나와 같은 의견일지라도 마찬가지다.

일상생활에 자질구레한 가정이나 직장이나 사회 어디서나 의견 차, 자잘한 일들이 무수히 일어난다. 집 밖을 산책하러 나가 보았다. 자연 풍광이 좋아서 거기에 심취(소요)해서 평소 생기는 자잘한 스트레스를 확 풀어보기 위해서였다.

어느 하루에 겪어본 일을 적어보겠다. 그날따라 하늘은 높고 푸르고 조각조각 흰 구름이 흩어져 있었다. 그것을 보며 나는 나를 잃고 오로지 그것만 그저 바라다보게 된다. 알게 모르게 생긴 스트레스들이 훨훨 날아가는 듯했다. 넋 잃고 쳐다보니 솜 같은 흰 구름이 회색 무거운 구름 덩어리로 변하다가 하늘 전체를 납과 같은 무거운 구름으로 덮더니 그대로 있지 못하고 천둥 번개와 함께 소나기가 된다. 우리네 마음도 그에 따라서 변하는 듯하다.

무거운 스트레스에 짓눌린 듯이 살 때의 우리들의 모습과 닮은 꼴이다. 잔 흰 솜 같은 구름이 푸른 하늘과 함께 우리의 마음을 허허롭게 해주었다.
변전하는 잔 구름과 같은 세간의 사소한 다툼도 시비도 구별을 고르게 하는 자연의 비벼 뭉개는 작용으로 고르게 되어 두루뭉술하고 분별이 없게 되는 것이 바람직하다.

분별이 곧 어두운 먹구름과 번개, 천둥을 낳게 할 뿐이다.

장오자는 세간의 바르지 않다는 판단을 바르다로 바꾸어 놓고 세간의 그게 아니라는 판단을 그것이다로 바꾸어 놓는다.

이렇게 하면 갖은 스트레스에서 벗어날 수 있어 논쟁할 일도 사라져서, 천수를 다하려는 의식 없이 이루어지고 정의롭게 삶을 바라지 않아도 이루어지게 되며 너와 나와의 구별도 세간의 시비 다툼도 제동의 세계 안으로 내버려지도록 가르친 것이 아닐까.

化聲之相待(화성지상대) 若其不相待(약기불상대) 和之以天倪(화이지천예) 因之以曼衍(인지이만연) 所以窮年也(소이궁년야)

나와 그대 모두와 의견이 다른 사람으로 하여금 바로잡게 한다면 이미 나와 그대 모두와 다르니 어찌 바로잡을 수 있겠는가? 나와 그대 모두와 의견이 같은 사람으로 하여금 바로잡게 한다면 이미 나와 그대 모두와 의견이 같으니 어찌 바로잡을 수 있겠는가? 그렇다면 나와 그대, 그리고 다른 사람까지도 모두 서로 알 수 없을 것이니, 또 다른 사람을 기다려야 할 것인가? 시비를 따지는 소리에 서로 의지하는 것은 처음부터 아예 서로 의지하지 않는 것과 같다. 이것을 자연의 도(天倪=天鈞)로 조화하며, 끝없는 변화에 자신을 그대로 맡기는 것이, 이것이 하늘로부터 받은 수명을 다하는 방법이다.

何謂和之以天倪(하위화지이천예) 曰(왈) 是不是(시불시) 然不然(연불연) 是若果是也(시약과시야) 則是之異乎不是也(즉시지이호불시야)

亦無辯(역무변) 然若果然也(연약과연야) 則然之異乎不然也(즉연지
이호불연야) 亦無辯(역무변) 忘年忘義(망년망의) 振於無竟(진어무경)
故寓諸無竟(고우저무경)

도(道)로 조화한다는 것은 무슨 말입니까?

왈, 세속에서 옳지 않다고 하는 것을 옳다고 여기고 세속에서 그렇
지 않다고 하는 것을 그렇다고 여기는 것이다. 이 절대적인 옳음이 과
연 정말 옳다면 이 절대적인 옳음이 세속 세계에서 옳지 않다고 하는
것과 다른 것임은 또한 말할 것도 없이 분명하다. 만물 제도에 입각하
여 그렇다고 한 것이 과연 정말 그런 것이라면 그렇다고 한 것이 세속
세계에서 그렇지 않다고 하는 것과 다른 것임은 또한 말할 필요도 없
다. 나이를 잊어버리고 마음속의 편견을 잊어버리고, 경계 없는 경지에
서 자유자재로 움직이니, 그 때문에 경계 없는 세계에 맡긴다. 이것이
바로 천예로써 조화를 이룬다는 것이다.

여기서 장자는 장오자(長梧子)의 설명을 빌어서 시비의 대립을 그것
이 의론으로 결정되기를 바라는 한 모든 사람이 납득하는 결론을 찾
으려 해도 헛수고라는 것을 말하려고 한다.

사람의 언지(言知)의 효능은 시와 비를 변별하는 것인데 그러나 사람
의 언지가 언지 자체를 스스로 돌이켜 살피게 되면 살피게 된 언지가
찾아낸 것은 헛바퀴 도는 정신의 허무한 현기증만이 남는다. 장자는
이 허무한 현기증을 제정신으로 가라앉히려는 것이다.

'모든 것은 참된 것이다.'라고 확언하는 것은 그와 반대의 확언, 말하

자면 '모든 것은 허위이다.'라는 확언마저 '참된 것이다.'라고 하는 것이 되어 우리들의 명제 자체가 허위라고 확언하는 것으로 된다. '모두가 허위다'로 확언한다면 이 확언마저도 허위로 되어 버리니 그리고 만일 '우리들의 확언을 반대하는 확언만이 허위다.' 또는 '우리들의 확언만이 허위가 아니다.'라고 하더라도 그대로 역시 옳다. 거짓의 무한한 판단을 허용하지 않을 수 없다는 것을 알게 된다. 왜냐하면, 어느 참된 확언을 말하는 사람은 동시에 그 확언이 참되다고 표명한 것으로 되니 이렇게 해서 한없이 계속되기 때문이다. 그런데 앞에 말한 시비 의론은 완전히 상대적인 것이고 그것이 상대적인 것인 한 그 대립은 처음부터 존재하지 않는 것과 마찬가지라고 말하지 않을 수 없다.

따라서 절대자는 그 '처음부터 같다.'로 해서 그 대립을 조화하는 것이다. "화이지천일(和之以天一)"이란 말로써 대립을 조화한다. 우리의 마음은 이것저것 분별하는 성질이 널리 퍼져 있다. 이것저것 구별하며 따지려 들지 말고 아직 경계도 분명치 않은 판단의 관습에 없는, 천지가 아직 개벽하지 않아 모든 사물의 구별이 확실하지 않은 상태처럼 되어 있을 때 이런 끝이 없는 무한히 넓은 곳에도 참으로 편안한 인간 정신의 해방이 있다.

문화의 발달로 이래저래 개발되어 복잡하고 하나하나 구별하려는 세상에서는 기대할 수 없는, 참으로 안온한 인간 정신의 해방이 있다. 주어진 천수를 완수할 수 있는 연유이기도 하다. 근대 사회의 이것저것 구별하려는 스트레스의 근원에 대해서 장자가 경종을 울리고 있다면 지나친 소견일까. 경계가 없는 곳에 몸을 둘 때 편견이 없어지고 시비를 가리지 않게 된다. 경계를 두면 구별이 생긴다.

참되게 천수를 완수하기 위해서는 나이 그 자체를 잊어야 한다. 그리고 시간의 허구인 연령 의식을 망각하고 심지의 편견인 시비의 분별을 잊어버려야 한다. 온갖 시간과 공간의 가지런하지 않은 모습을 초극하여 무한세계에서 소요하는 것이 절대자이다. 이 절대자는 한없는 세상을 자기의 살 곳으로 하는 존재이다.

본문의 천예(天倪)의 예는 '갈아서 으깨다'의 뜻이고, 무경(無竟)의 경은 경(境)과 같음. 진(振)은 높이 오른다, 날개 치다의 의미이다.

제5장
인간 주체성의 근원에 있는 것

罔兩問景曰(망량문경왈) 曩子行(낭자행) 今子止(금자지) 曩子坐(낭자좌) 今子起(금자기) 何其無特操與(하기무특조여) 景曰(경왈) 吾有待而然者邪(오유대이연자야) 吾所待又有待而然邪(오소대우유대이연자야) 吾待蛇蚹蜩翼邪(오대사부조익야) 惡識所以然(오식소이연) 惡識所以不然(오식소이불연)

이 장은 그림자와 그 그림자 곁에 붙어있는 엷은 그림자 문답을 빌어서 서술한 이야기다.

곁 그림자(罔兩, 그림자 바깥의 엷은 그림자)가 그림자에 물어 왈, 조금 전에는 그대가 걸어가다가 지금은 그대가 멈췄으며, 조금 전에는 그대가 앉아 있다가 지금은 그대가 일어서 있으니, 어찌 그다지도 일정한 지조(特操)가 없는가?

그림자 왈, 글쎄 내가 무언가 의지하는 것이 있어서 그러한가? 내가 의지하고 있는 것도 또 무언가 의지하고 있는 것이 있어서 그러한 것인가? 나는 뱀의 비늘이나 매미의 날개처럼 무언가에 의지하는가? 어떻게 그러한 까닭을 알며, 어떻게 그렇지 않은 줄 알겠는가?

상식적인 사고가 습관이 된 사물을 인과로 보는 습관을 멀리한다. 앞에서 인간의 가치 판단 편견과 시와 비의 대립을 천예 즉 절대의 하나로 조화하여 삶과 죽음의 변화를 시간을 초월한 세계로 극복하는 데 대해서 설명한 장자는 이와 관련해서 인간의 인과적 사유, 일체 존재를 모순과 대립이 있는 그대로 절대의 하나로 긍정하는 게 아니고 그것을 원인과 결과의 관계로 연결하여 분별이라는 칼날로 해부하는 살육행위를 여기서 깨뜨려 부순다.

세속의 인간의 형태는 그림자를 만들어 그림자는 형태에 의존한다고 생각한다.

그리고 형태는 조물주가 만들고, 조물주는 모든 형태의 궁극적 원인이라고 생각한다. 그러나 조물주란 형태가 없는 것, 인간의 형상 개념으로 잡을 수 없는 것, 바꾸어 말하면 자연이라고 말할 수 있는 것이어야 한다.

자연이란 스스로 그러한 것, 다시 말하면 사람의 인식을 넘어선 것이라는 의미이다. 따라서 일체만물이 조물주에 의해서 만들어진다는 것, 일체 만물이 자연 그대로 순수하게 존재하는, 즉 인과적 파악을 넘어섰다고 말하는 것과 다름없다.

만물은 인간의 인과적 파악을 넘어서 오로지 자생자화한다. 도(道)란 자생자화하는 일체 만상이 생겼다가 없어지는 흐름 자체일 따름이다. 따라서 일체의 존재가 자생자화하는 실재의 세계에서는 형태이건 그림자이건 산천의 정령이건 그저 자연으로 존재하고 오로지 자연으로 변화하는데 거기에는 아무런 인과관계 없이 서로 남에게 의존하지도 않는다. 장자는 이 만상의 자생자화를 상식적으로는 서로 밀접한 상대 관계에 있다고 생각되는 그림자와 망량과의 문답을 빌려서 설명한 것이다.

본문의 특조(特操)는 훌륭한 지조, 남에게 끌려다니지 않는 주체성이라는 의미이다.

사부(蛇蚹)의 부는 뱀의 아랫배에 있는 비늘이고, 조(蜩)는 매미의 뜻으로 쓰인다. 망량(罔兩)은 그림자 가장자리에 생기는 엷은 그림자를 말한다.

제6장
만물의 전화, 전생은 꿈과 같다

昔者莊周夢爲胡蝶(석자장주몽위호접) 栩栩然胡蝶也(허허연호접야)
自喩適志與(자유적지여) 不知周也(부지주야) 俄然覺(아연각) 則蘧蘧
然周也(즉거거연주야) 不知周之夢爲胡蝶與(부지주지몽위호접여) 胡
蝶之夢爲周與(호접지몽위주여) 周與胡蝶(주여호접) 則必有分矣(즉필
유분의) 此之謂物化(차지위물화)

제물론(齊物論)편의 최후 문장은 유명한 '장주莊周, 꿈
에 나비가 된다.'라는 설화이다.

장주는 꿈속에서 한 마리가 되어 있었다. 나풀나풀 하늘을 나는 나
비! 그는 무어라 말할 수 없는 기쁨을 느끼고 나비의 자유를 마음껏
즐기며 날고 있었다. 자기가 꿈에 나비가 된 줄 잊어버린 채.

얼마 안 있어 그는 문득 눈을 떴다. 그는 눈을 뜨고 나니 틀림없이
장주 그 자신으로 돌아갔다. 그러나 자기로 돌아온 장주는 무엇일까
생각해 본다. 눈을 뜨고 있는 나는 무엇일까. 지금 눈을 뜬 내가 나비
가 된 꿈을 본 것인가? 그렇지 않으면 지금까지 나풀나풀 날던 나비가
꿈속에서 지금 인간이 되어 있었던 것일까?

그에게는 결국 지금까지 나비였던 꿈이 진짜 현실이었던가. 지금 인간인 현실이 실은 꿈이던가? 도무지 알 수 없다. 그러나 그것이 대체 자기에게 어쨌다는 것이냐. 과연 세간의 상식으로는 꿈은 현실과 구별되어 현실과 꿈은 다르다고 한다. 그리고 나비는 어디까지 나비이고, 사람은 아니다. 사람은 어디까지나 사람이어서 나비는 아니라고 한다.

그러나 꿈이 현실이 아니고 그 현실이 꿈이 아니라고 누가 보증할 수 있을까? 실재의 세계에서는 꿈도 현실이고 현실도 또한 꿈이겠지. 장주도 나비이고, 나비도 또한 장주이겠지. 일체 존재가 상식적인 분별의 얽매임을 내뚫고 나와서 자유자재로 변화할 수 있는 세계 이른바 만물의 끝없는 변화로 유전한다는 물화(物化)의 세계야말로 실재하는 진상인 것이다.

인간은 다만 만물의 끝없는 유전 속에서 주어진 현재를 현재로써 즐겁게 소요하면 좋다. 이 세상 사는 동안 변화의 마디마디에서 스트레스를 받게 되면 거기에 억눌려 기력을 잃지 말고 즐겁게 소요하는 것이 스트레스를 날리는데 자연스러운 방법이 아닐까?

눈을 뜨면 장주로 살고 꿈을 꾸는 때에는 나비가 되어 팔랑팔랑 난다. 물고기가 되면 깊이 물속에 들어가듯 죽으면 조용하게 묘지에 누우면 되지 않겠는가? 모든 경우를 자기에게 주어진 경우로 받아들여 덤덤하게 긍정하며 사는 것이 여기서 우리들은 장자의 꿈과 현실과의 뒤섞임, 현실의 꿈과의 혼돈화에 주목해야 한다.

꿈과 현실을 나누는 것은 인간의 분별심이고 실재 세계에서 이른바

스트레스 없는 절대 자유를 배운다, 장자

현실도 진실 존재하는 도(하나)의 지속일 뿐이다. 자기와 나비는 틀림없이 같은 것은 아니나 그렇다고 해서 하나를 꿈이라 하고 하나를 현실이라 할 필요는 어디에도 없는 것이다.

나비가 되어 자유롭게 날며 즐기는 장자의 삶의 유락은 문제가 아니고 그가 그때 나비였던가 장주였던가 꿈이었던가 현실이었던가 등으로 짐짓 위엄 부리는 듯이 깊이 파고드는 듯한 고증을 하느라 기를 쓴다. 인생의 진실을, 그네들의 그러한 행동 속에 손가락 사이를 새어 나오는 물처럼 흘러 떨어지고 마는 것을 느끼지 못한다.

따라서 장자는 "모르겠다. 장주가 꿈에 나비가 된 것인지, 나비가 꿈에 장주가 된 것인지."라고 말한다.

모른다고 답한 장자는 꿈과 현실의 뒤섞임 속에서 살아있는 혼돈으로서의 도(道)를 그 자체로 소요하려는 것이다.

이 글은 고래(古來)로 매우 유명한 문장이다. 만물제동에 대신해서 등장한 만물전화의 사상을 함축성이 풍부한 필치로 그려 놓았다. (전국 최말기에서 전한 초기의 작품)

山靜似太古日長
好妙年

제3편

양생주 養生主

생명을 키우고 참된 삶을 이루기 위한 요체

　　　소요유(逍遙遊)편에서 절대자의 막힘없는 자유스러운 초월에 대하여 설명하였고 제물론(齊物論)편에서는 제(諸)논리적 근거를 밝힌 바 있는 장자는 그 높은 초월의 세계에서 현실 세속의 세계로 내려온다. 절대자의 초월이 참된 초월이 되기 위해서는 그는 세속에서 살지 않으면 안 되었다. 양생주(養生主)편은 세속적 생활에서 초월자의 생활 지혜를 밝혀 놓았다.

　양생주(養生主)란 생을 기루는 근본의 도, 이를테면 사람이 이 현실 세계에서 자기의 삶을 완수하는 데는 어떻게 해야 하는가 근본원리라는 뜻인데, 장자는 이 자기가 참된 자기로서 다하기 위해서 현실과의 관계 맺는 방법을 이 편에 써놓았다.

　그리고 이 양생(養生)과 후대의 신선, 도교의 불로불사(不老不死)나, 영생(永生)과의 사이에는 공통점이 있으나 상이점도 있다. 따라서 함부로 다루지 않았으면 한다. 양생의 사상이나 술(術)은 전국시대 중기가 되며 처음으로 주창된 듯하다. 양생에 대한 제가백가, 즉 지식인들의 반응은 학파에 따라 각기 다르며, 예로 유가에서는 전국시대 중기의 맹자, 말기의 순자는 도덕을 중시하는 입장에서 이것을 낮게 평가하였다. 전국 말기 이후는 학파의 차이를 넘어서 넓게 주창되었고, 실천으로 옮겨지는 듯하더니 도가에서도 전국 말기부터 이것을 채택하게 되어 장자 중 여러 곳에서 양생의 설이 얼굴을 내밀고 있다.

　이 학파가 인간의 정신보다 신체를, 마음보다 모습을 확실한 것으로

스트레스 없는 절대 자유를 배운다, 장자

존중하게 되는 것은 전국 말기의 일이다. 그 배경에는 무(無, 비존재)야 말로 세계의 참된 실체라고 하던 옛날 만물제동의 철학을 부분적으로 포기하고 '무(無)'를 '도(道)'의 본질적 속성으로 한정하면서 만물의 유 (有, 존재성)을 회복해 나갔다. 이와 같이 철학의 움직임이 있었다. 도 가에 의한 양생설을 수용하게 된 것은 형이상학상 존재론상의 전환과 상호 인과관계가 있다고 생각된다. 그리고 도가의 일부가 인간을 포함 한 세계의 조재나 변화 운동을, 기(氣)만으로 설명하는 기일원론으로 접근했을 무렵 양생설의 중요성은 결정적인 것이 되었다.

인간은 응당 죽어야 할 존재이며, 인생은 유한이다. 그런데 유한 인 생을 사는 인간의 지식은 끝없이 대상을 찾아 나선다. 새 지식은 새 절망을 낳게 하고 새 욕망은 더욱 새로운 지식을 낳게 해서 인간의 지 식과 욕심은 밖으로 밖으로 무한히 넓어진다.

확실히 인간은 이 '지(知)'와 '욕(慾)'에 떠받쳐져 높고 훌륭한 문화를 쌓아 올려놓았다. 그러나 인간의 슬픔과 두려움, 혹닉과 타락, 대체로 인간의 편안한 삶의 충일(充溢)을 방해하는 일체의 것이 지와 욕으로 부터 생긴 게 아닌가? 지(知)는 인류의 빛나는 무기인 동시에 그 무기 는 인간 자신에게 칼날을 휘둘러 목숨을 끊는 도끼이기도 하다. 그리 고 인간의 참된 행복이 편안한 삶의 충일에 있다고 하는 한 지(知)는 항상 향기를 뿜어내는 독과로써 그 위험이 지속해서 경고되어야 하겠 다. 따라서 장자는 '한계가 있는 삶'을 가지고 '한없는 지(知)'를 추구하 면 위태로울 뿐이라며 경고한다.

생을 양생하는 비결은 우선 '지(知)'와 '욕(慾)' 방자(放恣)를 멀리하는 것이다. 거기에 더하여 지가 멋대로 노는데 몸을 맡기는 사람은 위험하기 그지없다. 그 무모함을 되풀이 경고한다.

장자는 여기서 더욱 세속을 사는 초월자의 본연의 자세에 관하여 설명하고 있다. 초월자는 자기의 생을 다하는 것을 인생의 으뜸가는 의의로 한다. 그러나 그도 역시 사람인 한 현실에 살지 않으면 안 된다. 현실이란 명예와 이익이 소용돌이치는 세계이다. 거기서는 선과 악으로 갈라지고, 명예와 오욕이 대립하고 부와 빈이 맹렬히 싸운다. 세간의 가치로 인간의 생활을 속박하고 규범과 형벌이 인간의 일거수일투족을 위협한다. 명예를 얻어 기뻐하는 사람은 명예를 잃고 실의에 빠지는 비애 앞에 서게 되며, 오늘의 영예를 기뻐하는 자는 내일의 형벌에 전율해야 한다. 거기서는 환희와 비애가 표리가 되며 영예는 뒤집힌 오욕일 뿐이다.

스트레스 없는 절대 자유를 배운다, 장자

그러므로 장자는 나의 생명을 온전하게 키우는 것을 인생의 제일이며 사람은 선악의 피안에 서서 그 질곡을 멀리할 것을 가르치고 있다. 자기와 세속과의 갈등, 즉 스트레스를 최소한으로 하고 자기의 자유스러운 생활을 즐길 것. 소요(逍遙)함이 양생의 비결이라 가르친다.

선에 치우치지 않고 악에 기울지 않는 무심의 경지를 말한다. 이 경지에서 만물이 자연스럽게 합치게 되어 생활의 근본원리로 삼으면 일체의 세간의 질곡으로부터 자기를 편안하게 하고 자유스러운 생활을 즐길 수 있을 뿐 아니라 부모에게도 충분한 효도를 할 수 있어 본래의 수명을 다하여 도중에 요사(夭死)하는 일도 없을 것이다.

요컨대 장자에는 삶을 보전하는 비결이란 도(道)에 따름이다. 그리고 도(道)란 벌써 밝힌 대로 자연(自然)이므로 그것은 일체의 인간적 조작을 버리고 만물의 자연에 명합하는 것이다.

지와 욕은 이 자연을 흠집 내고 선악의 가치적 편견도 자연을 손상하고, 선악의 가치적 편견도 또한 자연을 손상한다. 따라서 나의 생활을 온전하게 완수하여 일체 속박을 버린 자유스러운 삶을 즐기려는 사람은 오로지 천리(天理)에 따르는 것을 생활의 근본으로 하라고 장자는 가르친다.

제1장
유한한 생生을 기르기 위해
무한한 지知를 좇지 마라

吾生也有涯(오생야유애) 而知也無涯(이지야무애) 以有涯隨無涯(이유애수무애) 殆已(태이) 已而爲知者(이이위지자) 殆而已矣(태이이의) 爲善無近名(위선무근명) 爲惡無近刑(위악무근형) 緣督以爲經(연독이위경) 可以保身(가이보신) 可以全生(가이전생) 可以養親(가이양친) 可以盡年(가이진년)

이 장은 양생주편의 총론에 해당하는 부분으로 일체의 선악과 시비를 무화(無化)시키는 중(中)의 경지에 따르는 것을 삶의 근본원리로 삼아야 한다고 주장하고 있다. 이것은 인간의 수명을 안락하게 보전하기 위해서는 지식을 과신하지 말고 독(督), 즉 중허(中虛)의 도(道)를 따라야 함을 말한 것이다.

우리의 생명은 한계가 있지만, 지식은 무한하다. 끝이 있는 것을 가지고 끝이 없는 것을 추구하게 되면 위태로울 뿐이다. 그런데도 무한한 지(知)를 추구하는 것은 더더욱 위태로울 따름이다. 선을 행하되 명예에 가까이 가지는 말며, 악을 행하되 형벌에 가까이 가지 말고, 중

(中)의 경지(督, 노장철학에서 중용을 칭한다)를 따라 그것을 삶의 근본 원리로 삼으면 자기 몸을 안전하게 지킬 수 있고, 자신의 생명을 무엇에 구애받지 않고 유지할 수 있고, 부모를 잘 봉양할 수 있으며, 자신에게 주어진 천수를 끝까지 누릴 수 있다.

지(知)는 인류의 빛나는 무기인 동시에 그 무기는 다시 인간 자신의 목숨을 끊는 도끼이기도 하다(伐性之斧).

초월자는 나의 생을 완수할 것을 인생의 제일의 의(義)라 한다. 그러나 그도 사람인 이상 현실 속에서 살지 않으면 안 된다. 현실이란 명예와 이익이 소용돌이치는 세계이다. 이 말은 바꾸어 말하면 현실은 스트레스로 소용돌이친다고 할 수 있다.

세상은 선와 악으로 나누어져 있고 영예와 오욕이 대립하고, 부와 빈곤이 마주하며 고통을 견디어 나간다. 세간의 가치가 사람의 생활을 속박하여 규범과 형벌, 인간의 일거수일투족을 위협한다. 이름을 얻어 명예를 얻고 즐기려 하는 사람은 이름을 잃고 나서 실의와 비애의 앞에 서게 되고, 오늘의 영예를 즐거워하는 사람은 내일의 형육에 떨어야 한다.

거기에서는 환희와 비애가 표리가 되어 영예가 뒤집히면 오욕뿐이다. 그리고 인간이 한번 세속의 와중에 자기를 매몰시키면 자기 상실이 거침없이 아래로 떨어지기 시작할 것이다. 따라서 장자는 나의 삶을 온전하게 완수하는 것을 인생의 으뜸으로 생각하는 사람은 선악의 건너편에 서서 속박으로부터 멀리 떨어지라고 가르친다.

자기와 세속의 갈등을 최소한으로 정지시켜서 홀로 자기의 자유스러운 생활을 즐기는 것. 소요의 놀이를 마음껏 즐기는 것이 비결이라고 설파한다.

　우리가 평생 동안 크고 작은 스트레스의 고통으로 주어진 자기 생명을 완수할 수 없을 만큼 시달림을 받으면서 살아간다.

　'자기와 세속 사이의 스트레스를 최소한으로 막고 소요의 놀이를 마음껏 즐기는 것이 비결이다.'라는 가르침인 듯하다.

스트레스 없는 절대 자유를 배운다. 장자

제2장
포정의 소를 잡는 기술에서
양생의 '도^道'를 터득한다

庖丁爲文惠君解牛(포정위문혜군해우) 手之所觸(수지소촉) 肩之所倚(견지소의) 足之所履(족지소리) 膝之所踦(슬기소기) 砉然嚮然(획연향연) 奏刀騞然(주도획연) 莫不中音(막불중음) 合於桑林之舞(합어상림지무) 乃中經首之會(내중경수지회)

제2장에서는 포정해우(庖丁解牛)의 신기(神技)를 통해 문혜군(文惠君)이 양생의 도를 배우는 우화를 소개하면서 양생의 비결은 천리(天理)의 자연을 따르는 것임을 이야기하고 있는데, 동양의 예술 정신을 이해하는 데에도 대단히 중요한 부분이다.

포정(庖丁)이란 소를 해체하는 직업으로 하는 정(丁)이란 이름의 사나이이다. 현재 해체에 쓰는 칼을 포정이라고 하는 것은 그의 이름으로부터 따온 것이다. 문혜군(양나라 혜왕惠王)을 위해서 요리의 명인 포정이 어느 날 소를 해체하여 보였다.

정(丁)의 손이 탄 곳, 어깨에 기대게 한 곳, 발로 짓밟은 곳, 무릎으로 누른 근처 고기가 바리바리 또는 사박사박 경쾌한 소리가 울려 퍼져 어느 하나를 들어도 요령을 벗어난 잡음은 없다. 삼림의 무(桑林之舞)란 옛날 은나라 탕왕이 삼림이라는 땅에서 기우제 때 쓴 무악의 이름이다. 경수(經首)는 요(상고의 성천자) 임금 시대 음악으로 전해지는 함지(咸池)의 곡의 악장이라고 고대의 주석가는 말한다. 포정의 산뜻한 몸놀림은 삼림의 춤솜씨를 연상하게 해 율동적인 손놀림이 경수의 오케스트라 선율 그대로라고 한다.

문혜군(文惠君)은 위나라 혜왕[惠王, BC370~319, 재위 제1상의 원칙론은 세속의 분별지(分別知)를 버리고 자연에 맡김으로 양생의 극의로 생각한다.] 포정해우(庖丁解牛)의 장으로 유명하다.

文惠君曰(문혜군왈) 譆(희) 善哉(선재) 技蓋至此乎(기개지차호)
庖丁釋刀(포정석도) 對曰(대왈) 臣之所好者道也(신지소호자도야) 進乎技矣(진호기의) 始臣之解牛之時(시신지해우지시) 所見無非全牛者(소견무비전우자) 三年之後(삼년지후) 未嘗見全牛也(미상견전우야) 方今之時(방금지시) 臣以神遇而不以目視(신이신우이불이목시) 官知止(관지지) 而神欲行(이신욕행) 依乎天理(의호천리) 批大卻(비대각) 導大窾(도대관) 因其固然(인기고연) 技經肯綮之未嘗(기경긍계지미상) 而況大軱乎(이황대고호)

포정의 소 잡는 솜씨를 보고 문혜군은 감탄하며 말한다. "참 훌륭하구나. 기술이 어떻게 이런 경지까지 이를 수 있는가?"

포정이 칼을 옆에 내려놓고 대답하길, "제가 바라는 바는 도(道)이므로 기술 이상의 것입니다. 저 따위가 처음으로 소를 잡을 때 눈에 비치는 것은 단지 소뿐, 손 붙일 곳을 몰랐습니다.

스트레스 없는 절대 자유를 배운다, 장자

3년이 지난 뒤에 이제는 소의 전체는 눈에 보이지 않게 되었습니다. 이때쯤에 나 같은 사람은 정신으로 대하고 있었지, 눈으로 보고 있는 것이 아닙니다. 감각기관에 따른 지각은 기능을 중지하고 정신은 자연스러운 활동만이 이루어지고 있습니다. 천리(天理, 자연스러운 본래의 사리)에 따라서 소의 가죽과 살, 살과 뼈 사이의 틈에 칼을 꽂고 매끄럽게 움직여서 소의 본래 짜임새에 그대로 따라갑니다. 지맥과 경맥이 뒤얽혀 살과 뼈가 덩어리가 된 듯한 미묘한 곳까지 칼이 잘 드는지 시험하기 위해서 베어 보는 것은 없습니다. 하물며 큰 뼈의 덩어리에서 더 한층 그러합니다."

본문의 긍경(肯綮)에서 긍은 뼈에 살이 붙어 있는 부분이고, 경은 살과 힘줄 따위가 엉켜 있는 것, 가장 복잡한 부분이다.

良庖歲更刀(양포세경도) 割也(할야) 族庖月更刀(족포월갱도) 折也(절야) 今臣之刀十九年矣(금신지도십구년의) 所解數千牛矣(소해수천우의) 而刀刃若新發於硎(이도인약신발어형) 彼節者有閒(피절자유간) 而刀刃者無厚(이도인자무후) 以無厚入有閒(이무후입유간) 恢恢乎其於遊刃必有餘地矣(회회호기어유인필유여지의) 是以十九年(시이십구년) 而刀刃若新發於硎(이도인약신발어형) 雖然(수연) 每至於族(매지어족) 吾見其難爲(오견기난위) 怵然爲戒(출연위계) 視爲止(시위지) 行爲遲(행위지) 動刀甚微(동도심미) 謋然已解(획연이해) 如土委地(여토위지) 提刀而立(제도이립) 爲之四顧(위지사고) 爲之躊躇(위지주저) 滿志(만지) 善刀而藏之(선도이장지)

솜씨 좋은 백정도 1년 남짓 되어 칼을 바꾸게 됩니다. 뼈에 부딪히게

해서 칼을 부러뜨립니다. 그러나 저의 칼은 그럭저럭 19년을 쓰고 수천마리의 소를 다루어봤습니다만, 그 칼날은 마치 지금 바로 숫돌에 갈아서 날을 세운 것 같습니다.

비록 그러하지만, 매양 뼈와 근육이 엉켜 모여 있는 곳에 이를 때마다, 저는 그것을 처리하기 어려움을 알고, 두려워하면서 경계하여, 시선을 한 곳에 집중하고, 손놀림을 더디게 합니다. 그 상태로 칼을 매우 미세하게 움직여서, 털썩하고 고기가 뼈에서 해체되어 마치 흙이 땅에 떨어지는 듯하면 칼을 붙잡고 우두커니 서서, 드디어 사방을 돌아보며 머뭇거리다가 제정신으로 돌아오면 칼을 닦아서 간직합니다.

文惠君曰(문혜군왈) 善哉(선재) 吾聞庖丁之言(오문포정지언) 得養生焉(득양생언)

문혜군은 포정의 말을 다 듣고 나서 말하길, 훌륭하다. 내가 포정의 말을 듣고 생명을 오래도록 보양하는 근본원리, 즉 양생(養生)의 도(道)를 터득했다.

앞의 글은 포정이 소 잡는 기술과 그의 말을 빌려서 설명된 양생의 비결인데 여기서 우리들은 장자의 이른바 천리(天理)에 의거해서 자연을 따르는 무위자연의 개념을 포함한 하나의 근본적 의미에 주목해야 하지 않을까. 이를테면 장자에 있어서 무위자연이란 나에게 집착하지 않고 자연에 따를 것, 즉 천리에 순종하는 것인데 그 무위라 함은 단지 아무것도 하지 않는 것, 또는 팔짱 끼고 일체를 방관한다는 것이 아니라 기교의 극치로써 기교를 부리지 않는 무기교(無技巧)이며, 대단한 단련 후 얻을 수 있는 무심의 경지라고 할 수 있다는 것이다. 장자의 이른바 무위라 함은 일종의 적극적 수행의 결과이기도 하다.

포정은 "제가 좋아하는 것은 '도'입니다. 기교를 넘어섰습니다."라고 말하는데, 이는 19년의 노력을 쌓고 나서 얻은 것이다. 본문에 나오는 19년은 도를 체득할 수 있는 기간으로 본다. 단순히 수수방관하는 무위를 즐기는 한 그의 신묘한 소 잡는 묘기는 이루어질 수 없었으리라. 장자에 있어서 실재하는 도는 자연인데 이와 같이 실재하는 자연에 따르는 한 사람들의 가지가지 적극적 실천 또한 자연일 수 있다.

소를 해체하는 것은 물론 인간 생활의 제반 일들도 그것이 천리(天理)에 따라 이루어지는 한 그 또한 자연(自然)이라는 것이다. 따라서 장자가 설파하는 양생도 단순히 지(知)를 버리고 욕심을 멀리하여 주어진 생(生)을 온전하게 기른다는 소극적인 생활 태도에 머물지 않고 한 걸음 더 나아가서 자기의 개성을 살리고 주어진 인생을 가장 넉넉하게 가장 깊게 채워 가는 노력 또한 큰 양생이어야 한다. 포정과 문혜군의 해우 문답에서 장자는 '천리에 따르는 것이 양생의 비결'이라고 밝힘과 아울러 양생을 높이는 일종의 적극적인 수행임을 밝히고 있다.

장자는 양생을 위해서는 지식을 배제하고 욕심을 버려야 한다고 가르치고 있다. 욕심은 너와 나를 구별하여 싸움을 만드는 원흉이다. 가지가지 스트레스를 낳게 하는 점을 꿰뚫어본 장자는 천리에 따르는 것이 양생의 비결이라고 밝히고 이것이 적극적인 행동이라는 가르침도 준다.

소를 해체하는 것은 물론 인간 생활 대부분의 일도 그것을 천리에 따르고 원래 마땅히 그래야 하는 도리에 따르는 한 이것 또한 자연이라고 장자는 생각하는 것이다.

제3장
새 둥지 안에서 가지는 권세보다
밖에서의 정신적 자유를

公文軒見右師而驚曰(공문헌견우사이경왈) 是何人也(시하인야) 惡乎
介也(오호개야) 天與(천여) 其人與(기인여) 曰(왈) 天也(천야) 非人也
(비인야) 天之生是使獨也(천지생시사독야) 人之貌有與也(인지모유여
야) 以是知其天也(이시지기천야) 非人也(비인야) 澤雉十步一啄(택지
십보일탁) 百步一飮(백보일음) 不蘄畜乎樊中(불기축호반중) 神雖王
不善也(신수왕불선야)

제3장에서는 현실 생활의 모든 화복(禍福)을 자연으로 받아들여 그
속에 안주할 것을 이야기하고 있다. 또한, 새장 안의 권세를 거부하는
것이 자유로운 양생(養生)의 비결이라고 이야기함으로써 권력의 부자
유(不自由)를 빗대서 풍자하고 있다.

새 둥지 안의 권세보다 둥지 밖 자유로운 정신을 가지는 게 더 낫다.
송나라 사람 공문헌이 우사(다리 잘린 형벌을 받은 우사 벼슬을 한 사람)
를 만나서 놀라서 말하기를 "이 사람이 누구인가요? 어찌하여 발이 잘
리는 형벌을 받게 되었는지요? 하늘이 그런 것인가요? 그렇지 않으면

스트레스 없는 절대 자유를 배운다, 장자

사람이 그렇게 한 것인가요?"

대답하길 "하늘이 그런 것이다. 사람 때문이 아니다. 하늘이 나를
낳을 때 외발이 될 운명을 내린 것이다. 사람의 모습은 하늘로부터 받
아서 사람의 힘으로는 어쩔 수 없는 것이다.

이로써 내가 외발이 된 것도 하늘이 그렇게 한 것이지 사람 탓이 아
니란 것을 알 수 있다. 넓고 얕은 골짜기에서 노는 꿩은 열 발자국 가
서 한입 쪼아먹고 백 발자국 가서 물을 마신다. 겉보기에 불쌍한 생활
을 한다 해도 새 둥지 안에서 호사스럽게 키워지기를 바라지는 않는
다. 왜냐하면, 둥지 안에서는 배불리 모이를 먹고 기력이 꽉 차서 넘쳐
흘러도 새장 속의 새가 되면 본성대로 산야를 자유롭게 놀고 다니는
즐거움을 맛볼 수 없기 때문이다."

장자는 여기에서 현실 생활에서 생기는 모든 화복(禍福)마저 자연으
로 받아들여서 천리로 안정할 것을 가르치고 있다. 그러나 현실 생활

에서는 화만 많고 복은 드물어서 고통이 많아지고 기쁨을 즐길 수 없게 된다. 한(漢)나라 시인도 노래했듯이 "타고난 나이가 백이 안 되는데 항상 천세나 된 듯 걱정을 품는다."라는 것이 인생이다.

재앙에 깊이 빠진 사람은 몸의 불행을 저주하고 슬퍼한다. 신체적 불구자는 오체가 온전하기를 간절히 바라며, 추하게 보이는 사람은 외모의 아름다움에 집착한다.

그러나 장자는 사람이 참으로 자기에게 주어진 삶을 온전하게 키우려면 모든 것을 자기 운명으로 삼고 사랑하면서 살아야 한다고 한다. 현실의 일체를 자신의 필연으로 긍정하고 그대로 받아들이며 사랑할 때에 무엇에도 얽매임 없는 자유스러운 생활을 누릴 수 있다.

본문의 선(善)은 즐기다의 뜻. 神雖王不善也(신수왕불선야)는 아무리 정신 기력이 넘쳐흘러도 자유롭게 자기의 삶을 즐길 수 없다는 뜻이다.

스트레스 없는 절대 자유를 배운다, 장자

제4장
철학자 노담이 죽었을 때.
생사의 천리^{天理}에 대하여

老聃死(노담사) 秦失弔之(진실조지) 三號而出(삼호이출) 弟子曰(제자
왈) 非夫子之友邪(비부자지우야) 曰(왈) 然(연) 然則弔焉若此(연즉조
언약차) 可乎(가호) 曰(왈) 然(연) 始也吾以爲其人也(시야오이위기인
야) 而今非也(이금비야) 向吾入而弔焉(향오입이조언) 有老者哭之(유
노자곡지) 如哭其子(여곡기자) 少者哭之如哭其母(소자곡지여곡기모)
彼其所以會之(피기소이회지) 必有不蘄言而言(필유불기언이언) 不蘄
哭而哭者(불기곡이곡자) 是遁天倍情(시둔천배정) 忘其所受(망기소
수) 古者謂之遁天之刑(고자위지둔천지형) 適來(적래) 夫子時也(부자
시야) 適去(적거) 夫子順也(부자순야) 安時而處順(안시이처순) 哀樂
不能入也(애락불능입야) 古者謂是帝之縣解(고자위시제지현해) 指窮
於爲薪(지궁어위신) 火傳也(화전야) 不知其盡也(부지기진야)

제4장에서는 생사(生死)에 초연한 안시처순(安時處順)의 우화를 이
야기하고 있는데, 여기서 안시처순(安時處順)이란 생에 집착하지 않고
죽음을 두려워하지 않는 경지에 서는 것으로, 양생의 궁극적인 비결이
기도 하다. 요컨대 장자가 말하는 양생의 비결은 무위자연(無爲自然)

의 도를 따르는 것이다. 삶도 나의 삶이고, 죽음 또한 나의 죽음이다. 일체의 경우를 자기 경지로서 만족하는 씩씩한 태도만이 모든 경지를 초월하고 해방하는 것을 가능하게 한다.

노담(老聃)은 노자를 말한다. 성은 이(李), 이름은 이(耳)이고 담(聃)은 자(字)였다고 한다. 이 글 또한 허구일 것이다. 진실(秦失)이라는 이름도 불명하다.

노담이 죽었는데 진일이 조문하러 가서 세 번 호곡하고는 나와 버렸다.
제자 왈, "선생님의 친구분이 아니십니까?"
왈. "그렇다."
"그렇다면 조문을 이렇게 해도 됩니까?"
왈, "그렇다. 처음에 나는 노담을 훌륭한 사람이라고 여겼는데, 지금 보니 아니다. 조금 전에 내가 들어가 조문했는데, 늙은이는 마치 자기 자식을 잃은 듯 울며, 어린아이들은 마치 자기 어미를 잃은 듯 울었다. 저 노담이 사람들을 모이게 한 데에는 반드시 말로는 위로하는 말을 바라지 않는다고 하면서도 실제로는 위로하는 말을 하게 하고, 말로는 곡하기를 바라지 않는다고 하면서도 실제로는 곡하게 함이 있었을 것이다. 이것은 천리(天理)를 저버리고 진실 또는 인정에 어긋나 하늘로부터 받은 생명의 본질을 잃어버린 것이다. 옛날에는 이것을 일러 천리(天理)를 저버리는 죄라고 했다. 그가 때마침 이 세상에 태어난 것은 태어날 때였기 때문이고, 때마침 세상을 떠난 것은 순서를 따르는 것 때문이니, 태어나는 때(時)를 편안히 맞이하고 죽는 때를 편안히 따르면 슬픔이나 즐거움 따위의 감정이 그 사람의 마음에 들어갈 수 없다. 옛날에는 이것(安時處順)을 일러 꼭지에 거꾸로 매단 형벌에 풀려난 것

스트레스 없는 절대 자유를 배운다. 장자

처럼 사람의 생사도 자연스러운 것이라고 했다. 이 말이 가리키는 뜻은 땔나무가 다 타버려도 불은 다른 나무로 옮겨가기 때문에 꺼질 줄을 모른다는 것이다. 즉 생명은 여기저기 붙어 다니는 것이다.

개개의 사실과 현상에 얽매일 때 사람들의 미혹과 슬픔이 생기는 것이다. 장자는 생멸 변화해 가는 끝없는 변화의 흐름 자체가 도(道)이며 실재하는 모습이니 개체는 이 변화의 흐름 속에서 생겼다고 없어지고, 없어졌다 생겨나는 파도와 같은 것일 따름이라고 말한다. 불멸인 것은 이 변화의 흐름 바로 그것이지, 생멸하는 개체가 아니다.

불은 변화의 흐름 그 자체, 즉 도의 부단한 흐름을 상징한다. 그리고 인간은 이 도의 끊임없는 유동에 그냥 그대로 따라갈 때 생과 사를 넘을 수 있다고 한다. 비로소 그때는 개체의 생명이 사후에도 지속되는가 아닌가라든가 개체적 영혼이 영원히 불멸인가 아닌가 따위는 문제가 될 수 없다.

본문의 제지현해(帝之縣解)의 제(帝)란 인간의 길흉, 화복, 생사를 지배하는 상제 또는 천제이다. 현(縣)은 현(懸)과 같은 뜻으로 속박을 말한다. 천제가 속박을 풀어준다는 인간이 자기 밖으로부터 지배하는 일체의 것, 신의 지배마저도 해방되어 절대 자유세계에 서는 것을 말한다.

지궁어위신(指窮於爲薪)은 가장 난해한 문구로 알려졌는데, 개개의 육체의 유한성에 대해 생명 자체는 불멸이란 뜻이다. 생명 자체는 불멸이라 해도 여기에서 주의해야 할 점은 그것이 반드시 영혼의 불멸이라든가, 종교적 영생과 같은 사상은 아니라는 것이다.

山靜似太古日長如少年

제4편

인간세 人間世

인간세(人間世)의 1장과 2장도 제물론(齊物論)과 같이 매우 난해한 글로 되어 있다.

인간세란 사람들이 사는 세상이라는 뜻이다. 장자가 보기에 세상은 어지러울 뿐만 아니라 위험하기까지 하다. 물론 이 편에서 장자는 어떻게 하면 이처럼 어지러운 세상에서 자신을 보존할 수 있는가에 주목하고 있다.

그러나 여기서 장자가 말하고자 하는 것은 결코 가벼운 명철보신(明哲保身)의 처세술 따위가 아니다. 장자는 이 편에서 안회와 공자, 섭공자고와 공자, 안합과 거백옥 등의 대화를 통해 어지러운 세상에서 살아나가는 것의 위험함과 삶을 보존하는 방법의 어려움을 공자를 통해서 말하고 있다는 점에서 도리어 당시 지식인들이 절실하고 진지한 물음을 자신의 방식대로 풀어나간 것이라 할 수 있다.

이 편의 전체 주제는 1장의 무심(無心)과 9장의 무용지용(無用之用)에 있다고 볼 수 있다. 1장의 심재(心齋)에서 시작한 무심(無心)의 동기는 4장의 장석과 역사수의 만남, 5장 남백자기와 커다란 나무의 만남에서 드러나며, 7장 지리소의 완전한 삶에 이르러 절정을 이루다가 9장의 무용지용(無用之用)으로 정리된다. 9장이 이 편 전체를 아우르는 장자의 해설이라는 점에서 거듭 음미해 볼 만하다.

스트레스 없는 절대 자유를 배운다, 장자

제1장
마음을 헛되게 하면 만민교화도 가능하다

顔回見仲尼請行(안회현중니청행) 日(왈) 奚之(해지) 日(왈) 將之衛(장
지위) 日(왈) 奚爲焉(해위언) 日(왈) 回聞(회문) 衛君其年壯(위군기년
장) 其行獨(기행독) 輕用其國而不見其過(경용기국이불견기과) 輕用
民死(경용민사) 死者以國(사자이국) 量乎澤若蕉(량호택약조) 民其無
如矣(민기무여의) 回嘗聞之夫子(회상문지부자) 日(왈) 治國去之(치국
거지) 亂國就之(난국취지) 醫門多疾(의문다질) 願以所聞思其則(원이
소문사기즉) 庶幾其國有瘳乎(서기기국유추호)

인간세(人間世)란 사람들이 사는 세상이라는 뜻이다. 이 편에서는
구체적 처세 문제를 주로 다루고 있다. 이 편에서 처음 등장하는 공자
와 그의 고제(高弟) 안회(顔回)이다. 안회는 공자가 가장 사랑하는 뛰
어난 제자로 유명하다. 중니(仲尼)는 공자의 자이다. 여기의 문답은 물
론 허구이다.

장자에 나오는 공자는 이 장에서처럼 도가적 인물이었다가 또는 융
통성 없는 도덕가로서 희극화되어서 나타난다. 그의 이름은 중니가 되
었다가 공자가 되었다가 일정하지 않다.

안회가 중니를 뵙고 여행을 떠날 것을 청하자

중니 왈, "어디로 가는가?"

안회 왈, "위나라로 가려고 합니다."

중니 왈, "그곳에서 무엇을 하려느냐?"

안회 왈, "저는 이렇게 들었습니다. 위군의 나이가 혈기왕성하고 그 행동이 독단적이며 덕이 없고 그 나라를 가볍게 여겨 권력을 함부로 사용하고 자기의 잘못을 보지 못하며, 백성들의 죽음을 가볍게 여겨 나라에 죽은 자가 연못에 가득하여 학정(虐政)의 심함이 마치 불태워 버린 것 같아서 백성들이 의지할 바가 없다고 합니다.

저는 일찍이 선생님에게서 이렇게 말씀하시는 것을 들었습니다.

'다스려진 나라에서는 떠나고 어지러운 나라로 나아가야 한다. 의원의 집에는 병든 사람이 많은 법이다.'

원컨대 선생님에게서 들은 바를 실천하려고 생각합니다. 그렇게 하면 아마도 그 나라는 치유될 수 있을 것입니다."

양생주편에서 인간이 현실 생활에서 자기 생을 온전하게 키우기 위해서는 어떻게 해야 하나 근본원리를 밝힌 장자는 인간세편에서 다시 초월자의 처세술, 절대자의 현실사회와 관계 맺는 방법을 구체적으로 설명한다.

그런데 장자에 있어서 현실사회란 다름 아닌 중국의 사회이며, 그것은 어느 사회보다 정치적인 세계였다. 정치 세계란 권력이 거무칙칙한 피를 내뿜는 어둡고 험한 세계다.

거기서는 권력이 인간을 군주와 신하로 엄격히 구별하여 군주의 자의로 국민의 생명을 좌지우지하여 영예와 형률이 인간의 운명을 마구

스트레스 없는 절대 자유를 배운다, 장자

잡이로 가지고 놀았다.

　그러나 장자적 절대자는 그와 같은 현실의 암흑 속, 험한 제상을 자기 현실로 받아들여 살아나가야 한다. 현실을 살면서 현실로부터 상처받지 않고 인간 세상에 뒤섞이면서 자기를 상실하지 않는 지혜, 장자는 그 지혜를 이 인간세편에서 구체적으로 밝히고 있다. 우리들은 이 편에 있어서 장자의 표정과 자세가 무엇보다 중국적인데 주의해야 한다.

仲尼曰(중니왈) 譆(희) 若殆往而刑耳(약태왕이형이) 夫道不欲雜(부도불욕잡) 雜則多(잡즉다) 多則擾(다즉요) 擾則憂(요즉우) 憂而不救(우이불구) 古之至人(고지지인) 先存諸己(선존제기) 而後存諸人(이후존제인) 所存於己者未定(소존어기자미정) 何暇至於暴人之所行(하가지어폭인지소행) 且若亦知夫德之所蕩(차약역지부덕지소탕) 而知之所爲出乎哉(이지지소위출호재) 德蕩乎名(덕탕호명) 知出乎爭(지출호쟁) 名也者(명야자) 相軋也(상알야) 知也者(지야자) 爭之器也(쟁지기야) 二者凶器(이자흉기) 非所以盡行也(비소이진행야)

　안회의 말을 듣고 나서 중니가 말하길, 아! 너는 아마도 가면 형벌을 받고 말 것이다. 대저 도는 어지럽게 뒤섞이는 것을 바라지 않는다. 어지럽게 뒤섞이면 마음이 다방면으로 분열되고, 다방면으로 분열되면 동요하게 되고, 동요하게 되면 근심하게 되고, 근심하게 되면 남을 곧 구제할 수 없게 된다.

　옛날의 지인(至人)은 먼저 도를 자기 안에 보존하고 그런 뒤에 다른 사람에게 도를 보존하게 하였다. 자기 안에 보존되어야 할 도가 아직 안정되지 않았다면 어느 겨를에 포악한 사람의 소행을 바로잡는 데에 이를 수 있겠는가? 또 너는 명예심이 왕성해서 자기의 현명함을 믿는 마음이 지나치게 강하다. 그러나 순수무잡한 덕을 어떻게 해서 잃게 되었으며 인간의 지(知)가 어떻게 생기는지 너는 반성해 본 일이 있을까?

절대자의 순수무잡(純粹無雜)한 도는 명예에 얽매여서 잃게 되며 인간의 지식은 투쟁을 통해서 자라났다. 명예는 선악 경쟁에 따른 대립이 생겨서 성립되며 지는 서로 헐뜯고 투쟁하는 무기이다. 명예는 선악이 경쟁하고 대립을 성립하게 한다. 지식은 서로에 상처를 입히는 투쟁의 무기이다. 명예와 지라는 것은 나와 내 몸을 쓰러뜨리는 흉기이다. 명예에 얽매이고 지에 의지하는 너의 영리한 체하는 행위가 스스로를 파멸하지 않을까? 그게 나는 걱정이다.

且德厚信矼(차덕후신강) 未達人氣(미달인기) 名聞不爭(명문부쟁) 未達人心(미달인심) 而强以仁義繩墨之言術暴人之前者(이강이인의승묵지언술폭인지전자) 是以人惡有其美也(시이인악유기미야) 命之曰菑人(명지왈재인) 菑人者(재인자) 人必反菑之(인필반재지) 若殆爲人菑夫(약태위인재부)

만일 너의 덕(德)이 두텁고 너의 성실함이 더없이 견고하고 남의 평판에 마음이 흔들리지 않는 자기의 순수함을 갖추고 있다고 하더라도 자기가 성실하고 순수하기만 한 것으로 충분하다고 생각하면 큰 잘못이다.

대인관계에 있어서는 항상 상대방 기분의 복잡함, 인간 심리의 미묘함도 살펴보는 것이 무엇보다 긴요하다. 그렇지 않으면 자기가 옳다고 억지를 부린다. 자기의 선의로 남을 흠집 내는 결과를 초래한다. 이를

스트레스 없는 절대 자유를 배운다, 장자

테면 남의 약점을 잡아서 자기의 장점을 자랑해 보인다. 이런 상대를 재인(菑人), 즉 항상 주위 사람에게 상처를 입히게 하는 사람이라고 한다. 남에게 상처를 입히고 다니면 자기만은 무사히 끝내지 못한다. 남에게 재앙을 끼치는 사람은 반드시 다른 사람 또한 거꾸로 그에게 재앙을 끼칠 것이니 조심하지 않으면 터무니없는 화를 입게 된다.

본문의 강(矼)은 고(固)와 같다. 견고함을 뜻한다.
승묵(繩墨)은 목수가 나무의 비뚤어짐과 구부러짐을 바로 잡는 먹줄이라는 뜻. 여기서는 법규, 규범이라는 의미로 사용된다.

且苟爲悅賢而惡不肖(차구위열현이오불초) 惡用而求有以異(오용이구유이이) 若唯無詔(약유무조) 王公必將乘人而鬪其捷(왕공필장승인이투기첩) 而目將熒之(이목장형지) 而色將平之(이색장평지) 口將營之(구장영지) 容將形之(용장형지) 心且成之(심차성지) 是以火救火(시이화구화) 以水救水(이수구수) 名之曰益多(명지왈익다) 順始無窮(순시무궁) 若殆以不信厚言(약태이불신후언) 必死於暴人之前矣(필사어폭인지전의)

너는 권력자 앞에서 사람이 얼마나 비굴하게 되느냐는 절실한 자각이 너무 모자란다. 위나라 군주는 유명한 폭군이다. 혹시 그가 참으로 현자를 가까이하고 현자가 아닌 자를 멀리하는 정도의 명군이라면 이제 와서 네가 말하는 것을 듣고 비범한 사람이 되려는 필요 같은 것은 없으니 말이다. 그 쟁쟁한 폭군을 향해서 설득하려 드는 것은 그만두는 것이 좋겠다. 그만두어라. 그 사람은 왕의 권력을 등에 업고 너의 허점을 이용하여 거꾸로 너를 해치우려고 할 것이다. 그렇게 되면 너는 권력에서 쩔쩔매게 되어 눈빛은 침착성을 잃고, 안색이 변하며 입

은 우물우물하여 무엇인가 변명하려 하고 태도는 맥없이 조용해지며 마음은 상대편이 하자는 대로 하게 된다. 그렇게 되면 너의 설득 또한 역효과이며 마치 불에 불을 더하고, 물에 물을 넣는 꼴이 된다. 이것을 익다(益多)라 한다.

일반적으로 권력자에게 의견을 말할 때 처음에 이쪽이 한 발자국 양보하면 그 양보는 끝없는 양보가 된다. 결국은 되돌릴 수 없는 것으로 되어 버리는 것이다.

且昔者桀殺關龍逢(차석자걸살관룡봉) 紂殺王子比干(주살왕자비간) 是皆修其身以下傴拊人之民(시개수기신이하구부인지민) 以下拂其上者也(이하불기상자야) 故其君(고기군)因其修以擠之(인기수이제지) 是好名者也(시호명자야) 昔者堯攻叢枝胥敖(석자요공총지서오) 禹攻有扈(우공유호) 國爲虛厲(국위허려) 身爲刑戮(신위형륙) 其用兵不止(기용병부지) 其求實無已(기구실무이) 是皆求名實者也(시개구명실자야) 而獨不聞之乎(이독불문지호) 名實者(명실자) 聖人之所不能勝也(성인지소불능승야) 而況若乎(이황약호) 雖然(수연) 若必有以也(약필유이야) 嘗以語我來(상이어아래)

옛날부터 명예심이나 물욕으로 자기 몸을 망친 사람은 셀 수 없이 많다. 걸(桀)은 관룡봉을 죽였다. 걸은 하(夏)왕조의 최후의 왕. 주왕(紂王)은 왕자 비간을 죽였다고 하는데 관룡봉이든 비간이든 모두 내 몸가짐을 바르게 하여 남의 지배하에 있는 국민을 엄하게 하지 않고 응석 부리도록 길들였다. 이를테면 신하의 신분이면서 그의 국주에 역모한 사람들이다.

스트레스 없는 절대 자유를 배운다, 장자

그리고 그 옛날 요(堯, 옛날 성천자, 전설상의 제왕)는 총(叢), 지(枝), 서오(胥敖)의 세 나라를 공격하였고 우(禹, 상고의 성천자, 하왕조의 창시자)는 유호(有扈, 지금의 협서성 효현에 있었음)를 공격하여 모두 폐허가 되어 버리고 군주들은 모두 처형되었다. 그네들이 끝까지 전쟁을 좋아했고 실익에 눈이 멀어 자기 몸을 잘못 다룬 예이다.

이런 역사 이야기는 너도 틀림없이 들은 일이 있겠지. 참으로 명성과 실리의 유혹이란 것은 성인이 덕으로써 이끌어도 극복하기 힘든 것이다. 더욱이 너에게는 더욱 그러하다.

그러나 너는 내 제자 중에서 제일이라고 불리는 인물이다. 그런 네가 일어나 위나라에 가겠다니 그럴만한 이유가 있어서가 아니겠느냐. 그 이유를 나에게 말해 보도록 하여라.

여기서는 명성도 있고 지위 높은 사람들의 행동들이 최악의 스트레스로 알려진 죽이고 살리고를 밥 먹듯 저질렀다는 것을 생생하게 그려 놓은 셈이다. 살면서 순간순간 얻은 스트레스의 쌓임을 말끔히 해결하려면 심신양면으로 이만저만 노력이 필요하다는 점을 일깨우는 듯하다.

본문의 내(來)는 동사에 붙어서 유인하는 의미를 나타내는 조사이다.

顔回曰(안회왈) 端而虛(단이허) 勉而一(면이일) 則可乎(즉가호)

안회가 말하길 지금 말하신 것처럼 권력자와 마주해도 의연하여 자기의 단정한 태도를 잃지 않고 마음을 비우고 명과 실에 마음을 어지

럽히지 않고 힘껏 노력하여 순일무잡한 경지에 투철하도록 마음을 쓰면 어떨까요?

본문의 단端이란 용모 태도가 단정하다는 말. 허虛는 마음의 잡념이 없다는 것. 이를테면 명예와 부귀에 마음이 흔들리지 않는 경지다. 도와 일체가 된 순수무잡한 경지를 말한다.

曰(왈) 惡(오) 惡可(오가) 夫以陽爲充孔揚(부위양위충공양) 采色不定(채색부정) 常人之所不違(상인지소불위) 因案人之所感(인안인지소감) 以求容與其心(이구용여기심) 名之曰日漸之德不成(명지왈일점지덕불성) 而況大德乎(이황대덕호) 將執而不化(장집이불화) 外合而內不訾(외합이내부자) 其庸詎可乎(기용거가호)

그러나 안회의 말을 들은 공자는 이번에도 잘됐다는 말이 없었다.

그래가지고는 아무짝에도 쓸모없다. 너는 아직 겉모습에 사로잡혀 밖에 보이는 것에만 정신이 팔렸다. 너는 단정한 태도로 임한다고 말하는데 그것은 내면의 빈약함을 감추는 것 이외에는 아무것도 아니다. 내면의 빈약함을 감추는 태도만을 덕이 있는 사람처럼 꾸며도 본인은 득의만만하겠으나 안색은 어딘지 모르게 안정되지 않은 듯하다. 이런 사람은 본질적으로는 속물과 다를 바 없다. 이런 속물이 권력자의 마음의 움직임을 어림잡아 알아채고 자기주장이 그의 마음에 받아들여지도록 애써 봐도 무슨 효과가 있겠는가.

긴 세월에 그날그날의 조그마한 덕을 성취하는 것마저 생각할 수 없다. 더욱이 일시적 설득 정도로 큰 덕을 성취하기란 생각조차 하지 않

스트레스 없는 절대 자유를 배운다. 장자

으리라. 저 위나라 군주는 필경 자기를 고집하여 네가 말하는 것 따위에 교화되지 않고 표면만은 그럴싸하다는 태도를 하더라도 내심으로 깊이 생각해보지도 않으리라. 도저히 불가능하겠지 그런 방법으로는. 상대는 자기를 고집하고 너의 설득 따위에 감화되지 않고 겉으로는 합치된 듯하면서도 안으로는 헤아리지 않으니 어찌할 수 있겠는가?

본문의 "일점지덕(日漸之德)"이란 나날이 조금씩 앞서가는 작은 덕을 말한다.

然則我內直而外曲(연즉아내직이외곡) 成而上比(성이상비) 內直者(내직자) 與天爲徒(여천위도) 與天爲徒者(여천위도자) 知天子之與己(지천자기여기) 皆天之所子(개천지소자) 而獨以己言蘄乎而人善之(이독이기언기호이인선지) 蘄乎而人不善之邪(기호이인불선지야) 若然者(약연자) 人謂之童子(인위지동자) 是之謂與天爲徒(시지위여천위도) 外曲者(외곡자) 與人之爲徒也(여인지위도야) 擎跽曲拳(경기곡권) 人臣之禮也(인신지례야) 人皆爲之(인개위지) 吾敢不爲邪(오감불위야) 爲人之所爲者(위인지소위자) 人亦無疵焉(인역무자언) 是之謂與人爲徒(시지위여인위도) 成而上比者(성이상비자) 與古爲徒(여고위도) 其言雖敎讁之實也(기언수교적지실야) 古之有也(고지유야) 非吾有也(비오유야) 若然者(약연자) 雖直而不病(수직불위병) 是之謂與古爲徒(시지위여고위도) 若是則可乎(약시즉가호)

공자는 안회를 마구 나무란다. 안회는 다시 한 번 생각을 바꾸어 보았다.

그렇다면 저는 안으로는 강직함을 지키면서도 겉으로는 저의 뜻을 굽혀 세상 사람들과 맞추고, 자기의 완성된 생각을 내세울 때는 옛사람의 가르침에 의거하도록 하겠습니다. 안으로 강직한 사람은 하늘과 더불어 같은 무리이니, 하늘과 같은 무리가 된 사람은 천자와 자신이 모두 하늘이 낳은 사람임을 알 것인데, 그러니 유독 자기의 말을 다른 사람이 좋게 평가하기를 바라며, 자기의 말을 다른 사람이 좋지 않게 평가하기를 바라겠습니까? 이와 같은 사람은 사람들이 일러 어린아이라고 하니 이것을 일러 하늘과 더불어 같은 무리라고 말합니다. 겉으로 자신의 뜻을 굽혀 세상 사람들과 맞추는 사람은 다른 사람들과 더불어 같은 무리이니 홀(笏, 천자 이하 공경 사대부가 조복을 입었을 때 띠에 끼고 다니는 것)을 높이 들거나 무릎 꿇어앉거나 몸을 구부리는 동작은 남의 신하 된 자의 예법이니, 사람들이 모두 그렇게 하는데 저라고 감히 그렇게 하지 않을 수 있겠습니까? 남들이 행하는 것을 따라 행하는 사람은 남들 또한 그를 비난하지 않을 것이니 이것을 일러 다른 사람과 더불어 같은 무리가 된 것이라고 말합니다.

본문의 성이(成而)의 성(成)은 성견(成見)으로 자기 마음에 완성된 의견이라는 뜻이고, 교적(教謫)의 적(謫)은 책망이란 말이다.

仲尼曰(중니왈) 惡(오) 惡可(오가) 大多政法而不諜(대다정법이불첩) 雖固亦無罪(수고역무죄) 雖然(수연) 止是耳矣(지시이의) 夫胡可以及化(부호가이급화) 猶師心者也(유사심자야)

공자가 말하길 잘못이다. 매우 잘못이다. 공자는 안회의 말을 부정했다.

스트레스 없는 절대 자유를 배운다, 장자

이런 수 저런 수 여러 가지로 궁리하였는데 묘하게 복잡해서 알기 어려워서 안정되어 있지 않다. 무난하겠으나 상대를 교화한다는 일에 다다르지는 못한다.

너는 아직 자기 분별에 달라붙어 있는 사람이다. 상대를 교화하기에는 먼 길이 남았다. 아직 너는 자기 분별에 너무 치우치고 있다.

顔回曰(안회왈) 吾無以進矣(오무이진의) 敢問其方(감분기방) 仲尼曰(중니왈) 齋(재) 吾將語若(오장어약) 有心而爲之(유심이위지) 其易邪(기이야) 易之者(이지자) 皞天不宜(호천불의) 顔回曰(안회왈) 回之家貧(회지가빈) 唯不飮酒不茹葷者數月矣(유불음주불여훈자수월의) 如此(약차) 則可以爲齋乎(즉가이위재호) 曰(왈) 是祭祀之齋(시제사지재) 非心齋也(비심재야) 回曰(회왈) 敢問心齋(감문심재) 仲尼曰(중니왈) 若一志(약일지) 無聽之以耳(무청지이이) 而聽之以心(이청지이심) 無聽之以心(무청지이심) 而聽之以氣(이청지이기) 聽止於耳(청지어이) 心止於符(심지어부) 氣也者(기야자) 虛而待物者也(허이대물자야) 唯道集虛(유도집허) 虛者(허자) 心齋也(심재야)

공자의 꾸짖어 타이름을 듣고 나서 안회는 마침내 항복하게 된다.

안회가 말하길 "저는 그 이상은 어떻게 해야 할지 모르겠습니다. 아무쪼록 가르쳐 주십시오."

중니가 말하길 "가르쳐 달라면 가르쳐줄 수 있다. 그러나 네가 자기 분별에 매달리고 있는 동안에는 무엇을 이야기한들 소용없다.

재계하도록 해라. 그렇지 않고 무엇을 하든 그것은 어렵다. 어렵지 않다는 생각을 가진 사람은 진리를 부정하는 사람이다. 진리를 부정

제4편 인간세 人間世

하는 사람은 그 진리로부터 부정된다.”

안회가 대답하기를 “지금 선생님께서는 재계하라고 하셨는데 저는 집안이 가난하여 술을 전혀 마시지 않고 자극성 있는 야채도 못 먹은 지 몇 개월이 되었으니 재계를 했다는 것과 마찬가지 아닐까요?”

중니 왈 “내가 말하는 재계는 마음의 재계로, 제사 때 재계와 다르다.”

안회가 말하길 마음을 재계하는 것은 무엇일까요?

중니가 대답하기를, “마음 움직임을 통일하여 잡념을 없애는 것이다. 귀나 마음과 같은 감각기관으로 듣지 말고 기로써 듣도록 하라. 기(氣), 즉 우주적 직관으로 파악하는 것이다. 귀는 소리를 들을 뿐이고 마음은 단순한 지각의 주체일 뿐이다. 감각과 지각은 형상에 사로잡혀 기능으로써는 한계가 있다. 그러나 기는 그 자체에 내용이 없으므로 천차 만화하는 일체를 자유자재로 받아들인다. 참된 도는 이와 같은 공허한 상태에서만 정착한다. 이와 같이 공허한 상태로 되는 것이야말로 마음을 재계하는 것이다.”

여기서 우리는 심재(心齋)로 설명하는 허(虛)라는 말에 주목해야 하지 않을까. 허(虛)는 이 문답의 결론인 동시에 인간세편 전체의 결론이며 여기서는 기와 연결하여 설명되고 있다.

기(氣)란 천지일기(天地一氣)라고 하며 음양의 기라고 하듯이 우주에 가득하여 일체 만물을 그 자체로 있게 하는 원질이었다. 사람 또한 이 기를 받아 사람이 되는 것이고 인간 생명 가지가지 작용이 이 기의 뒷받침으로 있게 하는 원질이었다. 말하자면 우주와 인간은 본래 동질이다. 장자는 이 우주와 인간의 동질에 있어서 가지가지 인간적 조작을

스트레스 없는 절대 자유를 배운다, 장자

정화하기를 생각하고 있다. 그는 우주적으로 정화된 인간의 마음의 경지를 허(虛)라고 부른다.

"이것을 기로써 들어라." 함은 모든 인간적 조작을 버리고 인간이 본래 동질인 우주 자체와 하나 되는 것이기는 한데 이 우주 자체와 하나된 순수함을 허(虛)라고 한다.

자기를 우주적 자기로까지 지양(止揚)하는 것이다. "천지일기에서 논다."라는 것은 장자의 소요유(逍遙遊)와 다름없다. 허(虛)란 "소요유의 놀이를 놀다."라는 뜻이다. 심재는 소요의 놀이를 놀 수 있는 경지에 자기를 둔다는 것이다.

따라서 장자는 자기의 가르침이 듣고 싶으면 우선 심재하라고 공자에게 말하도록 당부한다. 세속적 일체로부터 자기를 버리지 않으면 세속과 교제하는데 참된 지혜는 도저히 터득할 수 없다.

顔回曰(안회왈) 回之未始得使(회지미시득사) 實自回也(실자회야) 得使之也(득사지야) 未始有回也(미시유회야) 可謂虛乎(가위허호) 夫子曰(부자왈) 盡矣(진의) 吾語若(오어약) 若能入遊其樊而無感其名(약능입유기번이무감기명) 入則鳴(입즉명) 不入則止(불입즉지) 無門無毒(무문무독) 一宅而寓於不得已(일택이우어부득이) 則幾矣(즉기의) 絶迹易(절적이) 無行地難(무행지난) 爲人使易以僞(위인사이이위) 爲天使難以僞(위천사난이위) 聞以有翼飛者矣(문이유익비자의) 未聞以無翼飛者也(미문이무익비자야) 聞以有知知者矣(문이유지지자의) 未聞以無知知者也(미문이무지지자야) 瞻彼闋者(첨피결자) 虛室生白(허실생백) 吉祥止止(길상지지) 夫且不止(부차부지) 是之謂坐馳(시지위좌치) 夫徇耳目內通(부순이목내통) 而外於心知(이외어심지) 鬼神將來

舍(귀신장래사) 而況人乎(이황인호) 是萬物之化也(시만물지화야) 禹

舜之所紐也(우순지소뉴야) 伏戲几蘧之所行終(복희궤거지소행종) 而

況散焉者乎(이황산언자호)

안회는 대답한다. "저는 너무 제 자신에 얽매여 있었습니다. 그러나 지금은 다릅니다. 심재(心齋)하고 난 후 처음부터 안회는 어디에도 존재하지 않았다는 것을 깨달았습니다. 이 정도면 마음을 비운 허(虛)라고 말할 수 있습니까?"

공자가 말하길 "그것으로 충분하다. 너에게는 구제하기에 충분한 마음의 준비가 되어 있다. 네가 세속의 울타리(위나라 궁궐) 속에 들어가 노닐면서도 명예 따위에 마음이 움직이지 아니하며, 자신의 말이 상대방의 귀에 들어가면 말을 하고 상대방의 귀에 들어가지 않으면 멈추며, 마음에 문을 열고 인도하지도 말고 담장으로 막지 아니하여, 오로지 도(道)를 거처로 삼아 부득이할 때에만 말할 수 있다면 거의 무사할 것이다. 세속으로부터 자취를 끊는 것은 쉽지만 세속에 살면서 땅위를 걸어 다니지 않기는 어렵다.

남에게 부림을 받는 처지가 되면 거짓을 저지르기가 쉽고, 하늘의 부림을 받는 처지가 되면 거짓을 저지르기 어렵다. 날개를 가지고 난다는 이야기는 들었어도 자연에 맡겨 날개 없이 난다는 이야기는 아직 듣지 못하였고('날개 없이 날아야 하며'가 뜻이 통함), 지식을 통해서 안다는 이야기는 들었지만, 무위자연(無爲自然)으로 무지(無知)를 통하여 안다는 이야기는 아직 듣지 못하였다. 저 문 닫힌 텅 빈 집을 보라. 비어 있는 방에 햇살이 비치니 길상(吉祥)은 고요한 곳에 머무는 것이

스트레스 없는 절대 자유를 배운다, 장자

다. 또한, 길상(吉祥)이 머물지 않는 것은 마음이 고요히 머물지 않기 때문이니 이것을 일러 몸은 가만히 앉아 있지만, 마음이 이리저리 치닫는다고 한다.

무릇 이목(耳目)이 안으로 전해 주는 것을 따라 외부의 사물을 안으로 받아들이고 안에 있는 교활한 심지(心知)를 버리면 귀신도 와서 머무르려 할 것인데, 하물며 사람이겠는가? 이것이 만물을 감화시키는 것이다. 우임금과 순임금이 지켰던 방법이고 복희씨와 궤거씨가 행하고 죽을 때까지 실천했던 일인데 하물며 이들만 못한 보통 사람이겠는가?"

본문의 우(禹), 순(舜), 복희(伏戱), 궤거(几蘧)의 네 사람은 모두 중국 고대의 전설적 제왕, 성인이라 불린다. 뉴(紐)는 근본원리로 한다는 뜻. 여기에 허(虛)라는 것은 옛날 성인이라 불리는 사람들이 개인적 정치적 생활의 근본원리로 평생 지켜졌다고 한다.

이상은 인간세(人間世)편의 첫머리를 장식하는 공자와 안회의 처세 문답이다. 이 처세문답을 구실로 해서 말한 장자의 처세에 대한 지혜, 허(虛)의 철학이다. 여기서 우리들은 장자의 이와 같은 천세의 지혜를 성립게 한 그의 인간 이해의 예리함, 현실 파악의 심각성에 주목해야 하지 않을까.

고전적 견해이기는 하지만 한대에서 노장사상의 성립을 중국 고대 역사학 속에서 기원을 찾으려는 시도가 있었던 것 같이, 노장사상은 본래 단순한 인간의 형이상학적 욕구나 철학적 생각의 소산이 아니고 가열한 중국 사회의 역사적 현실 속에서 태어난 것이었다. 오늘의 영예가 내일의 오욕으로 뒤집히는 세계, 오늘의 삶이 내일의 죽음으로 뒤집히고, 오늘의 있음이 내일에는 없음으로 뒤집히는 세계에서 태어난 중국 민족의 생활 지혜가 노장사상이었다. 어떻게 보면 중국 사상의 주류는 스트레스가 생겼다가 없어지는 역사처럼 보이기도 한다.

장자는 일개의 위대한 인간학자인 동시에 탁월한 사회학자이기도 하다 우리들은 인간세편을 일관해서 그의 인간 이해의 예리함과 풍부함, 장자 사상 전체를 떠받치는 그의 현실 파악의 주도면밀함에 주목해야 한다. 장자적 초월자는 장자의 이와 같은 인간과 인간사회에 대한 철저한 통찰, 그 모멸과 연민과 자애의 감정 속에서 탄생한다.

스트레스 없는 절대 자유를 배운다, 장자

제2장
인간은 보통 사람도 움직이기 힘든데
하물며 군주를 상대하기란 더욱 어렵다

葉公子高將使於齊(섭공자고장사어제) 問於仲尼曰(문어중니왈) 王使
諸梁也甚重(왕사저량야심중) 齊之待使者(제지대사자) 蓋將甚敬而
不急(개장심경이불급) 匹夫猶未可動也(필부유미가동야) 而況諸侯乎
(이황제후호) 吾甚慄之(오심율지) 子嘗語諸梁也(자상어저량야) 曰(왈)
凡事若小若大(범사약소약대) 寡不道以懽成(과부도이환성) 事若不成
(사약불성) 則必有人道之患(즉필유인도지환) 事若成(사약성) 則必有
陰陽之患(즉필유음양지환) 若成若不成(약성약불성) 而後無患者(이
후무환자) 唯有德者能之矣(유유덕자능지의) 吾食也執粗而不臧(오식
야집조이불장) 爨無欲淸之人(찬무욕청지인) 今吾朝受命而夕飮冰(금
오조수명이석음빙) 我其內熱與(아기내열여) 吾未至乎事之情(오미지
호사지정) 而旣有陰陽之患矣(이기유음양지환의) 事若不成(사약불성)
必有人道之患(필유인도지환) 是兩也(시량야) 爲人臣者不足以任之
(위인신자부족이임지) 子其有以語我來(자기유이어아래)

공자와 안회의 문답으로 허의 처세, 무심의 철학을 설파한 장자는
초(楚)나라 왕족 섭공이 초나라 국사가 되어 제(齊)나라에 가게 되어서

공자에게 고견을 부탁했다.

섭공자고(葉公子高)가 제나라에 사신으로 떠나려 할 적에 중니에게 물어 왈, "초나라 왕이 나를 사신으로 보낼 때는 사명이 매우 중대하다고 여겨서입니다. 그러나 제나라에서 사신을 응대할 때 겉으로는 아마도 매우 공경하겠지만 실제로는 이쪽에서 가져간 안건을 급하게 여기지 않을 것입니다. 보통 사람도 오히려 그 마음을 움직이기가 어려운데 하물며 제후이겠습니까? 나는 이것이 매우 두렵습니다."

선생께서는 일찍이 저(諸梁)에게 왈,
"무릇 작든 크든 일을 처리할 때, 도리에 따르지 아니하고서 만족스럽게 이루기란 매우 드물다. 도로써 만족하게 이루려 하지 않는 자는 적다. 일이 만일 이루어지지 않으면 반드시 인간 사회 규범의 근심이 있게 되고, 일이 만일 이루어지면 반드시 음양의 조화가 어긋나는 재앙(병)이 생길 것이니, 성공하든 성공하지 못하든, 후에 탈이 없게 하는 것은 오직 덕이 있는 사람이라야 할 수 있다."
"저는 음식을 먹을 때는 거친 음식을 먹고 맛있는 것을 먹지 않으며, 밥을 지을 때는 시원하기를 바라는 사람이 없을 정도로 불을 많이 사용하지 않고, 음식으로 몸 관리를 잘하였는데도 지금 제가 아침에 명령을 받고 나서 저녁에 얼음을 마셔대니 저는 아무래도 몸속에 열이 있는 것 같습니다. (마음에 근심이 있는 것 같습니다.) 저는 아직 일의 실정에 직접 부딪히지도 않고서 이미 음양의 재앙(병)이 생겼는데, 일이 만일 성공하지 못하면 사람의 도(人道)의 근심이 있게 될 것이니 이것은 두 가지 재앙이 한꺼번에 닥치는 것입니다. 남의 신하 된 사람으로서 충분히 감당할 수가 없으니, 선생께서는 저에게 가르침을 주시기

바랍니다."

본문 중 음양지환(陰陽之患)은 인간의 생명현상을 유지하는 음기와 양기의 부조화로 생기는 가지가지 신체적, 정신적 질병을 말하며, 인도지환(人道之患)이란 사람들이 사회생활에서 외부로부터 받는 법적 제재, 즉 형벌을 말한다.

仲尼曰(중니왈) 天下有大戒二(천하유대계이) 其一 命也(기일명야) 其一 義也 (기일의야) 子之愛親(자지애친) 命也(명야) 不可解於心(불가해어심) 臣之事君(신지사군) 義也(의야) 無適而非君也(무적이비군야) 無所逃於天地之間(무소도어천지지간) 是之謂大戒(시지위대계) 是以夫事其親者(시이부사기친자) 不擇地而安之(불택지이안지) 孝之至也(효지지야) 夫事其君者(부사기군자) 不擇事而安之(불택사이안지) 忠之盛也(충지성야) 自事其心者(자사기심자) 哀樂不易施乎前(애락불역시호전) 知其不可奈何而安之若命(지기불가내하이안지약명) 德之至也(덕지지야) 爲人臣子者(위인신자자) 固有所不得已(고유소부득이) 行事之情而忘其身(행사지정이망기신) 何暇至於悅生而惡死(하가지어열생오사) 夫子其行可矣(부자기행가의)

중니는 대답했다.

"이 세상에는 가장 경계해야 할 두 가지가 있습니다. 하나는 인간이 그 존재 자체와 더불어 운명지어진 부자(父子)와의 관계이고, 다른 하나는 의(義), 사람이 그 사회적 생존에서 규정지어진 규칙, 즉 군신(君臣) 관계입니다. 부자(父子) 관계는 운명적이므로 아들이 부모를 사랑하는 일은 마음으로부터 지울 수 없는 자연스러운 마음가짐이며, 군신

(君臣)의 관계는 규범적인 것이니 어떤 사회든 군주는 반드시 존재하며 신하로서 왕을 섬기는 일은 세계 어느 곳에 살고 있든 피할 수 없는 인간의 필연입니다.

따라서 자기 부모를 섬기는 사람은 어디서든지 즐겁게 부모의 분부에 따르는 것이 더할 나위 없는 효(孝)이며, 왕에게 봉사하는 사람은 무슨 일을 분부받든지 즐겁게 명령에 따르는 것이 훌륭한 충(忠)입니다. 그리고 자기 자신의 마음에 훌륭하게 따르려는 사람은 자기감정을 밖으로부터 흔드는 여러 가지 현상이 눈앞에 나타나도 태연하며 그것으로 마음이 움직이지 않고 사람의 능력으로 가능한지 불가능한지 확실하게 확인하고 사람의 힘으로는 어찌할 수 없는 운명적인 것에는 그저 그 운명을 사랑하고 그것에 몸을 맡기고 사는 것은 최상의 덕입니다.

그런데 사람이 이 세상에 사는 한 신하가 되거나 아들이 되는 것은 운명적 자연 또는 필연이므로 사람은 그저 주어진 현실을 내 몸을 잊어버리고 무심으로 사는 수밖에 없지 않겠습니까? 거기에서는 생을 사랑하고 죽음을 미워하는 인간의 분별, 호오(好惡)의 정이 활동할 여지가 없을 것입니다."

여기서 한번 생각해 보자. 사람이 사는 동안 사랑하고 미워하는 것은 허다하게 거품처럼 일어났다가 없어지는 비껴갈 수 없는 고통, 이를테면 스트레스의 큰 원인이 된다. 반드시 만나게 되어도 온전하게 슬기롭게 넘어가는 행복해지는 원인들과 손잡게 되겠다. 그러기 위해서 모든 필연을 예사로 자기 필연으로 순순히 받아들이며 사는 주어진 큰 운명에 대한 사랑과 긍정, 거기에야말로 참으로 해방된 자기와 안온한

스트레스 없는 절대 자유를 배운다, 장자

생활이 있다. 온갖 스트레스로부터 풀려난 상태 아닐까. 이것저것에 미혹되지 말고 살아야 한다. 지금 말한 것과 같은 심경을 당신의 심경으로 삼고 살며 두려워할 것도, 떨 일도 없다고 생각한다. 스트레스 해소의 위대한 효과와 다름없는 것 같다.

장자에게 있어서 어찌할 수 없음은 인간의 모든 의지와 노력을 넘어선 크나큰 필연이며, 인간의 모든 저항과 발버둥 밑바닥에서 보았던 큰 우연이었다.

확실히 인간은 자기 자신이 생각하는 것보다 멀리 많은 우연 속에서 사람이 된다. 자기가 어느 국토에서 태어나 누구를 부모로 하나 또는 어떤 환경에서 태어나느냐 등등 그것들은 모두 자기의 의지와 선택을 넘어선 우연일 수밖에 없다. 인간 개개인은 이 우연을 자기의 필연으로 삼고 살아간다. 필연이란 자기에게 주어진 우연과 다름없다. 인간의 존재는 크나큰 우연(필연)에 의해 지탱한다.

부모와 자식, 군주와 신하 관계는 피할 수 없는 운명이다. 그런데 부모 자식 간의 관계가, 지배자와 피지배자의 관계가 인간의 의지와 선택을 벗어난 어떻게 할 수 없는 필연(운명)이라고 한다면 일체의 상황을 자기의 현실로 받아서 사는 장자적 절대자가 이와 같이 어쩔 수 없는 것, 어떻게 해서는 안 될 것에 대해 철저하게 수순하는 동안에 인간의 자유와 해방을 설득하는 것 또한 당연하지 않은가.

장자의 초월과 '높이 낢'은 '어찌할 수 없음', 어떻게 해서도 안 될 인간적 현실에 깊이 파고듦으로써 시작된 것들이다.

그는 현실을 도피하거나 방관하는 서재의 철학자가 아니고 꼼짝할 수 없는 현실의 중압 저변에서 힘차게 일어서는 생활의 실천자였다. 그는 권력의 거무튀튀한 피를 뿜는 중국적 정치 사회의 컴컴하고 험한 현실마저 사람에게는 반(反)부득이한 것으로 긍정한다.

이 인간 긍정에 있어 장자는 무엇보다 중국 사람으로서의 그가 드러난 것이다. 스트레스 사회를 어쩔 수 없이 껴안고 살아가야 하는 현대인에게 보내는 주옥같은 글귀라 하지 않을 수 없다.

丘請復以所聞(구청복이소문) 凡交(범교) 近則必相靡以信(근즉필상미이신) 遠則必忠之以言(원즉필충지이언) 言必或傳之(언필혹전지) 夫傳兩喜兩怒之言(부전량희량노지언) 天下之難者也(천하지난자야) 夫兩喜必多溢美之言(부량희필다일미지언) 兩怒必多溢惡之言(양노필다일악지언) 凡溢之類妄(범일지류망) 妄則其信之也莫(망즉기신지야막) 莫則傳言者殃(박즉전언자앙) 故法言曰(고법언왈) 傳其常情(전기상정) 無傳其溢言(무전기일언) 則幾乎全(즉기호전)

나는 내가 들은 이야기를 전하려 한다. 외교는 거리가 가까우면 반드시 믿음으로 서로 맺고 거리가 멀면 반드시 말로써 진실한 관계를 맺어야 한다. 말은 반드시 누군가가 전해야 하는데 두 나라의 군주가 다 같이 기뻐하고 다 같이 노여워할 말을 전하는 것은 천하에서 가장 어려운 일이다. 두 나라 군주를 모두 기쁘게 하려는 경우는 반드시 칭찬하는 말을 넘치게 하고, 두 나라 군주를 모두 성내게 하려는 경우는 비난하는 말을 넘치게 한다. 무릇 넘치게 하는 행위는 거짓이니, 거짓을 말하면 군주가 믿어주는 마음이 막연하고, 믿음이 막연해지면 말

을 전한 사람이 화를 당한다. 따라서 옛날 격언에도 "있는 그대로 진실을 전하고 사실을 과장된 말로 전하지 않도록 하면 대체로 몸을 온전하게 지킬 수 있다."라고 말하고 있다.

본문의 미(靡)는 '연결하다.' 또는 '잇다'로 읽는다. 법언(法言)은 만인의 법칙이 되는 말, 즉 격언이라는 뜻이다.

且以巧鬪力者(차이교투력자) 始乎陽(시호양) 常卒乎陰(상졸호음) 泰至則多奇巧(태지즉다기교) 以禮飮酒者(이례음주자) 始乎治(시호치) 常卒乎亂(상졸호란) 泰至則多奇樂(태지즉다가락) 凡事亦然(범사역연) 始乎諒(시호량) 常卒乎鄙(상졸호비) 其作始也簡(기작시야간) 其將畢也必巨(기장필야필거)

공자는 거듭 말을 이어간다. 무슨 일이든 처음부터 끝까지 일관하는 것이 중요하다. 비근한 예를 들어 설명하겠다. 또 기교로 힘을 겨루는 경우에 처음에는 서로 기쁜 마음으로 시작하다가 항상 결국 서로 노여워하는 마음으로 끝나니, 노여워하는 감정이 극에 이르면 정도에 어긋난 기교까지 쓰게 된다.

예를 갖추어 술을 마시는 경우에도 처음에는 올바른 정신에서 시작하다가 항상 결국 어지러워지는 것으로 끝나니 쾌락을 추구하는 마음이 극에 이르면 괴상한 노래나 춤을 추게 된다. 모든 일이 그와 같아서 처음에는 좋은 마음에서 시작하다가 항상 끝에 가서는 비루함에 이르게 되며, 시작할 때에는 간단했던 일이 마칠 때에는 반드시 큰일이 되고 만다.

세상만사 모두 그와 같다. 처음에는 품위 있게 행동하지만, 최후에는 형편없이 되는 것이 세간 일반 상태이다. 하물며 처음부터 무책임한 짓을 하면 최후에는 반드시 터무니없이 귀찮은 것이 되어 수습할수 없다. 그러므로 처음에 신중한 태도를 취하면서 최후까지 기를 늦추지 않는 것이 무엇보다 긴요하다고 생각한다. 사자로서 이런 일에도 마음을 써야 한다.

본문의 태(泰)는 태(太)와 같으며 '매우'라는 뜻이다.

言者(언자) 風波也(풍파야) 行者實喪也(행자실상야) 夫風波易以動(부풍파이이동) 實喪易以危(실상이이위) 故忿設(고분설) 無由巧言偏辭(무유교언편사) 獸死不擇音(수사불택음) 氣息茀然(기식불연) 於是並生心厲(어시병생심려) 剋核太至(극핵태지) 則必有不肖之心應之(즉필유불초지심응지) 而不知其然也(이부지기연야) 苟爲不知其然也(구위부지기연야) 孰知其所終(숙지기소종) 故法言曰(고법언왈) 無遷令(무천령) 無勸成(무권성) 過度益也(과도익야) 遷令勸成殆事(천령권성태사) 美成在久(미성재구) 惡成不及改(악성불급개) 可不愼與(가불신여) 且夫乘物以遊心(차부승물이유심) 託不得已以養中(탁부득이이양중) 至矣(지의) 何作爲報也(하작위보야) 莫若爲致命(막약위치명) 此其難者 (차기난자)

사람의 언어만큼 변덕스럽게 움직이는 것은 없다. 같은 말이라도 전하는 사람의 심리상태에 따라서 마음대로 변하거나 왜곡되거나 과장되기도 하는 불안정성을 항상 가진다. 이와 같은 언어의 불안정성은 저 바람과 파도의 불안정한 움직임에 비유할 수 있겠다. 그러나 그것

은 인간의 행위가 득실화복의 짐을 메는 것이고, 그 득실화복의 일정하지 않은 뒤집힘이 인간을 끊임없이 위험에 내몰게 한다.

저 행위의 불안정성과 상응하는 것이다. 따라서 사람 감정의 갈등도 달리 원인이 있는 게 아니라 완전히 왜곡된 말, 이를테면 간사하거나 진실이 아닌 말에서 비롯된다.

원래 짐승이 단말마에 당면하면 소리 꼴에 상관없이 신음소리를 내고 숨결이 몹시 거칠고 흐트러져 반드시 흥분한다. 사람도 마찬가지로 너무 궁지에 밀리게 되면 괴로운 나머지 좋지 않은 마음이 생겨서 자기도 모른 채 무슨 말이든 못할 것이 없어진다. 절대로 그와 같은 자기가 자기를 알지 못하는 상태에 빠지면 결국 무슨 짓을 할지 알지 못하게 된다.

따라서 옛날 격언에 "남의 명령을 마음대로 바꾸지 말라", "억지로 성공하려고 무리하지 말라."라고 경계한 바 있다. 모든 언어가 왜곡되는 것은 인간들이 제멋대로 지나치게 덧붙이기 때문이다. 남의 명령을 마음대로 바꾸든지 억지로 일을 잘하려고 들면 오히려 일을 위험에 빠지게 한다. 원래 좋은 일을 성취하려면 오랜 시간이 필요하고 나쁜 일은 한번 생기면 빨리 바로 잡기 힘들다.

그러므로 한때 괴로움으로 거짓말이나 간사함을 부려 왕명을 마음대로 바꾸려고 하든지 무리하고 성공하려고 초조해하지 않는 것이 무엇보다 긴요하다고 생각한다.

요컨대 일체 만물을 자연에 맡기고 자기의 마음을 무심의 경지에서 노닐게 하며 어쩔 수 없는 자기와 세계 필연에 몸을 맡기고 오로지 나의 내적인 것을 기르고 키우는 일, 이것이 최상의 처세이며 절대자가 사는 방법이다. 그리고 이런 경지에 서게 되면 사자(使者)로서 인사말에 이것저것 신경 쓸 필요 없이 그저 왕의 명령을 있는 그대로 보고하면 그것으로 족하다.

그런데 이 있는 그대로라는 것은 실은 무엇보다 가장 어려운 것이다. 때맞춰 마음을 쉬게 하고 어쩔 수 없을 때는 마음을 정양(靜養)한다고 함은 이 문답의 결론이면서 인간세(人間世)편 전체의 결론인 동시에 앞에 허(虛), 무심(無心)을 현실로 사는 절대자의 지혜로 설득한 장자는 여기서도 무심, 운명적 필연에 순종을 공자와 섭공과의 문답을 빌어서 강조한 것이다.

장자는 현재를 현재로써 그 속에서 철저하게 살 것을 가르친다. 사람에게도 절대적 자유가 있다고 하면 그것은 일체의 필연을 자기 필연으로 받아들이는 자유 아닌가.

일체의 필연을, 그것이 오욕이든 죽음이든 자기의 필연으로 씩씩하게 받아들이는 것, 그 씩씩함 속에 참으로 건강하고 편안한 인간 생활이 있다고 가르치고 있다. 장자의 무심(無心)이란 이와 같은 일체를 긍정하는 정신과 다름없다. 일체를 긍정하는 곳에 무엇에도 얽매임 없는 참된 자기가 있다.

일을 변화에 맡기고 내 마음은 자유롭게 뻗을 대로 뻗어 나가도록 맡겨두고 나의 마음을 풀어놓고 사람의 힘으로는 어찌할 도리가 없는 것에 몸을 맡기고 중정의 입장을 키우는 것이 최상이다.

스트레스 없는 절대 자유를 배운다, 장자

제3장
극악무도한 위정자에 대처하여 그를 선도하는 방법

顔闔將傅衛靈公太子(안합장부위영공태자) 而問於蘧伯玉曰(이문어
거백옥왈) 有人於此(유인어차) 其德天殺(기덕천살) 與之爲無方(여지
위무방) 則危吾國(즉위오국) 與之爲有方(여지위유방) 則危吾身(즉위
오신) 其知適足以知人之過(기지적족이지인지과) 而不知其所以過(이
부지기소이과) 若然者(약연자) 吾奈之何(오내지하)

노나라 현인 안합(顔闔)과 위나라 영공(靈公)의 태자를 가르치는 스
승으로 결정되었는데 거백옥(蘧伯玉)에게 물었다.

"여기에 한 인물이 있습니다. 그 성질에 태어날 때부터 비열하여, 함
께 서로 장단을 맞추며 무법한 짓을 저지르고 있으면 우리나라를 위험
에 빠뜨리며 함께 올바른 일을 하려 들면 그에게 반대 방향으로 거슬
러 나아가는 것처럼 되어 저의 몸이 위태롭게 됩니다. 그 지혜로는 딱
남의 과실을 알 수 있는 정도입니다만, 과실의 원인까지는 모릅니다.

따라서 남을 책망해도 자기반성을 하지 않습니다. 이런 인물에 대해
저는 어떤 몸가짐을 가져야 하나요?"

본문의 안합(顔闔)은 노나라 현인이다. 노나라 군주로부터 '도를 터

득한 사람'이라고 되어 있다. 위나라 영공의 태자. 원문의 태(太)는 태자(太子)와 같다. 명공은 BC 534~493 재위했다. 태자(太子)는 위나라 내란의 장본인이고, 거백옥(蘧伯玉)은 위나라 현대부(賢大夫)이다.

천살(天殺)은 천성이 태어날 때부터 잔인하다는 뜻이다.

蘧伯玉曰(거백옥왈) 善哉問乎(선재문호) 戒之愼之(계지신지) 正女身也哉(정녀신야재) 形莫若就(형막약취) 心莫若和(심막약화) 雖然(수연) 之二者有患(지이자유환) 就不欲入(취불욕입) 和不欲出(화불욕출) 形就而入(형취이입) 且爲顚爲滅(차위전위멸) 爲崩爲蹶(위붕위궐) 心和而出(심화이출) 且爲聲爲名(차위성위명) 爲妖爲孼(위요위얼) 彼且爲嬰兒(피차위영아) 亦與之爲嬰兒(역여지위영아) 彼且爲無町畦(피차위무정휴) 亦與之爲無町畦(역여지위무정휴) 彼且爲無崖(피차위무애) 亦與之爲無崖(역여지위무애) 達之入於無疵(달지입어무자)

거백옥이 말하길,

"좋은 질문이구나. 신중에 신중을 더한 태도를 바라보며 먼저 그대가 올바른 덕을 갖추어야 하겠네. 그리고 겉으로만 상대편에 장단을 맞추고 내심은 그 사람과 유희하여 자연스럽게 자기 덕에 감화시키는 방법밖에는 없다.

자기 주체성을 잃고 상대에 질질 끌리지 않고 상대를 감화하면서 그 작용이 밖으로 나타나지 않도록 하는 것이 어렵다. 혹시 자기 주체성을 잃은 채 상대에 억지로 끌려가면 그대는 자신을 파멸시켜 붕괴하고 말 것이며, 그리고 상대를 감화하려는 의도가 노골적이면 명성에 따르

스트레스 없는 절대 자유를 배운다, 장자

는 가지가지 불길한 화를 한 몸에 받아들이게 되겠지.

따라서 자기를 허(虛)되게 하고 철저하게 상대에 순종하며 그 철저한 순종 속에 그 사람이 알지 못하는 사이에 감화해 나가는 것이 무엇보다 중요하다. 그가 만일 갓난아기처럼 응석 부리면 그대도 함께 갓난아기의 응석을 부리고 그가 이랑도 두렁 없이 제멋대로 엉터리를 한다면 그대도 같이 엉터리 행동을 하며 그가 끝없이 멋대로 놀아가면 그대도 그것과 같이하는 것이 좋겠다.

이와 같이 끝까지 그가 하는 대로 행동하면 그사이에 자연스럽게 그 사람을 감화하여 훌륭한 인격으로 인도하는 것, 이 이외에 저 자와 같은 흉악한 사람을 교육하는 방법은 없다."

본문의 무정휴(無町畦)는 일을 구획 짓지 못하고 절도는 깔끔하지 못하다는 뜻이고, 무애(無崖)는 끝없이 이어지는 방종을 뜻한다.

汝不知夫螳蜋乎(여부지부당랑호) 怒其臂以當車轍(노기비이당거철)
不知其勝任也(부지기불승임야) 是其才之美者也(시기재지미자야) 戒
之愼之(계지신지) 積伐而美者以犯之(적벌이미자이범지) 幾矣(기의)
汝不知夫養虎者乎(여부지부양호자호) 不敢以生物與之(불감이생물여
지) 爲其殺之之怒也(위기살지지노야) 不敢以全物與之(불감이전물여
지) 爲其決之之怒也(위기결지지노야) 時其飢飽(시기기포) 達其怒心
(달기노심) 虎之與人異類(호지여인이류) 而媚養己者(이미양기자) 順
也(순야) 故其殺者(고기살자) 逆也(역야) 夫愛馬者(부애마자) 以筐盛
矢(이광성시) 以蜃盛溺(이신성뇨) 適有蚊虻僕緣(적유문맹복연) 而拊

之不時(이부지불시) 則缺衝毁首碎胸(즉결함훼수쇄흉) 意有所至(의유
소지) 而愛有所亡(이애유소망) 可不愼邪(가불신야)

일반적으로 흉포한 권력자를 시중들 때 아무쪼록 반성하여 삼갈 것
은 자기 재능과 덕을 자랑해 보이면서 나의 선함을 상대방에게 강요하
려는 태도이다.

그대도 본 일이 있겠지. 팔을 올려 든 채, 제힘은 생각하지도 않고
길을 지나가는 차 바퀴에 덤벼들다 눌려서 찌부러지는 사마귀의 무리
한 저항과 같은 잘난 체하는 바보스러운 짓을.

저것은 자기 재능을 자랑하고 나의 아름다움을 믿는 자의 바보스러
운 비극의 상징이다. 아무쪼록 경계하는 편이 좋다. 나의 미덕을 의지
하고 자랑하면서 저 난폭한 자에게 의견을 함부로 나타내면 화를 받
지 않는 것이 오히려 우습다.

대체로 권력자의 방자함은 굶은 호랑이의 광폭함에 비유되겠다. 그
대는 알고 있을까. 무서운 호랑이를 훈련시키는 사람은 호랑이에게 결
코 산짐승을 먹잇감으로 주지 않는다. 그 이유는 호랑이가 그 먹잇감
을 죽이려고 흥분하는 것을 겁내서이다. 그리고 설령 죽은 동물이라도
한 마리 통째로 주지 않는다. 그 이유인즉 호랑이가 그 먹잇감을 찢으
려고 흥분하는 것이 무섭기 때문이다.

그 사람은 호랑이 배에 알맞게 먹잇감을 적당하게 안배하며 광폭한
폭력성이 격발하지 않도록 조절한다. 호랑이와 사람은 서로 다른 동물

스트레스 없는 절대 자유를 배운다, 장자

이나 자기를 키워주는 사람에게 친숙해져서 잘 따르는 것은 그 본성에 잘 따르기 때문이다. 따라서 반대로 호랑이에 잡아먹히는 것은 호랑이의 본성을 거스르기 때문이다.

이처럼 모든 대인관계는 상대방 본성을 잘 판별하여 그 본성에 자기를 희생하여 따르는 것이 무엇보다 중요하다. 혹시 상대방 본성에 거스르면 그 광폭한 호랑이는 물론 말처럼 온순한 가축도 어찌할 수 없게 된다. 말을 소중히 하는 사람은 더러운 마분(馬糞)을 담으려고 좋은 바구니를 아낌없이 쓰며 말의 소변을 담으려고 아름다운 대합 껍데기를 이용하여 지극정성으로 기르는데, 그토록 마음을 써서 귀여워해도 말 몸에 모기나 등에가 붙어 있는 것을 보고 느닷없이 그 몸을 내려치면 말은 광분하여 재갈을 물어뜯고 목에 흠집을 내고 가슴을 때리고 어찌할 수 없을 만큼 날뛰어 미친다. 이것들은 말에 대한 애정은 극진했음에도 보잘것없는 부주의로 애정을 쓸모없이 만들어 버린 것이다.

요컨대 무슨 일이든 세심한 주의를 게을리하지 않고 그 본성에 어긋나지 않는 게 중요하다. 이 점을 신중히 생각하여 부디부디 화를 입지 않도록 충분한 주의가 바람직하다.

장자는 이 내용에서 거백옥의 말을 빌려 그의 무심(無心)과 수순(隨順)의 철학을 말하고 있다. 여기서 우리들이 주목할 점은 그의 무심과 수순의 진의, 그의 무위자연의 사상에 대한 하나의 근본적 성격을 여기에서 한층 명확하게 제시하고 있다는 것이다.

무심이라든가 수순이란 단순하게 무기력한 굴종이나 타협이 아니고 나를 무심으로 돌릴 때 참된 나를, 대상에 철저하게 순종할 때 그 안에 크나큰 실천을 바라보는 적극적 인생의 태도이다.

이른바 무위이무불위(無爲而無不爲), 즉 하는 것 없이도 하지 않는 것도 없다는 몸과 마음이 아무것에도 집착하지 않고 속세를 해탈하는 일과 일체 수순이 장자의 마지막 종착지다.

단순한 타협과 굴종으로부터는 일체를 하지 않는 일 없는 절대자의 자유 무애한 작용은 생길 수 없다. 수순의 철학의 참뜻을 여기서 굶주린 호랑이를 훈련시키는 맹수사와 비교하면서 설명한다. 여기서 장자는 호랑이를 훈련시키는 것을 문제로 삼고 호랑이는 피하고 도망가는 방법을 설명하지 않았다. 그는 호랑이를 호랑이로서 흉포성을 긍정하고 그것의 등에 타고 즐기는 방법을 설명하고 있다.

여기에 장자 사상의 대담하여 두려워하지 않는 씩씩함과 아울러 노장사상 전반을 통하는 강렬한 주아(主我)성과 사물의 추세를 전망할

스트레스 없는 절대 자유를 배운다, 장자

수 없는 경험이 많아 교활함이 있다.

　그리고 여기서 우리들이 또 한 가지 주의할 점은 권력자의 자의적 행동을 굶은 호랑이의 광폭함에 비유해서 사육하는 기술을 성명하는 장자의 서술을 역린(逆鱗, 천자 임금의 노여움)에 비유한 한비자(韓非子)는 전국 말기 진나라 초에 법가 사상으로 대성하여 철저한 현실주의 사상가이나, 이 한비자의 인간 이해와 권력자 설득에 교묘한 재치가 장자의 '현실의 지혜'와 통하는 점을 포함하고 있는 점을 일응 주목할 필요가 있겠다.

　장자와 한비자 두 사상가는 중국의 가장 험하고 거친 사회를 배경으로 인간 세상에 있을 수 있는 온갖 스트레스를 다 경험하고 자랐으니 현대 사회를 살아가는 데 대처하는 방법과 해결 방안을 장자와 한비자의 글을 읽으면서 깨달을 수 있다.
　장자는 정신의 절대자를 설파했고 한비자는 권력의 절대자를 설파했는데, 그네들이 생각하는 절대자는 모두 중국 사회의 현실 속에 사는 절대자였다.
　노장사상도 진한(秦漢)의 통일 국가 성립과 더불어 서서히 변모한다.

제4장

큰 나무는 어찌하여 오래 살까^{쓸모없는 것의 유용함}

匠石之齊(장석지제) 至於曲轅(지어곡원) 見櫟社樹(견력사수) 其大蔽
數千牛(기대폐수천우) 絜之百圍(혈지백위) 其高臨山(기고임산) 十仞
而後有枝(십인이후유지) 其可以爲舟者(기가이위주자) 旁十數(방십수)
觀者如市(관자여시) 匠伯不顧(장백불고) 遂行不輟(수행불철) 弟子厭
觀之(제자염관지) 走及匠石曰(주급장석왈) 自吾執斧斤以隨夫子(자
오집부근이수부자) 未嘗見材如此其美也(미상견재여차기미야) 先生不
肯視(선생불긍시) 行不輟何邪(행불철하야) 曰(왈) 已矣(이의) 勿言之
矣(물언지의) 散木也(산목야) 以爲舟則沈(이위주즉침) 以爲棺槨則速
腐(이위관곽즉속부) 以爲器則速毁(이위기즉속훼) 以爲門戶則液㮯
(이위문호즉액만) 以爲柱則蠹(이위주즉두) 是不材之木也(시부재지목
야) 無所可用(무소가용) 故能若是之壽(고능약시지수)

처음에는 공자와 안회, 공자와 섭공, 안합과 거백옥의 세 가지 문답
을 빌어 무심과 수순의 처세술을 가르친 장자는 일변하여 장석(옛날의
유명한 장인의 이름)과 그의 제자와의 문답을 빌어서 거기에 더하여 무
용지용(無用之用)의 처세를 강조한다.

무용지용(無用之用)에 대해서는 소요유(逍遙遊)편 끝머리에 장자와
혜시(惠施) 사이의 두 개의 문답으로 보였는데 여기서는 장자적 초월

자의 처세, 지혜로 한층 구체적이며 현실적으로 설명해 놓았다.

석(石)이라는 이름의 명인 목수가 어느 날 제나라를 여행할 때 곡원(曲轅)에 갔는데 그곳에 이르러 상수리나무를 보았다, 그 크기는 수 천 마리의 소를 그늘에 가릴 수 있고, 둘레를 헤아려 보면 백 아름이나 되며, 그 높이는 산을 내려다볼 정도여서 땅에서 열 길을 올라간 뒤에 비로소 가지가 뻗어 있었으며, 배를 만들 수 있는 것이 거의 수십 척에 달할 정도였다.

그 나무를 구경하는 사람들이 저잣거리의 인파처럼 많이 몰려와 있었는데, 장석은 돌아보지도 않고 그대로 길을 가는 걸음을 멈추지 않았다. 그의 제자는 한참 그 나무를 보고서 장석에게 황급히 달려가 말하기를,

"제가 도끼를 잡고 선생님을 따라 다닌 이래로, 재목(材木)이 이토록 아름다운 나무는 아직 보지 못했습니다. 그런데도 선생님께서는 보려 하지도 않으시고, 걸음을 멈추지 않고 떠나가시는 것은 무엇 때문입니까?"

장석이 대답하기를, "그만두어라. 그 나무에 대해 말하지 말아라. 쓸모없는 잡목이다. 배를 만들면 가라앉고, 관이나 곽을 만들면 빨리 썩고, 그릇을 만들면 빨리 부서지고, 대문이나 방문을 만들면 나무 진액이 흘러나오고, 기둥을 만들면 좀벌레가 생기니 이 나무는 쓸모없는 나무이다. 쓸 만한 데가 없는지라 그 때문에 이와 같은 장수를 누릴 수 있었던 것이다.

쓸모있는 나무였더라면 옛날에 잘려버려서 아무리 해도 이와 같이 큰 나무는 될 수 없었겠지. 그런데도 대관절 내가 쓸모없다는 너도, 너로부터 쓸모없다는 나도, 근본은 다 같은 대자연 속의 하나가 아니냐. 같은 자연 속의 하나라면 일체 만물(萬物)은 제동(齊同)한데, 어찌하여 서로 남을 가치 매김할 자격이 있겠느냐. 너와 같은 사람을 내가 쓸모없는 나무일까 아닐까 알기는 쉽지 않다."

匠石歸(장석귀) 櫟社見夢曰(력사현몽왈) 女將惡乎比予哉(여장오호비여재) 若將比予於文木邪(약장비어어문목야) 夫柤梨橘柚(부사리귤유) 果蓏之屬(과라지속) 實熟則剝(실숙즉박) 剝則辱(박즉욕) 大枝折(대지절) 小枝泄(소지설) 此以其能苦其生者也(차이기능고기생자야) 故不終其天年(고부종기천년) 而中道夭(이중도요) 自掊擊於世俗者也(자부격어세속자야) 物莫不若是(물막불약시) 且予求無所可用久矣(차여구무소가용구의) 幾死(기사) 乃今得之(내금득지) 爲予大用(위여대용) 使予也而有用(사여야이유용) 且得有此大也邪(차득유차대야야) 且也若與予也(차야약여여야) 皆物也(개물야) 奈何哉其相物也(내하재기상물야) 而幾死之散人(이기사지산인) 又惡知散木(우오지산목)

장석(匠石)은 여행을 끝내고 돌아왔다. 그날 밤 일인데 깊이 잠들어 있던 터에 꿈속에서 신목 상수리나무가 나타나서 말했다.

"여보게 석군. 자네는 나를 무엇과 비교하려고 하나? 자네는 나를 아름다운 나무에 비교하려 하나? 무릇 아가위나무, 배나무, 귤나무, 유자나무는 나무 열매와 풀 열매 따위의 과실이 익으면 사람들에게 잡아 뜯기고, 잡아 뜯기게 되면 욕을 당하게 되어서, 큰 가지는 꺾이고

스트레스 없는 절대 자유를 배운다, 장자

작은 가지는 찢겨지니, 이것은 그 잘난 능력으로 자신의 삶을 괴롭히는 것이다.

그 때문에 천수를 마치지 못하고 중도에 요절해서, 스스로 세속 사람들에게 타격을 받는 것들이니, 모든 사물이 이와 같지 않음이 없는 것이다. 또한, 이뿐만 아니라 나는 쓸데가 없어지기를 추구해 온 지 오래되었는데, 거의 죽을 뻔했다가 비로소 지금 그것, 즉 쓸모없음을 얻었으니, 그것이 나의 큰 쓸모가 되었다.

가령 내가 만약 쓸모가 있었더라면 이처럼 큰 나무가 될 수 있었겠는가? 이뿐만 아니라 자네와 나는 원래 다 같이 대자연 속의 하나일 뿐인데, 어찌하여 상대방을 사물로 대하며 상대를 유용, 무용을 말할수 있겠는가? 자네도 거의 죽어가는 쓸모없는 사람인데 또 어찌 쓸모없는 나무를 알 수 있겠는가?"

匠石覺而診其夢(장석교이진기몽) 弟子曰(제자왈) 趣取無用(취취무용) 則爲社何邪(즉위사하야) 曰(왈) 密(밀) 若無言(약무언) 彼亦直寄焉(피역직기언) 以爲不知己者詬厲也(이위부지기자후려야) 不爲社者(불위사자) 且幾有翦乎(차기유전호) 且也彼其所保與衆異(차야피기소보여중이) 而以義譽之(이이의예지) 不亦遠乎(불역원호)

꿈에서 깨어난 장석은 이상한 그 꿈 이야기를 제자에게 들려주니 제자가 반문하기를 "자기의 뜻이 쓸모없음을 취한 것이라면 어찌하여 신목이 되었을까요?"

이에 장석이 말하길

"조용히 해라. 너는 아무 말도 하지 마라. 저 상수리나무는 다만 몸을 사(社)에 의지하고 있을 뿐이다. 저 나무는 네가 하는 말을 두고 자기를 알아주지 않는 자의 욕지거리 정도로 생각할 것이다. 신목이 되지 않았더라도 또한 어찌 잘림이 있었을 것이겠는가? 또한, 이뿐만 아니라 저 상수리나무는 마음속에 생각하고 있는 것이 보통 사람들과는 다른데, 세속의 도리를 기준, 즉 의(義)로 평가한다면 또한 올바른 평가에서 멀지 않겠는가?"

초월자는 일체의 세속적 가치관을 부정하고 쓸모없는 사람, 쓸모없는 나무와 같이 되는 것이다. 장자는 무심(無心), 자기를 헛되이(虛) 하라고 외친다. 이것이 바로 산인(散人), 산목(散木)이 아닐까 생각한다. 스트레스 해소의 절정이 아닌가.

장자의 산(散)의 사상, 무용의 용(無用之用)의 처세를 근저에서 떠받치고 있는 것은 대체 무엇일까? 장자는 당시의 세속의 실리주의, 공리주의에 대한 통렬한 반격이다.

오늘날 우리 사회를 향한 외침처럼 들리는 것은 무슨 일일까? 장자는 당시 지식인의 위선과 형식주의를 철저히 배격하고 인간이 매기는 가치 매김이 자유스러운 삶에 있어서는 쓸모없음을 강조하면서 참된 유용성은 세간의 무용성 안에 있다는 것을 밝히고 있다.

스트레스 없는 절대 자유를 배운다, 장자

제5장
재능이 없는 사람이 참된 재능을 가진다

南伯子綦遊乎商之丘(남백자기유호상지구) 見大木焉(견대목언) 有異
(유이) 結駟千乘(결사천승) 隱將芘其所藾(은장비기소뢰) 子綦曰(자기
왈) 此何木也哉(차하목야재) 此必有異材夫(차필유이재부) 仰而視其
細枝(앙이시기세지) 則拳曲而不可以爲棟梁(즉권곡이불가이위동량)
俯而視其大根(부이시기대근) 則軸解而不可(즉축해이불가) 以爲棺槨
(이위관곽) 咶其葉(시기엽) 則口爛而爲傷(즉구란이위상) 嗅之(후지)
則使人狂酲(즉사인광성) 三日而不已(삼일이불이) 子綦曰(자기왈) 此
果不材之木也(차과부재지목야) 以至於此其大也(이지어차기대야) 嗟
乎(차호) 神人以此不材(신인이차부재)

남백자기가 상나라 구릉에 갔을 때 큰 나무를 보았는데 보통 나무
와 다른 점이 있었다. 그 나무는 말 네 필을 묶은 수레 천 대를 묶어
도 나무 그늘에 덮여서 가릴 수 있을 정도였다.

자기 왈, "이것은 무슨 나무인가? 이것은 반드시 특별한 쓸모가 있
을 것이다." 하고, 위로 가지를 살펴보았더니 구불구불해서 대들보로
쓸 수 없었고, 아래로 커다란 뿌리를 살펴보았더니 가운데가 갈라져서
관을 만들 수도 없었고, 잎사귀를 혓바닥으로 핥아봤더니 불에 덴 것

처럼 상처가 나며, 냄새를 맡으면 사람으로 하여금 미친 것처럼 취하게 하여 사흘이 지나도록 가라앉지 않았다.

자기가 말하기를, "이 나무는 과연 쓸모없는 나무로구나. 그 때문에 이처럼 크게 자람에 이르렀구나." 신인(절대자)도 이처럼 쓸모없음으로써 자신의 삶을 보존했다.

본문의 남백자기(南伯子綦)는 제물론(齊物論)편에서 본 남곽자기(南郭子綦)와 같은 인물이다. 결사천승(結駟千乘)은 사두마차 천대라는 뜻이다.
신인(神人)은 지인(至人)이나 진인(眞人)과 같은 이상적 인물을 말한다.

스트레스 없는 절대 자유를 배운다, 장자

제6장
재능 있는 사람은 오히려 요절한다

宋有荊氏者(송유형씨자) 宜楸柏桑(의추백상) 其拱把而上者(기공파이상자) 求狙猴之杙者斬之(구저후지익자참지) 三圍四圍(삼위사위) 求高名之麗者斬之(구고명지려자참지) 七圍八圍(칠위팔위) 貴人富商之家(귀인부상지가) 求樿傍者斬之(구전방자참지) 故未終其天年(고미종기천년) 而中道之夭於斧斤(이중도지요어부근) 此材之患也(차재지환야) 故解之(고해지) 以牛之白顙者(이우지백상자) 與豚之亢鼻者(여돈지항비자) 與人有痔病者(이인유치병자) 不可以適河(불가이적하) 此皆巫祝以知之矣(차개무축이지지의) 所以爲不祥也(소이위불상야) 此乃神人之所以爲大祥也 (차내신인지소이위대상야)

이 장에서도 절대자의 가치 전환, 즉 유용의 무용성 그리고 무용의 유용성을 가르치고 있다.

송나라에 형씨(荊氏)라고 하는 땅이 있는데 가래나무, 잣나무, 뽕나무 등 유용한 나무가 자라는 데 적합한 토질을 가지고 있었다. 그중에서 둘레가 한두 줌 이상 되는 것은 원숭이 말뚝감을 찾는 사람이 베어 가고, 세 아름, 네 아름 정도로 자란 나무는 높고 큰 집의 대들보감을 찾는 사람이 베어 가고, 일곱 아름, 여덟 아름 정도로 자란 나무는 신분이 높은 사람이나 부유한 상인의 집에서 관 옆에 붙이는 판목을 찾는 사람들이 베어 간다.

그 때문에 자신의 천수를 다 마치지 못하고 중도에 도끼와 자귀에 의해 일찍 죽게 되니, 이것이 쓸모 있음의 재앙이다. 그 때문에 제사를 지낼 때, 이마가 흰 소와 들창코인 돼지와 치질을 앓고 있는 사람은 황하에 갈 수 없다고 하니, 이것은 모두 무속인이 이미 알고 있으며, 그래서 불길하다고 여기는 것이다. 그러나 이것들은 신인(神人)이 크게 길하다고 여기는 것이다.

자기에게 주어진 삶을 온전하게 끝맺는 것을 인생에서 가장 중요한 첫 번째 의(義)로 삼는 장자적 절대자로서는 세속 사람들이 불구라고 하며, 추악하다 하고 불길하다는 그 무용성이 최대의 유용성이고 세간의 불행은 자기에게 참된 행복이라고 한다. 그리고 이렇게 말할 때 장자는 안면에 가득 미소를 머금으며 상식이 편애하는 미와 선 등 일체의 가치에 대담무쌍한 도전을 하며 화(禍) 속에서 행복을 창조하고 괴기한 것, 추악한 것 속에 무한한 아름다움을 찾아낸다. 장자에서 신인(神人)이라 함은 새로운 가치의 창조자인 것이다.

스트레스 없는 절대 자유를 배운다, 장자

제7장
신체 장애자든 덕의 장애가 있든 천수를 누릴 수 있다

支離疏者(지리소자) 頤隱於臍(이은어제) 肩高於頂(견고어정) 會撮指天(회촬지천) 五管在上(오관재상) 兩髀爲脅(양비위협) 挫鍼治繲(좌침치해) 足以餬口(족이호구) 鼓筴播精(고책파정) 足以食十人(족이식십인) 上徵武士(상징무사) 則支離攘臂而遊於其間(즉지리양비이유어기간) 上有大役(상유대역) 則支離以有常疾不受功(즉지리이유상질불수공) 上與病者粟(상여병자속) 則受三鍾與十束薪(즉수삼종여십속신) 夫支離其形者(부지리기형자) 猶足以養其身(유족이양기신) 終其天年(종기천년) 又況支離其德者乎(우황지리기덕자호)

여기서 장자는 지리소(支離疏)라는 유달리 보기 흉한 불구자를 그려 놓고 '무용(無用)의 용(用)'을 찬미하고 있다.

지리소는 턱이 배꼽 아래에 숨어 있고, 어깨가 이마보다도 높고, 상투는 하늘을 가리키고, 오장이 위에 있으며, 두 넓적다리는 옆구리에 닿아 있어 유달리 보기 흉한 신체 장애자이다. 바느질과 세탁으로 충분히 입에 풀칠할 수 있으며, 키를 까불어서 쌀을 골라내어 얻는 곡식으로 족히 열 사람을 먹여 살린다. 나라에서 군인을 징집하면 지리소는 끌려가지 않고 보란 듯이 팔뚝을 걷어붙이고, 그 사이를 휘젓고 돌아다니며, 나라에 큰 부역이 있으면 지리소는 일정한 병이 있어서 일을 받지 않고, 나라에서 병자에게 곡식을 나눠주게 되면 3종의 곡식과 열 다발의 땔나무를 받는다. 쓸모없는 사람도 충분히 자기 몸을 잘 기르고 천수를 마치는데, 또 하물며 정신적 덕의 불구자, 즉 세간의 인의 도덕을 부수는 사람이 자기 본래의 생을 완수하는 것은 더 말할 나위 없다.

지리소의 지리는 지리멸렬(支離滅裂)이라는 말이 있듯이 불구, 불완전이란 뜻인데 이 글은 유가(儒家)의 예교주의(禮敎主義)와 위선에 대한 신랄한 풍자로써 몸이 지리한 사람도 잘 살고 천수를 누리는데, 정신을 지리하게 한 사람은 더 말할 것이 있겠는가 하는 장자의 유가의 통렬한 비판을 여기에서 볼 수 있다.

스트레스 없는 절대 자유를 배운다, 장자

제8장
광접여는 공자 문 앞에서 혼자 노래하며
현대 사회의 무도無道를 슬퍼한다

孔子適楚(공자적초) 楚狂接輿遊其門曰(초광접여여유기문왈) 鳳兮鳳
兮(봉예봉예) 何如德之衰也(하여덕지쇠야) 來世不可待(내세불가대)
往世不可追也(왕세불가추야) 天下有道(천하유도) 聖人成焉(성인성
언) 天下無道(천하무도) 聖人生焉(성인생언) 方今之時(방금지시) 僅
免刑焉(근면형언) 福輕乎羽(복경호우) 莫之知載(막지지재) 禍重乎地
(화중호지) 莫之知避(막지지피) 已乎已乎(이호이호) 臨人以德(임인이
덕) 殆乎殆乎(태호태호) 畫地而趨(획지이추) 迷陽迷陽(미양미양) 無
傷吾行(무상오행) 吾行郤曲(오행각곡) 無傷吾足(무상오족)

　　장자는 공자와 광접여(狂接輿)와의 문답을 빌어서 최후에도 거듭
무용지용(無用之用)을 강조하면서 이 편을 마친다.

　　공자가 초나라에 갔을 때 초나라의 미치광이 접여가 공자가 묵고 있
던 집 문 앞에서 노닐며 말하기를, "봉이여, 봉이여, 어떻게 그대의 덕
이 이렇게 쇠퇴하였는가? (봉은 태평성대에 나타난다는 서조의 이름인데,
여기서는 공자를 말한다.) 봉은 성덕 천자의 상징으로 태평성대에 나타

난다고 하는데 이런 난세에 나타난다니 덕도 쇠퇴하였구나. 자기의 이상을 난세에 이루려고 하며 집도 없이 개처럼 동분서주하는 공자의 모습의 참혹함이여." 하며 광접여는 탄식한다.

사람들은 현실 고통을 미래에 기대하며 풀고, 과거 추억으로 위안을 받으려 하나 미래는 미래이고 현재가 아니며, 과거는 과거일 뿐 현재가 아니다.

어두컴컴하고 험난한 현실 속에서도 주어진 지금을 사는 외에 어떤 방법이 있단 말인가? 천하에 도가 있으면 성인이 살게 되고 옛날 성인은 잘 다스려진 세상에 나와서 봉사하여 자기 이상을 실현한다. 난세에는 세상을 뛰쳐나와 들에 숨어 혼자서 천수를 다한다. 이것이 절대자가 세상을 사는 법이다.

그런데 광접여는 말한다.
현재와 같은 혼란한 세상에서는 사람은 오로지 형벌의 오욕에서 벗어나는 것만으로 최고의 삶이라고 할 것이다. 행복이란 편안하게 사는 것이라고 말하지 않는가? 편안하게 사는 일은 땅에 떨어진 깃털을 주워 올리는 일보다 쉽다. 그럼에도 세간 사람들은 깃털보다 가벼운 행복을 주워 올리는 방법을 모른다. 화(재앙)의 아픔은 대지의 무게만큼 사람을 짓누른다. 그럼에도 세상 사람들은 함부로 명리를 좇아서 광분하여 대지보다 무거운 아픔을 벗어날 방법을 모른다.

그만두어라. 그만두어라. 이 난세에 도덕을 내세워 교화하려는 따위를. 위험하고 위험하다. 이 땅을 구획 지으려 하다니 위험의 극치이다.

스트레스 없는 절대 자유를 배운다, 장자

넓은 대지를 선으로 구획 지어 그 안을 달음박질 치려는 갑갑한 규범주의(規範主義)로다.

현대와 같은 불안한 세상에서 다치지 않으려면 바보처럼 행동하는 것이 으뜸이다. 인생에서 장애를 만나면 저돌적으로 맹진하는 것은 무엇보다 삼갈 일이다. 이것이 현명한 처세이다.

본문의 미양(迷陽)이란 바보 흉내 내기의 뜻이라고 진나라 곽상(郭象)은 주석해 놓았다. 각곡(卻曲)은 뒷걸음치기 하여 길을 돌아서 간다는 뜻이다.

"迷陽迷陽(미양미양) 無傷吾行(무상오행)"의 다른 주석: 거짓 미치광이(迷陽) 노릇하면 나의 가는 길 재앙 없으리.

제9장
무용의 용無用之用을 알아야 한다

山木自寇也(산목자구야) 膏火自煎也(고화자전야) 桂可食(계가식) 故
伐之(고벌지) 漆可用(칠가용) 故割之(고할지) 人皆知有用之用(인개지
유용지용) 而莫知無用之用也(이막지무용지용야)

계수나무와 옻나무가 유용하기에 잘린다는 사실을 예로 들면서 무
용지용(無用之用)에 대해 말한다. 세간의 무용이야말로 참된 유용인
것이다.

산의 나무는 스스로 화를 자초하고, 기름 등잔불은 스스로를 태우
며, 계피는 먹을 수 있기 때문에 사람들이 베어 가며, 옻나무는 쓸모
가 있기 때문에 사람들이 잘라간다. 사람들은 모두 쓸모 있음의 쓸모
만을 알고, 쓸모없음의 쓸모는 아무도 알지 못한다.

장자에 있어서는 현재의 자기를 사는 것이 인생의 제일 의(義)였다.
이 자기는 아무런 목적, 수단이 되지 않는 그 자체의 존재이며, 현재
는 미래로 보상할 수도, 과거로 대치할 수 없는 절대의 존재이다. 그에
게는 주어진 자기를 주어진 현재 속에서 어떻게 살 것인가란 것이 전
부이다. 거기서는 현재를 역사의 진보 안에서 인과 짓거나 자기가 인류

의 이상 앞에서 수단화되는 것은 용서되지 않는다.

　장자가 유용의 용에 대한 무용의 용을 강조하면서 공자적 주의에 강한 비판적 태도를 취하는 것도 당연한 것이다. 그러나 장자의 공자에 대한 비판적 태도의 근저에는 모든 이상주의자의 가엾은 비극적 운명에 대한 깊은 공감과 인간 대 인간사회의 어둡고 험함에 대한 소리 없는 통곡인 것이다.

　공자와 광접여는 현대에도 볼 수 있는 자기와 인생에 성실한 두 가지 인간상은 아닐까 생각한다.

山靜泗太古日長
乐妙年

덕충부 德充符

덕이 충만한 모습, 덕이 충만한 내면이 밖으로 드러난 모습 또는 덕이 충만하면 외형은 문제가 되지 않는다. 이 덕충부(德充符) 편에서는 참다운 덕은 겉모습을 넘어선 내면성에 있음을 강조한다. 장자는 이를 위해 덕이 충만한 사람을 세속의 사람들이 가장 추하다고 하는 신체 불구자로 설정하고 그들의 입으로 도(道)를 말하게 한다.

이 편에 나오는 "덕이 뛰어나면 외형 따위는 잊어버린다"는 뜻과 "세상 사람들은 잊어버려야 할 것은 잊지 않고 잊지 말아야 할 것을 잊어버린다."라는 문장은 장자가 말하는 덕충부의 핵심이라고 할 수 있다.

장자에서의 덕(德)이란 대체로 객관적으로는 세계의 근원자인 도(道)의 작용 및 활동을 가리킨다. 예를 들면, 노자 제51장에서 "도가 이것을 생기게 하고 덕이 이것을 양육한다."로 되어 있듯이 도가 물체의 존재에 관계하는데 한편 덕은 그 성장에 관계하고 있는 점을 눈여겨보아야 하겠다.

도가에서 인간을 존재자 이를테면 물체라는 수준에서만 파악하고 있는 한 유가 사상의 성(性)은 필요하지 않게 되는데, 인간을 인간으로서 문제 삼게 되면 덕은 성과 관련지어지거나 성과 같은 의미가 되어 그것이 장자나 도가의 문헌에 나오게 된다.

장자가 도를 체득한다는 말은 인간의 세속적 가치관이나 상대적 편견을 넘어서 자기 내면에 절대 자유세계를 가진다는 말이다. 덕으로 꽉 찬 사람은 외형에 얽매이지 않고 그것을 뛰어넘는다.
장자는 이를 위해 세간 사람들이 가장 보기 흉해한다는 절름발이, 꼽추, 언청이 등에게 도를 말하도록 한다.

스트레스 없는 절대 자유를 배운다, 장자

제1장
가상 저 넘어 진실한 도,
참된 도를 응시하는 사람

魯有兀者王駘(노유올자왕태) 從之遊者(종지유자) 與仲尼相若(여중니
상약) 常季問於仲尼曰(상계문어중니왈) 王駘兀者也(왕태올자야) 從之
遊者(종지유자) 與夫子中分魯(여부자중분노) 立不教(입불교) 坐不議
(좌불의) 虛而往(허이왕) 實而歸(실이귀) 固有不言之教(고유불언지교)
無形而心成者邪(무형이심성자야) 是何人也(시하인야) 仲尼曰(중니왈)
夫子聖人也(부자성인야) 丘也直後而未往耳(구야직후이미왕이) 丘將
以爲師(구장이위사) 而況不若丘者乎(이황불약구자호) 奚假魯國(해가
노국) 丘將引天下而與從之(구장인천하이여종지) 常季曰(상계왈) 彼兀
者也(피올자야) 而王先生(이왕선생) 其與庸亦遠矣(기여용역원의) 若然
者(약연자) 其用心也(기용심야) 獨若之何(독약지하) 仲尼曰(중니왈) 死
生亦大矣(사생역대의) 而不得與之變(이부득여지변) 雖天地覆墜(수천
지복추) 亦將不與之遺(역장불여지유) 審乎無假(심호무가) 而不與物遷
(이불여물천) 命物之化(명물지화) 而守其宗也(이수기종야)

덕충부편은 네 가지 문답 형식의 설화를 주된 내용으로 한다. 왕태
(王駘), 신도가(申徒嘉), 숙산무지(叔山無趾), 애태타(哀駘它)가 이 네

가지 설화의 각 주인공이며 그들은 모두 기형, 불구의 인물이다. 여기서 먼저 등장하는 노나라의 발뒤꿈치를 잘린 형벌을 받은 왕태는 공자가 태어난 노나라에서 매우 인망이 높다. 그의 집 문을 출입하는 제자의 수는 공자(중니)와 버금갈 정도였다. 그런데 상계(常季)라는 공자의 제자가 어느 날 공자에게 질문하였다.

"왕태는 발뒤꿈치를 잘린 형벌을 받은 전과자인데 그를 따라 배우는 자가 선생님과 더불어 노나라의 반을 차지합니다. 서서도 가르치지 아니하고 앉아서도 토의하지 않는데도 배우는 자들이 허(虛)하게 가서 실(實)하게 돌아오니, 본디 말 없는 가르침이 형체는 없어도 마음에 이루어지는 것이 있는 것 같습니다. 그 사람은 어떤 사람입니까?"

그랬더니 공자(중니)는 다음과 같은 답을 하였다.
"그분은 성인이다. 나는 곧 그를 따르려 하나 아직 가지 못할 뿐이다. 나도 언젠가는 스승으로 삼으려 하는데 하물며 나만 못한 사람에 있어서이겠는가? 어찌 다만 노나라 사람뿐이겠는가? 나는 장차 천하 사람을 이끌고 함께 그를 따르려 한다."

상계가 말하기를, "그는 전과자인데도 선생님보다 훌륭하다 하니 그는 보통 사람과 더불어 또한 훨씬 뛰어납니다. 그와 같은 사람은 그 마음가짐이 도대체 어떠한 것일까요?"

공자(중니)가 이에 대답하기를, "사생(死生)이란 말은 참으로 인생의 제일 큰일이기는 하지만 그와 함께 그 사람을 변화시킬 수 없으며, 비록 천지가 엎어지고 추락한다 해도 또한 장차 그는 그와 함께 추락하

스트레스 없는 절대 자유를 배운다, 장자

지 않으니, 도의 근원에 자기를 두고 잠시도 떨어지지 않는 경지를 그 심경으로 삼고 있는 인물이다. 거짓 없는 참된 도를 잘 살펴 만물과 더불어 옮겨가지 아니하고, 만물의 변화를 천명으로 여기고 그 도를 지킨다."

常季曰(상계왈) 何謂也(하위야) 仲尼曰(중니왈) 自其異者視之(자기이자시지) 肝膽楚越也(간담초월야) 自其同者視之(자기동자시지) 萬物皆一也(만물개일야) 夫若然者(부약연자) 且不知耳目所宜(차부지이목소의) 而遊心(이유심) 乎德之和(호덕지화) 物視其所一(물시기소일) 而不見其所喪(이불견기소상) 視喪其足(시상기족) 猶遺土也(유유토야) 常季曰(상계왈) 彼爲己(피위기) 以其知得其心(이기지득기심) 以其心得其常心(이기심득기상심) 物何爲最之哉(물하위최지재) 仲尼曰(중니왈) 人莫鑑於流水(인막감어유수) 而鑑於止水(이감어지수) 唯止能止衆止(유지능지중지) 受命於地(수명어지) 唯松柏獨也在(유송백독야재) 冬夏靑靑(동하청청) 受命於天(수명어천) 唯舜獨也正(유순독야정) 幸能正生(행능정생) 以正衆生(이정중생) 夫保始之徵(부보시지징) 不懼之實(불구지실) 勇士一人(용사일인) 雄入於九軍(웅입어구군) 將求名而能自要者(장구명이능자요자) 而猶若是(이유약시) 而況官天地(이황관천지) 府萬物(부만물) 直寓六骸(직우육해) 象耳目(상이목) 一知之所知(일지지소지) 而心未嘗死者乎(이심미상사자호) 彼且擇日而登假(피차택일이등가) 人則從是也(인즉종시야) 彼且何肯以物爲事乎(피차하긍이물위사호)

상계가 다시 무슨 말씀이신지 여쭈어보니 공자께서 말씀하시기를, "다른 것을 기준으로 살펴본다면 간과 쓸개도 그 차이가 초나라와

월나라처럼 멀고, 같은 것을 기준으로 본다면 만물이 모두 하나이다. 대저 이와 같은 사람은 또 감각기관이 마땅하다고 여기는 바를 초월하고 마음을 덕(德)의 융화 속에 놀게 하며, 만물이 하나인 것을 보고 그가 잃은 바를 보지 못하니 자기 다리를 잃은 것을 보기를 흙덩이를 버리는 것과 같이한다."

상계가 말하기를,

"지금의 말씀으로 그가 다리를 잘리는 전과자라는 것마저 잊어버리는 높은 경지에 있다는 것을 알게 되었습니다만, 그렇다고 하더라도 왕태는 자기를 수양하여 자기 내심의 진리에 따라서 절대 부동의 자유스러운 경지를 자기의 것으로 한 사람입니다. 말하자면 개인적 득도자인데 남들이 그에 감화되어 이렇게 많은 사람이 그의 주변에 모여드는 것은 어떤 연유일까요?"

공자가 대답하길,

"사람들은 흐르는 물을 거울로 삼을 수 없고 정지하는 물을 거울로 삼으려 하니, 오직 정지하고 있는 사람만이 정지하기를 원하는 많은 사람을 정지시킬 수 있다. 땅에서 생명을 받은 것 가운데, 오직 송백만이 홀로 올바르니 겨울 여름에 푸르고 푸르며, 하늘에 명을 받은 것 가운데 오직 순임금만이 홀로 올바르니, 만물의 으뜸에 존재하여 다행히 자신의 생(生)을 바르게 하여 많은 사람의 생(生)을 바르게 할 수 있었다. 대저 시작(근원 도)을 보존하고 있다는 증험은 두려워하지 않음에 충실하는 것이니 용사 한 사람이 구군(십만 대군)에 용감하게 쳐들어가서 장차 명예를 구하려고 스스로 요구할 수 있는 자도 오히려 이와 같은데, 하물며 천지를 관리하고 만물을 담으며 단지 육신을 잠

스트레스 없는 절대 자유를 배운다, 장자

시 머무르는 집으로 삼아 감각기관의 감각을 허상으로 여기며, 지식으로 아는 대상을 모두 하나로 여겨서, 마음이 일찍이 죽은 적이 없는 자에게 있어서겠는가? 그 사람은 장차 날을 택하여 도의 경지에 간다. 사람들은 곧 이러한 점을 따르는 것이니 그가 장차 어찌 기꺼이 제자 모으는 일로써 일삼겠는가?"

장자의 사상은 본래 철저한 개인주의적 입장에서 있어 사회성을 가질 수 있을까 문제 삼고 있다. 더러는 극단적 독선주의, 이기주의로까지 되어 비친다. 그러나 장자는 개인주의도 하나의 사회성을 가진다는 생각이다. 장자에서 절대자는 무엇을 가지고 일삼지 않는다. 이를테면 자기 밖의 모든 관심을 초월하고 순수한 자기의 절대성을 사는 존재이다.

그 절대성은 소위 말 없는 가르침으로 하고 이것이 하나의 교화 작용을 가진다. 장자는 그것을 그저 "서 있으면서 중생을 서게 한다."라든가 "올바른 사람만이 중생을 바로 잡는다." 등의 말로써 표현한다. 해탈자만이 해탈을 바라는 모든 이를 해탈자로 만들 수 있다는 말이다. 장자의 사상은 철저한 개인주의이나 교화성을 지닌 사회성을 보이고 있다.

제2장
발이 잘린 형을 받은 자와 재상과의 문답

申徒嘉兀者也(신도가올자야) 而與鄭子産同師於伯昏無人(이여정자
산동사어백혼무인) 子産謂申徒嘉曰(자산위신도가왈) 我先出則子止
(아선출즉자지) 子先出則我止(자선출즉아지) 其明日(기명일) 又與合
堂同席而坐(우여합당동석이좌) 子産謂申徒嘉曰(자산위신도가왈) 我
先出則子止(아선출즉자지) 子先出則我止(자선출즉아지) 今我將出
(금아장출) 子可以止乎(자가이지호) 其未邪(기미야) 且子見執政而不
違(차자견집정이불위) 子齊執政乎(자재집정호) 申徒嘉曰(신도가왈)
先生之門(선생지문) 固有執政焉如此哉(소유집정언여차재) 子而說子
之執政(자이열자지집정) 而後人者也(이후인자야) 聞之曰(문지왈) 鑑
明則塵垢不止(감명즉진구부지) 止則不明也(지즉불명야) 久與賢人處
(구여현인처) 則無過(즉무과) 今子之所取大者(금자지소취대자) 先生
也(선생야) 而猶出言若是(이유출언약시) 不亦過乎(불역과호) 子産曰
(자산왈) 子旣若是矣(자기약시의) 猶與堯爭善(유여요쟁선) 計子之德
(계자지덕) 不足以自反邪(부족이자반야) 申徒嘉曰(신도가왈) 自狀其
過(자상기과) 以不當亡者衆(이부당망자중) 不狀其過(불상기과) 以不
當存者寡(이부당존자과) 知不可奈何(지불가내하) 而安之若命(이안지
약명) 唯有德者能之(유유덕자능지) 遊於羿之彀中(유어예지구중) 中
央者中地也(중앙자중지야) 然而不中者(연이부중자) 命也(명야) 人以

其全足笑吾不全足者衆矣(인이기전족소오부전족자중의) 我怫然而怒(아불연이노) 而適先生之所(이적선생지소) 則廢然而反(즉폐연이반) 不知先生之洗我以善邪(부지선생지세아이선야) 吾與夫子遊十九年矣(오여부자유십구년의) 而未嘗知吾兀者也(이미상지오올자야) 今子與我遊於形骸之內(금자여아유어형해지내) 而子索我於形骸之外(이자색아어형해지외) 不亦過乎(불역과호) 子産蹴然改容更貌曰(자산축연개용갱모왈) 子無乃稱(자무내칭)

제1장에서는 발이 잘린 전과자 왕태(王駘)를 장자적 절대자로 꾸며서 공자로 하여금 그를 찬미하도록 하면서 당대의 성현들을 야유하고 농락하는 장자는 이번에는 정나라 명재상 자산(子産)을 주인공으로 하여 그의 좋은 문장을 쓰는 재주를 농락하면서 같이 발이 잘리는 형을 받은 전과자 신도가(申徒嘉) 앞에 엎드려 고개를 숙이도록 했다.

자산은 춘추시대 정나라 철인 정치가이다. 공자가 젊었을 때 그와 사귀었다고 한다. 논어에서는 그의 인격과 정치적 수완을 칭찬한 공자의 말이 몇 군데 보인다.

신도가(申徒嘉)는 올자(兀者, 발 잘린 사람, 절름발이)이다. 정자산(鄭子産, 공자가 칭찬한 춘추시대 정치가)과 더불어 백혼무인(伯昏無人)에게 함께 글을 배우고 있었다.

자산(子産)이 당시 정나라의 집정(執政) 지위에 있었는데 사람들 앞에서 전과자이며 절름발이인 신도가와 함께 사람들 앞에서 동석하는 것을 수치스럽게 여겨 신도가에게 말하기를,

"내가 먼저 나가면 자네는 머물고, 자네가 먼저 나가면 내가 머물겠다. 그다음 날 또 더불어 같은 방에 자리를 같이하여 앉았는데 자산이 신도가에게 내가 먼저 나가면 자네는 머물고 자네가 먼저 나가면 내가 머물겠으니, 지금 내가 막 나가려고 하는데 자네가 머물 수 있겠는가 아니하겠는가? 또한, 자네는 집정인 나를 보고서도 피하지 않으니 자네는 집정과 같은 신분인가?"

신도가는, "선생의 문하에서도 진실로 집정이 있음이 이와 같은가? 자네는 곧 자네의 집정직을 기뻐하여 남을 업신여기는 자다. 내가 듣기로는, 거울이 밝으면 먼지와 때가 붙지 아니하나 먼지나 때가 머물면 밝지 아니한다는데, 오랫동안 현인과 더불어 있으면 허물이 없을 것이다. 지금 자네가 큰 것을 취하는 바의 도를 배우는 사람은 선생님인데, 아직도 말을 하는 것이 이와 같으니 또한 잘못되지 아니한가?"

자산이 왈, "자네는 이미 이렇게 된 주제에 오히려 요와 더불어 선(善)을 다투니 자네의 덕(德)을 헤아려 보니 스스로 반성함이 부족하지 아니한가?"

신도가 왈, "자기의 과오에 변명을 꾸며대니 다리가 잘린 것은 부당하다고 여기는 사람은 많고, 잘못에 대해 변명을 꾸며대지 아니하고 다리가 잘리지 않는 것이 부당하다고 하는 자는 적으니, 어찌할 수 없는 운명임을 알아서 편안히 하고 그 명을 따르는 것은 오직 덕이 있는 사람만이 이것을 할 수 있다. 예(羿), 하(夏)나라 때 제후로 궁술의 명인)의 과녁 가운데 놀면 과녁의 한가운데는 적중하는 자리이다. 그러하고도 화살을 맞지 않는 것은 운명이다. 자네는 다리가 잘리지 않은

스트레스 없는 절대 자유를 배운다, 장자

것을 다행으로 여겨라.

 사람들이 자기의 다리가 온전한 것을 가지고, 나의 부족한 다리를 보고 웃는 자가 많은데, 내가 발끈하여 노하다가 선생님 앞에 가면 완전히 잊어버리고 본래의 마음으로 돌아가니, 선생님께서 나를 착한 덕으로 나를 씻어 준 것인지 아니면 내가 스스로 깨우친 것인지 모르겠다. 내가 선생님과 더불어 배운 것이 19년이 되었는데 아직 한 번도 내가 절름발이인 것을 의식하지 않았다. 지금 자네는 나와 더불어 정신세계에서 교류하고 있는데, 자네는 나를 외면을 보고 찾으니 또한 잘못되지 아니한가?"

 자산이 놀라고 부끄러워하면서 얼굴색을 바꾸고 태도를 고치면서 말하기를 "내가 잘못했으니 더 이상 말을 하지 말게."라고 하였다.

 오늘 우리들의 삶의 주변, 사람과의 교제에서 얼마나 자주 일어나는 모습인가? 생활 속에 이런 인간관계 속에서 생기는 질투, 걱정 등이 얼마나 많은가. 생활 스트레스 속에 큰 비중을 차지하는 광경이 아닌가. 우리들은 자산의 사과하는 마음의 용기가 있었던가.

 이 장에서 자산(子産)은 세속적 가치, 즉 부와 귀의 상징으로, 신도가(申徒嘉)는 세속적 무가치, 천함과 모멸의 상징으로 그려져 있다. 장자는 이 두 사람을 초월자 백혼무인(伯昏無人) 앞에 세워서 참된 덕으로 꽉 찬 사람은 귀천(貴賤)을 몽땅 잊어버리고 미추(美醜)를 함께 싸서 만물이 그 품 안에서 놀게 할 것을 밝혀 놓았다.

제3장
하늘의 형벌을 받아
지인至人의 경지에 못 들어간 공자

魯有兀者叔山無趾(노유올자숙산무지) 踵見仲尼(종견중니) 仲尼曰(중니왈) 子不謹前(자불근전) 旣犯患若是矣(기범환약시의) 雖今來(수금래) 何及矣(하급의) 無趾曰(무지왈) 吾唯不知務(오유부지무) 而輕用吾身(이경용오신) 吾是以亡足(오시이망족) 今吾來也(금오래야) 猶有尊足者存(유유존족자존) 吾是以務全之也(오시이무전지야) 夫天無不覆(부천무불복) 地無不載(지무부재) 吾以夫子爲天地(오이부자위천지) 安知夫子之猶若是也(안지부자지유약시야) 孔子曰(공자왈) 丘則陋矣(구즉누의) 夫子胡不入乎(부자호불입호) 請講以所聞(청강이소문) 無趾出(무지출) 孔子曰(공자왈) 弟子勉之(제자면지) 夫無趾兀者也(부무지올자야) 猶務學以復補前行之惡(유무학이복보전행지악) 而況全德之人乎(이황전덕지인호) 無趾語老聃曰(무지어노담왈) 孔丘之於至人(공구지어지인) 其未邪(기미야) 彼何賓賓以學子爲(피하빈빈이학자위) 彼且蘄以諔詭幻怪之名聞(피차기이숙궤환괴지명문) 不知至人之以是爲己桎梏邪(부지지인지이시위기질곡야) 老聃曰(노담왈) 胡不直使彼以死生爲一條(호부직사피이사생위일조) 以可不可爲一貫者(이가불가위일관자) 解其桎梏(해기질곡) 其可乎(기가호) 無趾曰(무지왈) 天刑之(천형지) 安可解(안가해)

스트레스 없는 절대 자유를 배운다, 장자

노나라에 발을 잘리는 형을 받은 숙산무지(叔山無趾)라는 사람이 있었다. 그는 공자(중니)를 찾아뵈었는데, 그런 모습으로 찾아온 것은 발보다 중요한 것이 남아 있다고 생각했기 때문이다. 여기에 공자와 같이 노자가 등장한다.

공자의 학문 문화주의, 예교적 규범주의가 사람의 진실을 허영과 위선으로 왜곡하여 인간의 풍부한 내면성을 속박하는 질곡(桎梏), 즉 수갑을 채우는 듯하는 것을 통렬하게 헐뜯는다. 마지막에 무지(無趾)가 공자를 비판한 말 "하늘이 형벌을 내리다."라는 말은 모든 이상주의자의 숙명적 비극성에 대해서 장자가 연민과 통곡을 혼자 중얼대는 말이라 볼 수 있으리라.

노나라에 울자인 숙산무지(叔山無趾)가 있었는데 부자유스러운 발을 질질 끌면서 공자(중니)를 찾아뵈었다.

중니 왈, "자네는 전에 행동을 조심하지 못하고 결국 과오를 범해서 이와 같이 되었으니 이제 와서 공부한들 어찌 따라올 수 있겠는가?"

무지 왈, "저는 그저 세상일을 분별하지 못하고 처신을 함부로 하여 내가 이 때문에 내 다리를 잘리었으나 지금 내가 여기 온 것은 오히려 발보다 더 존귀함이 있으니, 나는 이 때문에 그것을 힘써 보존하려고 하는 것입니다. 무릇 하늘은 덮어 주지 않은 것이 없고 땅은 실어 주지 않은 것이 없습니다. 나는 선생님을 천지와 같은 덕을 가진 분으로 생각하고 있었는데 이토록 인색한 생각을 가진 사람이라곤 어찌 알았겠습니까?"

공자가 이를 듣고 마음속으로 부끄럽게 여기며 급하게 말을 고쳐서, "내 생각이 얕고 천하였다. 자 안으로 들어오시게나, 청컨대 내가 들은 것으로 강의를 하겠습니다."라고 하였으나, 공자의 말을 듣고 무지는 가버렸다. 그 뒷모습을 보고 공자는 제자들에게 말하였다.

"제자들아, 힘써라. 무지는 올자(兀者)인데 오히려 공부에 힘써서 먼저 행한 과오를 보완해서 옛날 모습으로 돌아가려고 하는데 하물며 덕(德), 즉 육체, 또는 죄를 짓지 않은 사람이 온전한 사람에 있어서이겠는가?"

무지가 노담에게 찾아가 말하기를, "공구가 지인이 되려면 아직 멀었습니다. 그는 어찌하여 빈번하게 선생님에게 배우려고 하는 것입니까? 그는 또 수수께끼(諔詭)나 속임수(幻怪) 따위의 명성으로 소문나기를 바라는데, 지인은 이것을 자기를 구속하는 것으로 여기는 것을 알지 못합니다."

스트레스 없는 절대 자유를 배운다, 장자

노담 왈, "어찌하여 그대는 다만 공자로 하여금 사생(死生)을 한 줄기로 보고, 가(可)와 불가(不可)가 하나의 이치로 만사를 꿰뚫고 있다고 여기게 해서 그 질곡을 풀어 주도록 해주는 것이 좋지 않은가?"

무지 왈, "하늘이 그에게 형벌을 내렸는데, 어찌 풀 수 있겠습니까?"

무지에게 충격을 받은 공자는 갑자기 말을 정중하게 하여 무지를 부자(夫子, 선생)라 불렀다고 보는 것이 우습다. 무지는 발을 잘리는 형을 받은 올자임에도 불구하고 학문에 전념하여 지난날의 나쁜 행동을 뉘우치려 했는데 멀쩡한 사람이 그냥 있을 수 있을까. 무지가 겉모습을 뛰어넘는 세계를 사모하는 것을 공자에게 학문을 하느라 애쓴다고 말하도록 하고, 제자들의 오체를 가지런히 갖추어서 외형적 완전을 공자로 하여금 전덕(全德)한 인물이라 말하도록 하여 유가의 주지주의, 형식주의에 대한 장자의 야유와 풍자를 엿볼 수 있다.

제4장
재능이 뛰어나고 마음은
덕으로 꽉 차 있는 사람은

魯哀公問於仲尼曰(노애공문어중니왈) 衛有惡人焉(위유악인언) 曰哀
駘它(왈애태타) 丈夫與之處者(장부여지처자) 思而不能去也(사이불능
거야) 婦人見之(부인견지) 請於父母曰(청어부모왈) 與爲人妻(여위인
처) 寧爲夫子妾者(영위부자첩자) 十數而未止也(십수이미지야) 未嘗
有聞其唱者也(미상유문기창자야) 常和人而已矣(상화인이이의) 無君
人之位以濟乎人之死(무군인지위이제호인지사) 無聚祿以望人腹(무
취록이망인지복) 又以惡駭天下(우이악해천하) 和而不唱(화이불창)
知不出乎四域(지불출호사역) 且而雌雄合乎前(차이자웅합호전) 是必
有異乎人者也(시필유이호인자야) 寡人召而觀之(과인소이관지) 果以
惡駭天下(과이악해천하) 與寡人處(여과인처) 不至以月數(부지이월수)
而寡人有意乎其爲人也(이과인유의호기위인야) 不至乎期年(부지호기
년) 而寡人信之(이과인신지) 國無宰(국무재) 寡人傳國焉(과인전국언)
悶然而後應(민연이후응) 氾然而若辭(범연이약사) 寡人醜乎卒授之國
(과인추호졸수지국) 無幾何也(무기하야) 去寡人而行(거과인이행) 寡
人卹焉若有亡也(과인휼언약유망야) 若無與樂是國也(약무여락시국
야) 是何人者也(시하인자야)

스트레스 없는 절대 자유를 배운다, 장자

이 장의 주인공은 애태타(哀駘它)라는 천하에 둘도 없는 추남(醜男)이다. 세상에서 추한 모습의 애태타란 남자를 사랑받는 도 닦은 사람으로 하여 노(魯)나라 애공(哀公)과 공자 간의 문답에서 그의 덕을 말하도록 한다.

여기서 노나라 애공은 현실 세계에서 정치적 권력의 상징이고, 공자는 세속 세계에서 도덕적 가치의 상징으로 그려져 있다. 문답은 우선 애공이 공자에게 한 질문으로 시작된다.

노나라 애공이 공자(중니)에게 물었다.

"위나라에 추악한 사람이 있었는데, 애태타(哀駘它)라고 합니다. 장부가 그는 유덕하여 더불어 같이 지내게 되면 마음이 끌리고 사모하여 떠날 수 없으며, 여자들이 그와 만나면 다른 사람의 아내가 되기보다는 차라리 애태타의 첩이 되고 싶다고 말하는 사람이 수십 명으로도 그치지 아니합니다. 그는 일찍이 앞서서 자기 주장하는 것을 한 번도 들어본 적이 없었으며, 항상 다른 사람의 주장에 화답할 뿐입니다.

군주의 지위로 사람들의 죽음을 구제하는 것도 아니고, 재산을 모아서 사람들의 배를 채워 주기를 바라는 것도 아니며, 또 추악함으로 천하를 놀라게 할 정도이고, 화답만 하여 앞서지도 아니하고, 지식이 사방의 보통 사람에게서 벗어나지 아니하였는데도, 남녀가 앞에 모이니 이것은 보통 사람과는 다른 특별한 것이 있는 것 같습니다. 그의 위대한 덕화 능력입니다.

그 덕화는 사람뿐 아니라 자연의 새와 짐승까지 미치고 동물의 암수가 그의 앞에서는 아무렇지 않다는 듯 즐기며 엉클어지는 모습을 보일 만큼의 위대한 친화력을 겸비하였습니다. 이것은 세간 사람과 다른 그 무엇을 가지고 있기 때문일 것입니다. 과인이 불러 그를 보았더니 과연 추악한 모습으로 천하를 놀라게 할 만하였습니다. 과인과 더불어 지내 보았더니 몇 달 지나지 않고 과인이 그 사람됨에 뜻이 같게 되었고, 1년에 지나기 전에 과인이 그를 신용하게 되었습니다.

나라에 재상이 비어 있어 과인이 그에게 국정을 맡기려 하니, 무심하게 있다가 대답만 응하고 관심이 없는 모습으로 사양하는 것 같았습니다. 과인이 부끄럽게 여기면서도 마침내 그에게 국정을 맡기니 얼마 안 있다가 과인을 떠나버렸습니다. 그 후 과인은 무엇인가 중요한 것을 잃은 듯하고, 근심 걱정 속에서 잊어버린 것이 있는 것 같았으며, 마치 더불어 이 나라를 국정을 함께하는데 즐거워할 사람이 없는 것 같았습니다. 이 사람은 어떤 사람입니까?"

본문의 민연(悶然)은 확실하지 않은 모습, 범연(氾)은 마음에 집착이 없는 상태를 말한다.

仲尼曰(중니왈) 丘也嘗使於楚矣(구야상사어초의) 適見豚子食於其 死母者(적견돈자식어기사모자) 少焉眴若(소언순약) 皆棄之而走(개기 지이주) 不見己焉爾(불견기언이) 不得類焉爾(부득유언이) 所愛其母 者(소애기모자) 非愛其形也(비애기형야) 愛使其形者也(애사기형자야) 戰而死者(전이사자) 其人之葬也不以翣資(기인지장야불이삽자) 刖者 之屨(월자지구) 無爲愛之(무위애지) 皆無其本矣(개무기본의) 爲天子

스트레스 없는 절대 자유를 배운다, 장자

之諸御(위천자지제어) 不爪翦(불조전) 不穿耳(불천이) 取妻者止於外
(취처자지어외) 不得復使(부득부사) 形全猶足以爲爾(형전유족이위
이) 而況全德之人乎(이황전덕지인호) 今哀駘它(금애태타) 未言而信
(미언이신) 無功而親(무공이친) 使人授己國(사인수기국) 唯恐其不受
也(유공기불수야) 是必才全而德不形者也(시필재전이덕불형자야)

애공의 질문에 곧 대답하는 대신 공자(중니)는 몇 가지 비유 이야기
를 들어가며 설명을 시작한다.

"내가 일찍이 초나라 사신으로 갔었는데, 마침 새끼 돼지들이 죽은
어미의 젖을 빨고 있는 것을 보았다. 조금 있다가 깜짝 놀라더니 모두
어미를 버리고 도망을 갔다. 자기를 보지 않았기 때문이며, 죽은 것들
은 살아있는 것들과는 전혀 세계를 달리하고 있기 때문이다. 어미를
사랑하는 바는 그 겉모습을 사랑한 것이 아니고 그 형을 움직이게 하
는 것, 즉 어미로서의 본질, 즉 내면의 사랑을 사랑한 것이다.

전쟁에서 전사한 형체가 불분명한 사람은 그 사람을 장례할 적에 관에
구름무늬나 깃으로 장식하여 보내지 아니하며, 월형으로 발을 잘린 자의
신발은 그 신을 소중히 여김이 없으니 모두 그 근본이 없기 때문이다.

천자의 후궁이 되는 사람은 손톱을 깎지 아니하며 귀를 뚫지 아니하
며, 아내를 취한 자는 궁 밖에 머물게 하여, 다시 숙직 근무를 하지 아
니하니, 형체가 완전해도 오히려 이와 같이 할 수 있는데, 하물며 덕이
완전한 사람에 있어서이겠습니까? (형체보다 덕을 더 중시하는 문장임)"

그런데 공자는 몇 가지 우화를 전제하고 애공이 바라는 그의 대답에 화제를 돌린다.

"지금 애태타(哀駘它)는 말을 하지 아니하고도 믿어 주고 공적이 없어도 군주에게 친해져서, 사람으로 하여금 자기의 국정을 맡기는데 오직 받지 아니할까 두려워하게 만들었으니, 이는 반드시 재능이 온전하고 덕이 표면에 나타나지 아니한 사람일 것이다."

본문의 재(才)는 땅 밑에 있는 가능성을 의미하며 밖으로 드러나지 않는 가치, 즉 덕(德)을 말한다. 일반적으로 재(才)와 덕(德)은 상반된 가치를 나타낸다. 재(才)는 재능(才能)이고 덕(德)은 덕망(德望)을 말한다.

哀公曰(애공왈) 何謂才全(하위재전) 仲尼曰(중니왈) 死生存亡(사생존망) 窮達貧富(궁달빈부) 賢與不肖毁譽(현여불초훼예) 飢渴寒暑(기갈한서) 是事之變(시사지변) 命之行也(명지행야) 日夜相代乎前(일야상대호전) 而知不能規乎其始者也(이지불능규호기시자야) 故不足以滑和(고부족이활화) 不可入於靈府(불가입어영부) 使之和豫通(사지화예통) 而不失於兌(이부실어태) 使日夜無郤(사일야무각) 而與物爲春(이여물위춘) 是接而生時(시접이생시) 於心者也(호심자야) 是之謂才全(시지위재전)

공자가 애태타를 재능은 완전한데 덕을 나타내지 않은 인물이라고 답하니 애공은 다시 한 번 되물었다. "재능이 완전하다는 것은 무슨 말입니까?"

스트레스 없는 절대 자유를 배운다, 장자

거기에 공자는 대답한다.

"인간의 경우 천변만화여서 태어나고 죽고 오래오래 살고 망하고 곤궁과 영달, 가난과 부, 현명함과 우매함, 치욕과 명예, 기갈과 추위, 더위에 있어서, 이것은 사물의 변화이며 운명의 움직임이다. 밤낮으로 앞에서 서로 교대하여 나타나는데, 인간의 지혜로는 그 시작이 되는 근본 원인을 헤아릴 수 없다.

그러므로 내면의 안전 및 조화를 어지럽힐 수 없으며, 마음속에 들어오게 해서도 안 된다. 이것들로 하여금 조화롭게 하고 즐겁게 하여 막힘없이 통하게 해서 마음속에 즐거움을 잊어버리지 않아야 한다. 밤과 낮으로 하여금 틈이 없게 하여 만물과 더불어 봄볕 같은 조화를 이루게 하여야 하니, 이것이 사물과 접하여 때의 흐름을 내 마음속에 만들어 내는 것이니, 이것을 일러 재능의 온전함이라 한다."

제5편 덕충부 德充符

일체 만물과 어울리면서 생성유전하는 시간의 세계, 그 자체를 자기 마음속에 창조해 나가는 존재가 절대자와 다름없다. 이와 같은 절대자의 본연의 자세를 재능의 온전함이라 부른다.

본문의 영부(靈府)란 마음이라는 뜻이다. "영부에 들어가지 마라."는 마음을 어지럽힐 수 없다는 의미이다.

각(卻)은 극(隙)과 같이 벌어져 난 틈을 말한다.

물위춘(物爲春)이라는 문구는 절대자의 깨달음의 경지를 표현한 것으로 후세에 가끔 인용된다.

何謂德不形(하위덕불형) 曰(왈) 平者(평자) 水停之盛也(부정지성야) 其可以爲法也(기가이위법야) 內保之而外不蕩也(내보지이외불탕야) 德者(덕자) 成和之脩也(성화지수야) 德不形者(덕불형자) 物不能離也 (물불능리야)

그러자 "덕이 나타나지 않는다는 것은 무슨 말인가요?" 애공은 거듭 질문한다. 그러자 공자는 대답한다.

"모든 평면 중에 가장 이상적인 평면은 정지된 물의 표면이다. 이것은 모든 고저를 측정하는 기준이 될 수 있으니, 내 덕이 안으로 들어가 보존이 되고 밖으로 파동치지 아니하기 때문이다. 덕(德)이라는 것은 완전하게 이루어진 것이 잘 닦여진 경지이다. 덕(德)이 밖에 드러나지 않은 자는 모든 인간이 그의 덕을 연모하여 그의 옆을 떠날 수 없는 것이다."

스트레스 없는 절대 자유를 배운다, 장자

哀公異日以告閔子曰(애공이일이고민자왈) 始也(시야) 吾以南面而君
天下(오이남면이군천하) 執民之紀而憂其死(집민지기이우기사) 吾自
以爲至通矣(오자이위지통의) 今吾聞至人之言(금오문지인지언) 恐吾
無其實(공오무기실) 輕用吾身(경용오신) 而亡其國(이망기국) 吾與孔
丘(오여공구) 非君臣也(비군신야) 德友而已矣(덕우이이의)

공자로부터 애태타, 장자적 절대자의 위대한 재능과 덕에 대하여 가
르침을 받은 애공은 훗날 공자의 제자 민자건(閔子騫)을 만나서 다음
과 같이 술회하였다.

"여태껏 나는 지배자가 되어 천하에 군림하여 인민통치의 대권을 잡
고 그네들을 죽음으로부터 구해 내는 것을 최고의 도리라 여겼는데,
애태타에 관한 말을 듣고서 내가 그 실질적 가치 없이 내 몸을 경솔하
게 행동하여 이 나라를 망하게 할 것을 두려워하게 되었습니다. 그럼
에도 내가 절대자의 위대함과 무력에 눈뜨게 한 것은 전적으로 공자의
덕이며, 나에게는 공자는 단순히 군과 신의 관계가 아닙니다. 덕으로
맺어진 친구일 따름입니다."

민자건(閔子騫)은 논어(論語)에서 안연(顔淵)과 어깨를 나란히 하여
덕행이 칭송되면서 공자 또한 그의 성실함을 칭찬하고 "그 사람은 말
을 잘 하지 않으나, 말을 시작하면 반드시 정곡을 찌른다."라며 그의
중후함에 감탄하고 있다는 공문(孔門) 굴지의 유덕자(有德者)이다. 민
자건 앞에서 애공이 동자를 덕우(德友)라고 부르게 한 장자는 세속적
권력에 대한 도덕적 가치의 우위를 강조하고자 함이다.
장자는 공자적 유덕자를 재능이 온전하지 않으면서 덕이 번쩍이는

사람으로 유가적 도덕주의가 형식적이고 세속적이라며 비난하고 있다. 따라서 장자는 추남 애태타를 장자적 절대자로 만들어 내고, 덕이 꽉 찬 위대한 내면성을 칭찬하도록 하면서 형식에 붙들려서 세속적 가치에 얽매이는 유가적 예교주의를 통렬하게 풍자한다.

참고로, 논어(論語)에 다음과 같은 내용이 나온다. [옹야(雍也) 7장(章)]

季氏使閔子騫(계씨사민자건) 爲費宰(위비재) 閔子騫曰(민자건왈) 善爲我辭焉(선위아사언) 如有復我者則吾必在汝上矣(여유복아자칙오필재문상의)

계씨가 민자건을 비읍의 읍재로 삼으려 하자, 민자건이 사자에게 말하길, "나를 위해 잘 말해주시오. 만일 다시 나를 부르러 온다면 나는 반드시 노나라를 떠나 문수가에 있을 것이다."

이 내용으로 보아 위의 애공과 민자건의 내용은 장자가 이를 바탕으로 가상한 이야기로 추측할 수 있다.

스트레스 없는 절대 자유를 배운다, 장자

제5장
성인^{聖人}은 인간의 신체를 갖추고 있어도
인간의 감정을 잊고 지낸다

闉跂支離無脤說衛靈公(인기지리무신세위영공) 靈公說之(영공열지)
而視全人(이시전인) 其脰肩肩(기두견견) 甕㼜大癭(옹앙대영) 說齊桓
公(설제환공) 桓公說之(환공열지) 而視全人(이시전인) 其脰肩肩(기두
견견) 故德有所長(고덕유소장) 而形有所忘(이형유소망) 人不忘其所
忘(인불망기소망) 而忘其所不忘(이망기소불망) 此謂誠忘(차위성망)
故聖人有所遊(고성인유소유) 而知爲孼(이지위얼) 約爲膠(약위교) 德
爲接(덕위접) 工爲商(공위상) 聖人不謀(성인불모) 惡用知(오용지) 不
斷(부단) 惡用膠(오용교) 無喪(무상) 惡用德(오용덕) 不貨(불화) 惡用
商(오용상) 四者天鬻也(사자천육야) 天鬻者(천육자) 天食也(천식야)
旣受食於天(기수식어천) 又惡用人(우오용인) 有人之形(유인지형) 無
人之情(무인지정) 有人之形(유인지형) 故群於人(고군어인) 無人之情
(무인지정) 故是非不得於身(고시비부득어신) 眇乎小哉(묘호소재) 所
以屬於人也(소이속어인야) 警乎大哉(오호대재) 獨成其天(독성기천)

여러 불구자를 각각의 주인공으로 하는 이야기로써 덕으로 꽉 찬 초
월자의 면목을 그려온 장자는 마지막으로 지상 최대의 거창한 불구자

인기지리무신(闉跂支離無脤)과 옹앙대영(甕盎大癭) 이야기를 그려 내고, 장자적 절대자는 형해(形骸)를 넘어선 세계, 세속적 편견을 버린 만물제동(萬物齊同)의 세계에서 자기 본래의 자유를 소요하는 존재라는 것으로 결론으로 내린다.

인기지리무신은 절름발이며 꼽추이고 언청이인 불구자이다. 옹앙대영은 목에 큰 혹이 달린 불구자란 뜻이다.

이러한 인기지리무신은 위나라 영공을 향하여 도에 관해 설명하였는데, 영공은 그 인물에 대해 홀딱 매력을 느끼고 그때부터 그를 본 눈으로 세간의 오체가 갖추어진 사람을 보니 비뚤어지지 않은 목덜미가 오히려 말라빠지고 가늘게 보여 보기 싫었다.

그리고 옹앙대영은 제나라 환공에게 도에 대해서 설득했는데 그의 말을 들은 환공은 그 인물에게 매혹되어 그 후부터는 온전한 사람을 보면 그 목이 가늘고 길어 이상하다고 여겼다. 그러므로 덕(德)이 뛰어난 바가 있으면 외형은 잊는 바가 되나니, 사람들이 잊어버려야 할 바(外形)를 잊지 않고, 잊어버리지 말아야 할 바(德)를 잊어버리니, 이것을 일러 진실로 잊어버리는 것이다.

성인은 노니는 바가 있다. 그리하여 지식이라고 하는 것을 재앙이라 여기고 예의 규범을 인위적인 강제라고 여기며, 덕(德)을 타협적인 헛된 붙임이라 여기고, 기예를 장사 수단으로 여긴다. 성인은 인위적인 도모를 하지 않으니 어찌 지식을 쓸 필요가 있으며, 꾸미지 않으니 어찌 아교풀을 쓸 것이며, 본래의 자기를 잃지 않으니 어찌 덕(德)을 쓸

스트레스 없는 절대 자유를 배운다, 장자

것이며, 부에 이르려 하지 않으니 어찌 장사를 하리오? 이 4가지는 하늘이 길러주는 것이니, 하늘이 양육한다는 것은 하늘이 먹여 주는 것이다. 이미 하늘에 먹임을 받았으니 또 어찌 인위적인 것을 쓰겠는가?

사람은 사람의 육체를 가지고는 있지만, 사람의 감정은 없다. 사람이 육체를 가지고 있기 때문에 그러므로 사람들 사이에 어울릴 수 있고, 사람의 감정이 없는지라 그러므로 시비의 분별이 그 자신에게는 없게 된다. 아득하고 작도다! 사람에 속한 바여. 그러나 도를 깨달으니 크고 크도다! 성인이 홀로 그 하늘(자연의 덕)을 이룸이여.

장자는 이 두 가지 이야기를 내걸고 덕충부(德充符)편의 결론으로 삼았다.

덕으로 충만한 불구자 이야기에서 밝혀진 것처럼 자기 내면에 뛰어난 덕을 갖춘 사람은 겉모습의 아름답고 추하고 등을 잊어버리게 된다. 성인은 일체를 자연의 되어가는 형편에 맡겨두고 인위적으로 다듬는 일을 하지 않는다. 그의 형해는 세속 세계에 머물고 있으나 그의 생활은 세속적 인간이 가지는 가지가지 정념을 초월한다.

인간세계에 속하는 한 형태를 가진 존재로서는 있는 둥 마는 둥 한 작은 존재이나 우주 사이를 독보하면서 무엇에도 얽매임이 없이 다 함께 하늘을 만들고 있으니 자기가 있던 곳에 성장하고 있다는 점에서는 한없이 큰 우주적 존재이다.

제6장
항상 심신을 자연에 맡기고
인위적으로 생명을 조작하지 마라

惠子謂莊子曰(혜자위장자왈) 人故無情乎(인고무정호) 莊子曰(장자왈) 然(연) 惠子曰(혜자왈) 人而無情(인이무정) 何以謂之人(하이위지인) 莊子曰(장자왈) 道與之貌(도여지모) 天與之形(천여지형) 惡得不謂之人(오득불위지인) 惠子曰(혜자왈) 旣謂之人(기위지인) 惡得無情(오득무정) 莊子曰(장자왈) 是非吾所謂情也(시비오소위정야) 吾所謂無情者(오소위무정자) 言人之不以好惡內傷其身(언인지불이호오내상기신) 常因自然而不益生也(상인자연이불익생야) 惠子曰(혜자왈) 不益生(불익생) 何以有其身(하이유기신) 莊子曰(장자왈) 道與之貌(도여지모) 天與之形(천여지형) 無以好惡內傷其身(무이호오내상기신) 今子外乎子之神(금자외호자지신) 勞乎子之精(노호자지정) 倚樹而吟(의수이음) 據槁梧而瞑(거고오이명) 天選子之形(천선자지형) 子以堅白鳴(자이견백명)

유명한 철학자 혜자(惠子, 전국시대 명가의 사상가)가 어느 날 장자를 향해서 논쟁을 도전해 왔다.

스트레스 없는 절대 자유를 배운다, 장자

"사람이면서 감정이 갖추어지지 않는다는 것이 대체 있을 수 있단 말입니까?"

장자 왈, "그렇다."

혜자 왈, "사람은 희로애락의 감정이 있어야 하고, 감정은 인간개념의 실체이니 감정이 없다면 어찌 사람이라고 이를 수 있습니까?"

장자 왈, "도가 그에게 모양을 주었고 하늘이 그에게 형체를 주었으니, 어찌 사람이 아니라고 말할 수 있으리오?"

혜자 왈, "이미 사람이라고 말할 수 있다면 어떻게 정이 없을 수 있습니까?"

장자 왈, "이것은 내가 말한 바의 정이 아니다. 내가 말한 정이 없다고 말한 것은 감정에 흔들림이 있는가, 없는가의 이야기인데 사람이 좋아하고 싫어하는 감정으로써 안으로 자기의 몸을 손상하지 아니하고, 항상 자연에 자기 몸을 맡기고 생명을 무리하게 연장하지 않는 것을 말하는 것이다."

혜자 왈, "생명을 연장하려고 노력을 하지 않으면 어떻게 그 몸을 가질 수 있겠습니까?"

장자 왈, "도가 모양을 주었고 하늘이 육체를 주었으니, 호오(好惡)의 감정으로써 안으로 몸을 손상시키지 말아야 하는데, 이제 그대는 그대의 마음(神)을 밖으로 해서 그대의 정신(精)을 고달프게 해서 나무에 기대어 신음 소리만 내고, 시들어버린 오동나무 책상에 기대어 명상이나 하고 있으니, 하늘이 그대의 육체를 잘 갖추어 주었는데 그대는 단단하고 흰 것은 같지 않다는 궤변으로 아우성치고 있다."

견백(堅白)은 제물론(齊物論)편에서 설명한 공손룡(公孫龍), 혜시(惠施) 등의 논리학파에 의하여 즐겨 주장된 궤변이다. 혜시가 기꺼이 궤변을 논하였기에 견백으로 울리라며 빈정거린다.

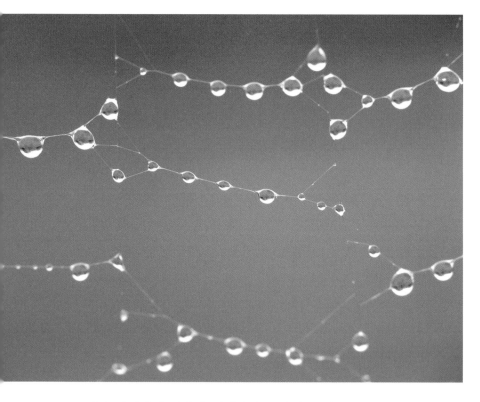

이와 관련하여 장자와 혜자와의 문답에서 '성인(聖人)에게 정이 있느냐 없느냐'의 테마는 후세 위진 시대가 되니 당시의 청담(淸談, 일종의

스트레스 없는 절대 자유를 배운다, 장자

대화 형식의 철학 토론)으로 재차 중요한 논제로 떠올랐는데 대표적 의론이 왕필(王弼)과 하안(何晏)의 문답의 요지를 들어 본다.

　하안이 "성인(聖人)이란 초월적 인격이기 때문에 그에게는 본래 범속(凡俗)과 같은 희로애락의 감정은 없다."라고 하니 왕필은 "아니다. 틀리는 말이다. 성인도 본질적으로는 범속과 한가지다. 성인에도 희로애락의 감정이 있다. 다만 그는 범속에서 가지지 못한 영묘한 정신활동을 하는데 그 훌륭한 정신 작용을 통해 희로애락의 감정으로 흐트러지지 않을 뿐이다."라고 했다.

山靜迴太古日長如少年

제6편

대종사 大宗師

대종사(大宗師)는 대종(大宗)인 스승 또는 크게 존중할 스승, 곧 으뜸이 되는 도(道)를 말한다. 이 편은 도(道)에 대한 묘사가 매우 다양하고 심도 있게 나온다.

그리고 이 편에서는 물화(物化)의 사상이 많이 나타난다. 물화란 전화(轉化), 전생(轉生)으로써 그것이 끊임없이 되풀이되는 윤회(輪廻)이다.

이것은 사물의 총화로써 만물은 만물이 끊이지 않고 자기동일(自己同一)하게 유지된다는 만물일체설이 함께 간다. 그러므로 개개의 사물로서의 인간이 죽고 사는 것쯤은 전혀 문제 되지 않는다. 사물을 화(化)하게 하는 근원자인 도(道)와 일체 만물 속에 있는 도(道)야말로 추구되어야 하는 대상이라며 설득한다.

이것은 만물제동의 명제를 지식론적으로 정립하고 있던 전국 후기의 초기 도가(道家)의 만물제동의 철학에 대하여 만물의 존재와 변화, 운동의 형태를 주목하면서 존재론의 측면으로 주장하게 된다. 중기 이후의 도가 사상은 구별되는 뚜렷한 지표의 하나이다.

이후부터 화(化)는 만물의 가장 본질적 속성의 하나로 파악되며 유가의 화육, 교화 의미마저 포섭하여 도가 존재론의 내용을 풍부하게 만들었다.

이 편에서 도는 자본자근(自本自根, 스스로 근본이 되고 스스로 뿌리가 된다.)이란 말로 표현되는데, 사람은 무엇인가에 의존해 있는 존재로, 설령 그가 자유롭다고 하나 그 자유는 일정한 상황 속의 자유이지, 현실 속에서 절대의 자유를 찾을 수는 없다는 것이다.

스트레스 없는 절대 자유를 배운다, 장자

제1장
진인은 매사를 있는 그대로
맡기고 분별하지 않는다

知天之所爲(지천지소위) 知人之所爲者(지인지소위자) 至矣(지의) 知
天之所爲者(지천지소위자) 天而生也(천이생야) 知人之所爲者(지인지
소위자) 以其知之所知(이기지지소지) 以養其知之所不知(이양기지지
소부지) 終其天年(종기천년) 而不中道夭者(이불중도요자) 是知之盛
也(시지지성야) 雖然有患(수연유환) 夫知有所待而後當(부지유소대이
후당) 其所待者(기소대자) 特未定也(특미정야) 庸詎知吾所謂天之非
人乎(용거지오소위천지비인호) 所謂人之非天乎(소위인지비천호) 且有
眞人(차유진인) 而後有眞知(이후유진지)

하늘이 영위하는 모든 현상, 즉 자연의 운행 법칙을 알며 사람이 하
여야 할 바를 아는 사람은 앎이 지극한 경지에 간 사람이다. 자연의
운행을 아는 사람은 자연 그대로 살고, 사람이 하여야 할 바를 아는
사람은 자기의 지각 능력이 아는 것을 가지고 자기 앎이 알지 못하는
것을 길러 자기의 천수를 다 마치고 중도에 요절하지 않으니, 이것이
앎의 성대함이다.

비록 그러하나 인간의 앎에는 걱정거리가 있으니, 대저 앎(知)은 기다리는 바가 있은 뒤에야 마땅하니, 그 기다리는 것이 유독 일정하지 않다. 자연스럽다, 부자연스럽다 하는 것이 인위적일 수 있고, 옳지 않다 하는 것도 자의적일 수 있다. 길들여진 자기가 자연스러운 것으로 착각에 빠지는 것이다.

그러니 내가 말하는 하늘(자연)이라는 것이 인위(人爲)가 아니라는 것을, 인위(人爲)라고 말하는 것이 자연이 아니라는 것을 어찌 알겠는가? 사람의 판단이 아무리 정밀하다 하더라도 결코 절대적일 수 없는 근본적 약점을 지(知)의 속성으로 포함하고 있다. 또한 진인(眞人)이 있는 뒤에라야 참지식(眞知)이 있을 수 있다.

장지는 진인만이 절대 지를 가질 수 있다고 한다. 그렇다면 진인이란 어떤 존재일까 그리하여 진인에 대한 설명이 시작된다.

何謂眞人(하위진인) 古之眞人(고지진인) 不逆寡(불역과) 不雄成(불웅성) 不謨士(불모사) 若然者(약연자) 過而弗悔(과이불회) 當而不自得也(당이불자득야) 若然者(약연자) 登高不慄 (등고불율) 入水不濡(입수불유) 入火不熱(입화불열) 是知之能登假於道者也(시지지능등가어도자야) 若此(약차)

지식이란 것은 도를 체득한 진인(眞人)에게서만 참된 지식이 된다. 진인(眞人)은 어떤 사람일까? 상고 때 활동하던 진인은 역경을 만나도 거기에 안정을 꾀하고 영달하여도 집착하지 않고 자랑하지 않는다. 만사를 있는 그대로 맡기도 실패했다고 후회하지 않고, 성공하였다고 득의양양하지도 않는다.

스트레스 없는 절대 자유를 배운다, 장자

이와 같은 사람은 높은 곳에 올라가도 두려워하지 않고 물에 빠져도 젖지 아니한다. 불 속에 뛰어들어도 타지 않는다. 그의 지식이 도의 궁극까지 올라갈 수 있었던 결과 이런 것들이 가능해진 것이다.

이런 경지가 스트레스가 완전히 빠져나간 상태가 아니겠는가. 심신이 밝고 깨끗해지도록 수양이 필요할 것이다. 우리들도 스트레스 없는 세상을 살 수 있다면 얼마나 좋을까. 신선놀음이 따로 있나. 이와 같은 불퇴전의 용기야말로 진인의 지(眞知)이며, 그 진짜 지(知)는 단순히 분별하는 지혜를 넘어서 도(道)의 근원에 도달하여 실재 그 자체를 정성스럽게 연구함으로 얻어지는 결과이다.

본문의 등가어도(登假於道)의 가(假)는 지(至)와 같이 이르다의 뜻이다.

古之眞人(고지진인) 其寢不夢(기침불몽) 其覺無憂(기교무우) 其食不甘(기식불감) 其息深深(기식심심) 眞人之息以踵(진인지식이종) 衆人之息以喉(중인지식이후) 屈服者(굴복자) 其嗌言若哇(기익언약와) 其耆欲深者(기기욕심자) 其天機淺(기천기천)

옛 진인(眞人)은 잠념이 없으므로 자고 있을 때 꿈을 꾸지 않고 눈을 뜨고 있을 때에도 근심이 없으며 먹을 것을 먹어도 맛있는 것에 끌리는 일이 없고, 그 숨 쉬는 것은 깊고 편안하였다.

진인의 호흡은 깊고 깊어서 발뒤꿈치로부터 하는데 보통 사람들의 호흡은 목구멍에서 시작된다. 남에게 굴복한 사람은 그 목이 메인 것 같은 목소리가 꼭 토해내는 것과 같고, 욕망이 깊은 사람은 자연 본래의 마음이 얕다.

古之眞人(고지진인) 不知說生(부지열생) 不知惡死(부지오사) 其出不
訢(기출불흔) 其入不距(기입불거) 翛然而往(유연이왕) 翛然而來而已
矣(유연이래이이의) 不忘其所始(불망기소시) 不求其所終(불구기소종)
受而喜之(수이희지) 忘而復之(망이복지) 是之謂不以心捐道(시지위
불이심연도) 不以人助天(불이인조천) 是之謂眞人(시지위진인)

옛 진인(眞人)은 자기에게 주어진 일체를 그대로 받아들여서 삶을 즐
거워하지도 않고, 죽음을 싫어하지도 아니한다. 그는 이 세상에 태어
나서도 짐짓 즐거워하지 않으며, 죽는 것을 거부하지 않는다.

그것이 삶이든 죽음이든 오직 주어진 현재를 현재로 유연하게 왔다
가 유연하게 갈 뿐이다. 유연(翛然)이란 모든 일에 구애됨 없는 모습을
말한다. 그는 자기의 존재가 하나의 자연으로 시작된다고 명심하며,
끝도 또 하나의 자연으로 체관하므로 죽음에 대하여 세세하게 깊이
파고들지 않는다.

이런 경지를 사람들의 마음으로 도를 버리지 아니하고 인위적으로
무리하게 자연을 조장하지 않는다고 하니 이것을 일러 진인((眞人)이라
한다.

세상만사를 '좋다', '그르다'로 분별하기 시작하면 마음의 갈등이 생기
게 마련이다. 거기에는 항상 스트레스가 고개를 내밀게 된다.

스트레스 없는 절대 자유를 배운다, 장자

若然者(약연자) 其心志(기심지) 其容寂(기용적) 其顙頯(기상규) 凄然似秋(처연사추) 煖然似春(난연사춘) 喜怒通四時(희노통사시) 與物有宜(여물유의) 而莫知其極(이막지기극) 故聖人之用兵也(고성인지용병야) 亡國而不失人心(망국이불실인심) 利澤施乎萬世(이택시호만세) 不爲愛人(불위애인) 故樂通物(고락통물) 非聖人也(비성인야) 有親(유친) 非仁也(비인야) 天時(천시) 非賢也(비현야) 利害不通(이해불통) 非君子也(비군자야) 行名失己(행명실기) 非士也(비사야) 亡身不眞(망신부진) 非役人也(비역인야) 若狐不偕(약호불해) 務光(무광) 伯夷(백이) 叔齊(숙제) 箕子(기자) 胥餘(서여) 紀他(기타) 申徒狄(신도적) 是役人之役(시역인지역) 適人之適(적인지적) 而不自適其適者也(이불자적기적자야)

이러한 사람은 그 마음이 한결같아서 흔들림이 없다. 일체 만물의 차별과 대립의 모습은 잊어버리고 실재 그 자체와 하나 되고 그 용모는 조용하고, 이마는 넓고 더없이 꾸밈없다.

사람의 됨됨이는 가을 날씨처럼 서늘하고 봄 햇살처럼 따뜻하니 그의 기쁨과 노여움의 감정은 사계절의 따뜻함과 차가움과 같아 자연과 닮았다. 외부 사물의 움직임에 따라서 적절하게 대응하므로 결코 막다른 길이 되지 않는다.

그러므로 성인이 용병하면 상대 나라를 멸망시켜도 그 나라 사람의 마음을 실망시키지 아니하며, 그의 은택은 만세에 이어질 만큼 광대무변한데, 그 사랑은 무심(無心)의 사랑이므로 그 자신도 사람들을 사랑하는 것이라고 의식하지 않는다.

그러므로 인간 만물의 자위적 화육을 의식적 목적으로 삼는 유가적 성인은 참된 성인이 아니고 인위적으로 친애하는 것은 사랑이 아니며 세간의 명성을 찾아 자기 생활을 잊어버리는 사람은 현인이 아니다. 자기 바깥에 있는 모든 것은 세간의 가치 규범에 묶여서 참된 자기가 되지 않은 사람은 만물을 부리는 사람이 아니다.

따라서 나의 깨끗한 이름을 구하기 위해 의지를 굽히지 않고 남과 화합하지도 않아 생명을 끊은 옛날의 현자들, 혹은 자기의 선을 고집하며 자기를 희생한 역사상 인물들, 예를 들면 호불해(狐不偕), 무광(務光), 백이(伯夷), 숙제(叔齊), 기자(箕子), 서여(胥餘), 기타(紀他), 신도적(申徒狄)과 같은 사람은 모두 남에게 억지로 끌려다녀 다른 사람의 일을 자기의 일로 삼고, 다른 사람의 즐거움을 자기의 즐거움으로 삼아 그 즐거움을 스스로 즐거워하지 아니하였다.

본문의 호불해(狐不偕, 불해라는 이름은 세속들과 함께 걷지 않는다는 의미)는 옛날 전설적 은자. 요임금으로부터 천자의 자리를 받은 것을 욕되다며 강에 몸을 던져 죽었다고 한다.
무광(務光)은 은(殷)나라 탕왕(湯王)으로부터 천자로 양위된 것을 오욕으로 생각하고 노수(盧水)에 몸은 던져 죽었다고 한다.
백이숙제(伯夷叔齊)는 주나라 무왕에 간언하다 받아들여지지 않으니 수양산에서 고사리만 먹다가 굶어 죽었다는 은나라 말엽 형제의 현자.
기자(箕子)는 은나라 왕족, 주나라 무왕의 무도함을 옳지 못하거나 잘못된 일을 고치도록 읍간(泣諫)하다 붙잡혀서 미친 사람으로 위장하여 화를 면했다고 한다.

서여(胥餘)에 대해서 일정한 설이 없다. 접여는 소요유편과 인간세편 등에 나타난 옛날 은자(隱者)의 이름.

기타(紀他)는 장자의 「외물편」에 무광과 같은 시대 은자(隱者)로 나타난다. 무광이 요임금으로부터 양위받았다는 말을 듣고 분개하여 제자와 함께 물에 몸을 던졌다.

신도적(申徒狄)에 대해서는 장자 「도척편」에 군주의 무도를 충고하다가 듣지 않자 돌을 지고 강에 가라앉았다. 물고기와 거북의 먹이가 되었다는 이야기가 실려 있다.

외부의 사물에 정통하고 즐거워하는 것은 성인이라고 할 수 없다는 내용은 유가(儒家)를 암시적으로 비판하는 것으로써, 유가의 우환의식(憂患意識) 바탕에 깔려 있는 선우후락(先憂後樂)의 사상과는 달리 장자는 자적기적(自適其適)의 자유의식을 표방하는 것이다.

古之眞人(고지진인) 其狀義而不朋(기상이의불붕) 若不足而不承(약부족이불승) 與乎其觚而不堅也(여호기고이불견야) 張乎其虛而不華也(장호기허이불화야) 邴邴乎其似喜乎(병병호기사희호) 崔乎其不得已乎(최호기부득이호) 滀乎進我色也(축호진아색야) 與乎止我德也(여호진아덕야) 厲乎其似世乎(려호기사세호) 謷乎其未可制也(오호기미가제야) 連乎其似好閉也(연호기사호폐야) 悗乎忘其言也(문호망기언야) 以刑爲體(이형위체) 以禮爲翼(이례위익) 以知爲時(이지위시) 以德爲循(이덕위순) 以刑爲體者(이형위체자) 綽乎其殺也(작호기살야) 以禮爲翼者(이례위익자) 所以行於世也(소이행어세야) 以知爲時者(이지위시자) 不得已於事也(부득이어사야) 以德爲循者(이덕위순자) 言其與有足者至於丘也(언기여유족자지어구야) 而人眞以爲勤行者也

(이인진이위근행자야) 故其好之也一(고기호지야일) 其弗好之也一(기불호지야일) 其一也一(기일야일) 其不一也一(기불일야일) 其一與天爲徒(기일여천위도) 其不一與人爲徒(기불일여인위도) 天與人不相勝也(천여인불상승야) 是之謂眞人(시위지진인)

장자는 옛 진인(眞人)의 풍모를 이렇게도 말하였다.

상고시대 진인(眞人)의 모습은 높이 우뚝 솟아도 무너지지 않고, 꽉 차 있는 것처럼 보이면서도 남에게 받는 일이 없다. 유유히 고고하기는 하지만 고집부리지 않으며 넓고 크게 펼쳐져서 마음을 비우면서도 언짢은 행동이 조금도 없다. 상쾌한 표정에 어두운 그림자가 없고 즐거운 듯하다. 자기 안에 가득 찬 덕은 뿜어대는 샘물처럼 자연히 그의 안색에 나타나는데, 마음은 밖으로 달리지 않고 조용히 깊은 내면성을 품고 있다. 그는 넓은 도량으로 세속과 함께하는 것 같으나 그 정신은 높고 세속을 넘어서 무엇에도 속박되지 않는다.

연연히 아무 말도 하지 않으며 은거하기를 좋아하는 것 같으니 무심하게 모든 것을 잊어버리고 홀로 즐기고 있다.

이상은 진인의 면목을 여러 가지 표현으로 그려 내었고, 다음으로 이러한 진인이 정치적 권력 자리에 앉았을 때 그의 지배가 대체 어떠한 것인지 설명한다.

진인(眞人)이 세상을 다스릴 때 그는 형법을 지배에 제일원리로 하고 예의를 날개로 하며 지혜로써 그때그때 타당성을 판단하며 덕으로 무

스트레스 없는 절대 자유를 배운다, 장자

위자연의 화육을 실현해 나간다.

　그런데 형법은 인간의 제멋대로의 생각, 이기적인 감정을 넘어서, 행위를 객관적 기준으로 성문화한 것이니 이것을 근본으로 정치를 하면 설령 사형을 하더라도 주관으로 어지럽혀지지 않고 예의는 사회의 관습적 규범이니 이것을 빌려서 정치를 하면 현실에 맞는 원활한 지배를 하게 된다. 그리고 자기의 명지를 가지고 타당성을 판단해 나가면 만사에 지나침이 없다.

　이른바 지대한 덕으로 일체만물의 자연성에 따르는 무위자연(無爲自然)의 화육을 베풀어가면 그 덕화(德化)는 마치 양발이 다 있는 사람이 약간 높은 산을 오르는 것처럼 저도 모르는 사이에 목적을 달성할 수 있다.

　진인(眞人)의 지배란 이와 같이 형(刑) 예(禮) 지(知) 덕(德)으로 해서 하는 무위자연(無爲自然)의 정치와 다름없다. 그럼에도 세속 사람은 이와 같은 진인의 무위(無爲)의 지배를 참으로 이해할 수 없이, 그의 정치를 애써서 행하는 것, 작위적인 지배로 생각하는데 그것은 그들의 오해이다.

　진인(眞人)의 지배는 어디까지나 인간의 조작을 부정하는 무위자연의 정치이며, 거기서는 권력의 위협에 의한 법치가 부정될 뿐 아니라 예의 규범에 따른 덕치마저도 인간성의 자연을 왜곡하는 것으로 멀리한다. 그런데 형벌로써 본체로 삼는 지배란 무엇인가. 그것은 말할 나위 없이 법에 의한 지배, 즉 권력정치와 같다. 여기서는 권력정치가 권력 행사에 무심하면 지배도 또한 무위자연이라는 교묘한 논리로 긍정되어 있다. 이것은 확실히 무위자연에 대한 새로운 해석이어서 장자 사상에 어긋나 보일 수도 있다.

이는 노장사상이 법가 사상과 뒤섞여 절충되어 장자의 사상도 세속 정치에 적용하여 실현될 수 있다는 것을 제시한 것으로 보인다.

본문의 고(觚)는 정확하고 올바르다의 뜻이고, 장호(張乎)는 넓고 큰 모양, 허이불화(虛而不華)는 마음은 세속을 초월하였으나 다리는 현실에 튼튼하게 서 있다는 뜻이다.

화(華)는 외견만 아름다움, 연호(連乎)는 근심에 쌓인 모습, 문호(悗乎)는 일체를 잊어버린 모양, 문은 잊어버림, 작호(綽乎)는 마음이 여유 있는 모습을 뜻한다.

死生(사생) 命也(명야) 其有夜旦之常(기유야단지상) 天也(천야) 人之有所不得與(인지유소부득여) 皆物之情也(개물지정야) 彼特以天爲父(피특이천위부) 而身猶愛之(이신유애지) 而況其卓乎(이황기탁호) 人特以有君爲愈乎己(인특이유군위유호기) 而身猶死之(이신유사지) 而況其眞乎(이황기진호)

우선 진인의 면목을 여러 가지 말로 표현한 장자는 화제를 돌려서 진인(眞人)의 진(眞)에 대해서, 말하자면 진인이 되는 길, 도를 스승으로 삼고 그것에 의해 진인이 되는 우수의 진실재, 즉 도(道)에 관해서 설명한다.

스트레스 없는 절대 자유를 배운다, 장자

사람은 무엇하러 이 세상에 태어났으며, 왜 죽어가지 않으면 안 되는지 모든 사람이 반드시 한 번은 자기 마음에 물어보곤 한다. 그러나 장자는 자기가 무엇하러 이 세상에 태어났는가 물어보는 것만큼 어리석은 일은 없다고 답한다.

죽고 사는 것은 명(命)이다. 죽고 사는 것에 밤낮처럼 일정함이 있는 것은 자연인지라 사람이 관여할 수 없는 바가 있으니 이것이 사물의 참다운 모습이다. 저 사람들은 단지 하늘을 부모로 여겨서 자기 몸으로 그를 사랑하는데 하물며 그보다 더 빼어난 존재(道)이겠는가? 사람들은 단지 세속의 군주가 자기보다 낫다고 여겨서 몸으로 목숨을 바치는데 하물며 그것보다 훨씬 위대한 참된 지배자, 우주의 이법(理法)에 대하여 순순히 따라야 함은 더 말할 나위 없다.

본문 중 이황기탁호(而況其卓乎)의 탁(卓)은 높고 뛰어난 것이란 뜻. 유(愈)는 '~보다 더 낫다.'로 읽는다.

泉涸(천후) 魚相與處於陸(어상여처어륙) 相呴以濕(상구이습) 相濡以沫(상유이말) 不如相忘於江湖(불여상망어강호) 與其譽堯而非桀也(여기예요이비걸야) 不如兩忘而化其道(부여량망이화기도) 夫大塊載我以形(부대괴재아이형) 勞我以生(노아이생) 佚我以老(일아이로) 息我以死(식아이사) 故善吾生者(고선오생자) 乃所以善吾死也(내소이선오사야)

도(道), 즉 자연의 이법(理法)은 위대하다. 그 위대한 자연의 이법 앞에서는 인간들의 일체 영위는 없는 것과 같다. 인간이 하는 일의 덧없음을 비유하면 물 맑은 샘이 마르면 물고기들이 땅 위에 함께 남아서

서로 습기를 뿜어내며 서로 거품으로 적셔 주지만 강과 호수에서 서로를 잊고 사는 것만 못하다.

　서로 얽매이는 것보다 자유로운 것이 더 낫다. 서로 도와주는 것을 얽매임으로 보는 것이다. 요임금을 찬양하고 걸왕을 비난하는 것보다는 차라리 둘 다 잊어버리고 도(道)와 일체가 되는 것만 못하다. 대자연은 육체를 주어 나를 이 세상에 살게 하며, 삶을 주어 나를 수고롭게 하며, 늙음으로 나를 편안하게 해 주며, 죽음으로 나를 쉬게 한다. 그 때문에 나의 삶을 좋은 것으로 여기는 것은 바로 나의 죽음을 좋은 것으로 여기기 위한 것이다.

　삶과 죽음 일체를 긍정하는 것만이 일체를 초월할 수 있다. 이것이야말로 삶의 고통, 스트레스를 뿌리째 뽑아내는 것이 아닐까.

夫藏舟於壑(부장주어학) 藏山於澤(장산어택) 謂之固矣(위지고의) 然而夜半有力者(연이야반유력자) 負之而走(부지이주) 昧者不知也(매자부지야) 藏小大有宜(장소대유의) 猶有所遯(유유소둔) 若夫藏天下於天下(약부장천하어천하) 而不得所遯(이부득소둔) 是恆物之大情也(시항물지대정야) 特犯人之形(특범인지형) 而猶喜之(이유희지) 若人之形者(약인지형자) 萬化而未始有極也(만화이미시유극야) 其爲樂(기위락) 可勝計邪(가승계야) 故聖人將遊於物之所不得遯而皆存(고성인장유어물지소부득둔이개존) 善妖善老(선요선노) 善始善終(선시선종) 人猶效之(인유효지) 又況萬物之所係(우황만물지소계) 而一化之所待乎(이일화지소대호)

스트레스 없는 절대 자유를 배운다, 장자

여기서는 인간의 무력함과 자연의 위대함, 그래서 자연에 대한 절대 순종만이 인간에게 참된 자유와 해방을 가져다준다는 것을 또다시 강조한다.

인간만큼 자기의 지혜에 의지하고 자기 힘을 과시하는 동물은 없다. 그들이 영리한 체하는 행동은 배를 산골짜기에 숨겨 놓고, 고기 잡는 오구를 못 속에 숨겨두고 안심하는 어리석은 어부의 낮은 소견과 닮았다.

산골짜기에 배를 간직하며 연못 속에 오구를 간직하고서 잘 간직했다고 말한다. 그러나 밤중에 힘이 센 자가 그것을 등에 지고 도망치면 잠자는 사람은 알지 못한다. 작은 것과 큰 것을 간직하는 데는 각기 마땅한 곳이 있으나 그래도 훔쳐서 도주할 곳이 있지만, 천하를 천하에 간직하면 훔쳐서 도주할 곳이 없다. 이것이 일정불변하는 만물의 큰 진실인데 세속 사람들은 다만 사람의 형체를 훔쳐서 세상에 나와서도 오히려 그것만을 유독 기뻐한다.

사람의 형체와 같은 것은 천변만화(千變萬化)하여 처음부터 일정함이 없으니 그 즐거움을 이루 다 헤아릴 수 있겠는가? 그 때문에 성인은 사물이 도주할 수 없는 만물제동(萬物齊同)의 세계에 노닐어 모두 보존하려 한다. 일찍 죽는 것도 좋은 것으로 여기고 오래 사는 것도 좋은 것으로 여기며, 처음(生)을 좋은 것으로 여기고 마침(死)도 좋은 것으로 여기며, 이조차도 사람들이 본받는 바인데, 또 하물며 일체 만물이 그것으로 지탱되어 존재하고 모든 생성변화가 의지하는 도(道)가 크게 숭배할 스승이라는 것은 더 말할 나위가 없다.

본문에서 산(汕)은 배 위에서 사용하는 고기 잡는 그물, 오구. 매(昧)는 바보스러움, 둔(遯)은 도망치다, 계(係)는 연결함을 뜻한다.

장천하어천하(藏天下於天下)는 세계 존재 하나하나를 있는 그대로 하고 일부러 감추려고 하지 않는 것. 생명에 집착하여 연명하려고 고심하는 것보다 자연에 맡기라는 뜻이다.

夫道(부도) 有情有信(유정유신) 無爲無形(무위무형) 可傳而不可受(가전이불가수) 可得而不可見(가득이불가견) 自本自根(자본자근) 未有天地(미유천지) 自古以固存(자고이고존) 神鬼神帝(신귀신제) 生天生地(생천생지) 在太極之先而不爲高(재태극지선이부위고) 在六極之下而不爲深(재육극지하이불위심) 先天地生而不爲久(선천지생이불위구) 長於上古而不爲老(장어상고이불위노)

도에는 정(情)이 있고 신(信)이 있다. 그 작용은 무위(無爲)의 위(爲)이며 형상 개념으로는 붙잡을 수 없는 것이다. 전해 줄 수는 있지만 받을 수는 없으며, 마음으로 터득할 수는 있지만 감각이나 지각으로 잡을 수는 없으니, 스스로를 근본으로 삼아 아직 천지가 있기 이전에 예로부터 본래 존재하여 온 것이다.

존재 근거를 자기 자신 속에 가지고 아무것에도 의존함이 없이 무엇에도 종속되지 않고 아직 천지가 없을 그 옛날부터 단단하게 존재해 있었다. 귀신(人鬼)과 상제를 신령하게 하며, 천지를 생성하며, 태극(넓은 하늘의 끝)보다 앞서서 존재하면서도 높은 체하지 않으며, 육극(六極, 세계의 끝 심연)에 머물면서도 깊은 체하지 않으며, 천지보다 앞서 존재하면서도 오래된 체하지 않으며, 상고보다 오래되었으면서도 늙은 체하지 않는다.

스트레스 없는 절대 자유를 배운다, 장자

狶韋氏得之(희위씨득지) 以挈天地(이설천지) 伏戲氏得之(복희씨득지) 以襲氣母(이습기모) 維斗得之(유두득지) 終古不忒(종고불특) 日月得之(일월득지) 終古不息(종고불식) 堪坏得之(감배득지) 以襲崑崙(이습곤륜) 馮夷得之(빙이득지) 以遊大川(이유대천) 肩吾得之(견오득지) 以處大山(이처대산) 黃帝得之(황제득지) 以登雲天(이등운천) 顓頊得之(전욱득지) 以處玄宮(이처현궁) 禺强得之(우강득지) 立乎北極(입호북극) 西王母得之(서왕모득지) 坐乎少廣(좌호소광) 莫知其始(막지기시) 莫知其終(막지기종) 彭祖得之(팽조득지) 上及有虞(상급유우) 下及五伯(하급오백) 傅說得之(부열득지) 以相武丁(이상무정) 奄有天下(엄유천하) 乘東維(승동유) 騎箕尾(기기미) 而比於列星(이비어열성)

이 글에서는 우선 진인(眞人)의 위대한 덕을 찬미하고, 진인이 위대한 스승으로서 숭상하는 도의 절대성을 밝힌 후 마지막으로 도를 얻고 나서 지대한 우주를 마당 삼아 노는 전설적 신들을 묘사하면서 역사의 환상이 난무하는 곳에서 이 편의 전반을 끝맺는다. 이 문장은 다소 분방괴기(奔放怪奇)하여 우리들은 눈을 크게 뜨고 보아야 한다.

시위씨는 도(道)를 얻어서 천지를 손에 쥐었으며, 복희씨는 그것을 얻어서 기(氣)의 근원을 취했으며, 북두성은 그것을 얻어서 영원토록 어긋나지 않으며, 일월은 그것을 얻어서 영원토록 쉬지 않으며, 감배(堪坏, 곤륜산의 신)는 그것을 얻어서 곤륜산을 받아들였으며, 풍이(황하의 신)는 그것을 얻어서 황하에서 노닐었으며, 견오(태산의 신)가 그것을 얻어서 태산에 머물었으며, 황제가 그것을 얻어서 하늘에 올랐으며, 전욱이 그것을 얻어서 현궁에 거처하였으며, 우강은 그것을 얻어서 북극의 바다에 섰으며, 서왕모는 그것을 얻어서 소광산에 앉아 그 시작을 알 수 없고 그 마침을 알 수 없는 영원한 생명을 얻었다. 팽조는 그것을 얻어서 위로는 유우씨에게 미치고 아래로는 오패에 미쳤으며, 부열은 그것을 얻어서 무정을 도와 천하를 모두 소유하였으며, 동유성(東維星)을 타고 기성(箕星)과 미성(尾星)을 몰아 열성(列星)과 나란하게 되었다.

감배(堪坏)는 곤륜산에 산다는 전설적 산신, 감배가 곤륜산을 평정하는 신으로 산속으로 기회를 잘 타서 들어간 것도 도를 체득했기 때문이라고 한다.

견오(肩吾)는 소요유편에 연숙(連叔)과의 문답에서도 보이는데 옛날 유도자의 이름. 여기서는 산의 신으로 그려져 있다. 견오라는 전설적 신도 도를 얻고 나서 큰 산을 진정하고 황제는 도를 체득하고 나서 선인이 되어 구름 저쪽의 광대한 하늘을 날아올라 사라졌다. 황제는 중국 최고의 전설적 제왕 그가 선인이 되어 하늘에 올랐다는 이야기는 사기(史記)의 봉선서(封禪書) 등에 자세히 적혀 있다.

전욱(顓頊)은 황제의 손자로 알려진 고대의 전설적 제왕. 검은 궁전에 살며 북방 여러 나라를 지배했다고 전해진다.

우강(禺强)은 산해경에 북해의 물가에 살며 얼굴은 인간, 몸은 새와 같고 두 마리의 푸른 뱀을 양쪽 뒤에 달고 두 마리의 붉은 뱀을 양쪽 발로 밟고 있다는 반인반수의 신화적 인물, 여기서는 북극 바다에 사는 해신(海神)으로 그려 놓았다.

서왕모(西王母)는 본래 현재의 앗시리아(아시아 서부의 한 지방)에 있던 나라 이름으로 알려지나 이 머나먼 이국 주민이 어느새 고대 중국의 환상 속에 반인반수의 요괴로 변해서 곤륜산에 산다는 맑고 아름다운 선녀가 되었던 것 같다. 여기서는 세계의 서쪽 끝에 있다는 소광

스트레스 없는 절대 자유를 배운다, 장자

산(少廣山)에 사는 신선으로 알려져 있다. 그 여자는 불로불사 선인으로 생도 없고 사도 없이 영겁을 살 수 있다.

팽조는 옛날 유도자. 그는 도를 체득하였음으로 위로는 순임금으로부터 아래로는 춘추오패의 시대까지 장생할 수 있었다.

오백(五伯)은 오패와 한가지로 춘추시대의 다섯 패자. 제(齊)나라 환공(桓公), 진(晉)나라 문공(文公), 송나라 양공(襄公), 진(秦)나라 목공(穆公), 초(楚)나라 장왕(莊王)을 말한다.

부열(傅說)은 옛날 전설적 현인. 그는 은(殷)나라 제왕 무정(武丁)을 도와 천하를 넓게 지배하여 죽고 나서 넓은 하늘로 올라가서 동방을 다스리는 별, 이른바 기의 성좌와 미의 성좌 위에 타고 밤하늘에 흩어져있는 별의 하나가 되었다.

그리고 이상 장자는 그가 말하는 소위 도의 체득자. 도를 체득함으로써 신들의 자리와 연결되는 신화적 인물 십여 명을 열거해 놓았는데, 여기서 우리들은 이 십여 명 중 신선으로서의 황제와 서왕모, 팽조 등의 이름이 보이고 더욱이 그네들의 신선성과 불로등선이나 불로장생이 도를 체득함으로써 획득했다고 설명된 점에 주목을 해야 하지 않을까.

일방적으로 장자에서 신선적 색채를 띠고 있는 기술은 적지 않다. 소요유(逍遙遊)편의 막고야산의 신인 묘사가 그러하고, 여기의 황제는 도를 체득하여 하늘로 올라가는 것도 그 하나이다. 이와 같은 신선적 기술은 장자의 사상에서 본래 무슨 의미를 가진 것일까.

장자의 사상과 신선 사상에는 확실히 몇 가지 뚜렷한 유사성이 있다. 신선이 본래 세속 세계의 초월자이며 장자가 말하는 절대자도 세속 세계의 초월자라는 점에서, 그리고 장자의 초월자가 시공을 넘어선 절대 자유세계를 소요하는 것처럼 신선도 그 신통력으로 공중을 자유자재로 비상하며 모든 시간을 초극하고 있다는 점에서 비슷하다.

더욱이 장자의 절대자가 인간의 가지가지 슬픔과 두려움 등을 초극하는 존재인 것과 비교하면 신선 또한 그러한 존재이다.

그러나 장자적 절대자와 신선 사이에는 간과할 수 없는 한 가지 근본적 상이점이 있다. 그것은 신선이 인간의 시간의 바탕, 말하자면 늙음과 죽음을 연장 및 확대하여 극복하려는 데 반하여 장자적 절대자는 시간 자체를 초극하려는 점이다. 시간 자체를 초극한다는 말은 유한한 것을 무한으로 하는 게 아니고 유한 그 자체 속에서 무한을 찾아 나선다는 뜻이다. 유한과 무한을 대립의 근원에서 하나라고 보는 것이다.

그러나 장자는 신선의 초월성을 사랑한다. 그 바람을 들이마시고 이슬을 마시며 항상 좋아서 날뛰어 기뻐하며 처녀 같은 청순함을 가지고 지상의 보기 싫은 밀치락달치락 웅성댐을 벗어나 큰 하늘 저편을 날면서 흰 구름 그림자 뒤에서 크게 입을 벌리고 웃는 탈속을 사랑한다. 장자에 있어서 신선이란 그 사람의 높은 초월의 상징과 다름없다. 그리고 황제는 도를 얻고 나서 하늘로 올라갔다고 하고 팽조가 도를 얻어 장생했다고 하는 것은 여러 시간과 공간을 스스로의 속에 쌓는 도의 위대함을 상징적으로 말하고 있는 것이다.

현실과 동떨어진 듯하지만 이 글을 되풀이해서 읽고 나면 마음속 스트레스가 조각조각 훨훨 날아가는 듯하다.

스트레스 없는 절대 자유를 배운다, 장자

제2장
도를 터득하는 몇 가지 단계

南伯子葵問乎女偊曰(남백자규문호여우왈) 子之年長矣(자지연장의) 而色若孺子(이색약유자) 何也(하야) 曰(왈) 吾聞道矣(오문도의) 南伯子葵曰(남백자규왈) 道可得學邪(도가득학야) 曰(왈) 惡(오) 惡可(오가) 子非其人也(자비기인야) 夫卜梁倚有聖人之才(부복량의유성인지재) 而無聖人之道(이무성인지도) 我有聖人之道(아유성인지도) 而無聖人之才(이무성인지재) 吾欲以敎之(오욕이교지) 庶幾其果爲聖人乎(서기기과위성인호) 不然(부연) 以聖人之道(이성인지도) 告聖人之才(고성인지재) 亦易矣(역이의) 吾猶守而告之參日(오유수이고지삼일) 而後能外天下(이후능외천하) 已外天下矣(이외천하의) 吾又守之七日(오우수지칠일) 而後能外物(이후능외물) 已外物矣(이외물의) 吾又守之九日(오우수지구일) 而後能外生(이후능외생) 已外生矣(이외생의) 而後能朝徹(이후능조철) 朝徹(조철) 而後能見獨(이후능견독) 見獨(견독) 而後能無古今(이후능무고금) 無古今(무고금) 而後能入於不死不生(이후능입어불사불생) 殺生者不死(살생자불사) 生生者不生(생생자불생) 其爲物(기위물) 無不將也(무불장야) 無不迎也(무불영야) 無不毀也(무불훼야) 無不成也(무불성야) 其名爲攖寧(기명위영녕) 攖寧也者(영녕야자) 攖而後成者也(영이후성자야)

철학자 남백자규(南伯子葵)와 여우(女偊) 사이의 문답을 빌려서 도의 터득하는 실천적 과정을 설명하고 있다.

남백자규가 여우에게 묻기를, "선생님의 나이가 매우 높은데 어린이 안색과 같은 것은 어떻게 된 것입니까?"

여우 왈, "나는 도를 들었기 때문이다."

남백자규 왈, "나 같은 사람도 도를 배워서 알 수 있습니까?"

여우 왈, "아! 어찌 알 수 있겠는가? 그대는 도를 알 사람이 아니다. 저 복량의는 그대와 다르게 성인의 재능이 있는데 성인의 도는 배운 것이 없다. 나는 성인의 도는 배웠지만 있으면서 성인의 재능은 없다. 내가 배운 것을 그에게 가르치고자 하는데, 바라건대 그가 꼭 성인이 되기를 바란다. 그렇지 않더라도 성인의 도를 가지고 성인의 재능이 있는 사람에게 말해준다는 것은 또한 쉬운 일이다.

나는 그래도 여전히 지켜보면서 그에게 도에 대해서 말해주었는데, 3일이 지나 천하를 밖으로 할 수 있었고 이미 천하를 잊어버리길래, 내가 또 그를 지켜보니 7일이 지나 만물의 존재를 잊어버릴 수 있었고, 이미 만물을 잊어버리길래, 내가 또 그를 지켜보기를 9일이 지나 자기가 살고 있다는 것을 잊어버릴 수 있었고, 이미 자기가 살고 있다는 사실까지도 잊어버린 후에는 아침 햇살이 환하게 밝아오는 것처럼 확연히 깨우칠 수 있었고, 조철(朝徹)의 경지에 도달한 후에는 홀로 우뚝 선 도(道)를 볼 수 있었고, 홀로 우뚝 선을 도를 본 뒤에는 시간의 흐

스트레스 없는 절대 자유를 배운다, 장자

름을 잊어버릴 수 있었고, 시간의 흐름을 잊은 후에는 불사불생(不死不生)의 경지에 들어갈 수 있었다.

살아 있는 것을 죽일 수 있는 자는 그 자신이 죽지 아니하고, 살아 있는 것을 생성할 수 있는 자는 자기 자신을 생성하지 않는다. 그 도가 소멸해 가는 만물을 보내지 아니함이 없고 새로 탄생하는 만물을 맞이하지 아니함이 없다. 모든 것을 파괴하지 아니함이 없고 모든 것을 이루지 아니함이 없으니, 그 이름을 영녕이라고 한다. 영녕이라고 하는 것은 어지럽게 한 뒤에 편안한 관계를 이루는 것이다.”

여기서 우리는 장자의 이른바 영녕(攖寧)에 대해서 그 의미를 좀 더 생각해 보기로 하자. 영녕은 장자 스스로 정의한 것처럼 자기와 도가 하나로 엉키어 서로 포용하는 경지인데, 이 경지는 만상의 생멸변화를 객관적으로 냉정히 주시하는 입장, 인간세편에서 말하는 ‘마음을 비우고 무엇을 기다린다.’라는 경지, 제물론편에 ‘만물이 나와 하나 된다.’라는 경지와 같다.

장자는 이 글에서 삶의 참모습을 말한 듯하다. 스트레스 해소의 극치라 하면 어떨까 하는 생각에 사로잡힌다. 깨달음의 길이 멀고 멀기는 하다.

본문의 영(攖)은 외부의 사물과 어지럽게 얽히고설켜서 함께 어울린다는 뜻이고, 녕(寧)은 그렇게 함으로써 외부의 사물과 조화로운 관계를 유지한다는 뜻으로 장자의 해탈의 세계, 도(道)와 하나가 되는 편안한 경지라고 풀이한다.

南伯子葵曰(남백자규왈) 子獨惡乎聞之(자독오호문지) 曰(왈) 聞諸副
墨之子(문저부묵지자) 副墨之子(부묵지자) 聞諸洛誦之孫(문저낙송지
손) 洛誦之孫(낙송지손) 聞之瞻明(문지첨명) 瞻明聞之聶許(첨명문지
섭허) 聶許聞之需役(섭허문지수역) 需役聞之於謳(수역문지어구) 於
謳聞之玄冥(어구문지현명) 玄冥聞之參寥(현명문지참요) 參寥聞之疑
始(참요문지의시)

여우로부터 장자적 절대자의 해탈을 들은 남백자규는 여기에 관하
여 여우에게 물었다.

"대체 선생님은 어디서 그런 심원한 철리(哲理)를 배웠습니까?"

"내가 처음 그것을 배운 것은 문헌인데 그것을 되풀이해 읽고 있으
면 분명하게 이해하게 되어 그것을 암송하게 되고, 암송하며 납득하는
경지에 이르고 그것이 실천적으로 시험해서 뒷받침되면 거기에 환희의
탄성이 나오게 된다. 그 탄성은 그 자체와 모르는 사이 깊은 가호가
되고 그것은 다시 실재 그 자체에 새로운 역할을 가지고 참가하게 되
고 그 참가는 마침내 우주의 근원을 본뜬 도와 자기와의 포용, 즉 영
녕이 된다는 것이다. 절대자의 해탈이란 이와 같이 어려운 것이다."

여기서는 절대 세계의 진리를 깨달아서 그 세계로 들어가는 것을 매
우 경험적 입장에서 설파하고 있다. 이미 잘 알려진 것처럼 근세의 중
국 철학에서는 주자(朱子)의 경험주의와 왕양명의 직관주의가 대립하
여 있고, 중국 선(禪)에서도 점진적 학습과 돈오(頓悟, 별안간 깨달음)
가 대립하는데, 여기서 기술된 해탈론은 분명히 왕양명적이라기 보다

스트레스 없는 절대 자유를 배운다, 장자

는 주자적이고, 돈오(頓悟)적이기보다는 점수(漸修)적이다. 그리고 이와 같은 경험주의 점수주의가 장자 본래의 사상인가 아닌가에는 많은 의견이 있기는 하나 중국의 해탈론의 경험주의적 입장에 하나의 원형이라는 데 대해서는 충분히 주목할 만하다.

본문의 부묵지자(副墨之子)는 먹에 붙어 생기는 자, 즉 문자를 칭한다. 그 자(子)는 도를 아버지(父)로 보고 도를 기록하는 문자, 문헌을 자라고 한 것이다.

의시(疑始)의 시는 만물의 처음, 즉 도(道)라는 의미. 참요(參寥)는 후세 도사의 호(號)로 즐겨 쓰였으며 유명하다. 수역(需役)은 실천, 어구(於謳)는 노래란 뜻이다.

제3장

도를 따르면 편안하게 전생^{轉生},
즉 윤회^{輪廻}할 수 있다

子祀(자사) 子輿(자여) 子犁(자리) 子來(자래) 四人相與語曰 (사인상여어왈) 孰能以無爲首(숙능이무위수) 以生爲脊(이생위척) 以死爲尻(이사위고) 孰知死生存亡之一體者(숙지사생존망지일체자) 吾與之友矣(오여지우의) 四人相視而笑(사인상시이소) 莫逆於心(막역어심) 遂相與爲友(수상여위우)

자사(子祀), 자여(子輿), 자리(子犁), 자래(子來) 네 사람을 주인공으로 하여 그들의 문답을 통하여 삶과 죽음이 하나이며 죽음을 겁내고 슬퍼하는 것은 정말 미망에 지나지 않음을 말하고 있다. 여기 적힌 설화는 장자 각 편의 글 중에서 꾸밈없는 유머 필치로 쓴 서술이 경쾌하며 장자적 기지와 유유히 마음 내키는 대로 써내려 감이 통쾌하게 느껴진다.

자사, 자여, 자리, 자래 서로 더불어 말하기를 누가 무(無)를 머리(으뜸)로 삼고, 생(生)을 등(중간)으로 삼고, 죽음을 꽁무니(끝)로 생각할 수 있을까? (이것은 장자의 독특하고 기괴한 비유이다.)

누가 사생과 존망이 하나임을 알겠는가? 그런 사람이 있다면 우리는 그와 더불어 친우가 되겠다. 네 사람은 서로 보고 웃으며, 마음에 거슬림이 없어, 드디어 서로 더불어 친구가 되었다.

俄而子輿有病(아이자여유병) 子祀往問之(자사왕문지) 曰(왈) 偉哉(위재) 夫造物者(부조물자) 將以予爲此拘拘也(장이여위차구구야) 曲僂發背(곡루발배) 上有五管(상유오관) 頤隱於齊(이은어제) 肩高於頂(견고어정) 句贅指天(구췌지천) 陰陽之氣有沴(음양지기유려) 其心閒而無事(기심한이무사) 跰𨇤而鑑于井曰(변선이감우정왈) 嗟乎(차호) 夫造物者(부조물자) 又將以爲此拘拘也(우장이여위차구구야)

막역지우가 된 네 사람 중 자여(子輿)가 병에 걸렸는데 자사(子祀)가 병문안을 가서 자여에게 얘기한다.

"참 위대하구나. 저 조물주라는 것은 그대의 몸을 이토록 구부려 놓았다. 구루병이 등 한가운데를 나오게 하고 오장을 위로 올려놓았고 턱은 배꼽 근처에 숨기고 어깨는 정수리보다 더 높이 올라가고 상투는 하늘을 가리키고 있는데, 음양의 기가 조화를 잃었는데도 자여 자네의 마음은 고요하고 아무 일도 없는 것 같다." 자여가 병들어 걷지 못하면서 우물에 얼굴을 비춰보고 말을 하였다.

"아! 조물주가 거듭 나를 이와 같은 불구자로 만들려 하는구나. "

子祀曰(자사왈) 女惡之乎(여호지호) 曰(왈) 亡(망) 予何惡(여하오) 浸假而化予之左臂以爲雞(침가이화여지좌비이위계) 予因以求時夜(여인

이구시야) 浸假而化予之右臂以爲彈(침가이화여지우비이위탄) 予因
以求鴞炙(여인이구효자) 浸假而化予之尻以爲輪(침가이화여지고이위
륜) 以神爲馬(이신위마) 予因以乘之(여인이승지) 豈更駕哉(기갱가재)
且夫得者(차부득자) 時也(시야) 失者順也(실자순야) 安時而處順(안
시이처순) 哀樂不能入也(애락불능입야) 此古之所謂縣解也(차고지소
위현해야) 而不能自解者(이불능자해자) 物有結之(물유결지) 且夫物
不勝天久矣(차부물불승천구의) 吾又何惡焉(오우하오언)

자사가 자여에게 "자네는 이 꼽추를 싫어하는가?"라고 묻자 자여가
말하길

"아니다. 내가 어찌 싫어하겠는가? 차츰 병세가 악화하여 나의 왼쪽
팔뚝을 변화시켜서 닭을 만든다면 나는 그로 말미암아 새벽에 때맞추
어 울음소리를 낼 것이고, 점차로 변화하면서 내 오른쪽 팔뚝을 변화
시켜서 탄환이 된다면 나는 그로 말미암아 비둘기구이를 구할 것이며,
점차 변화하면서 내 궁둥이가 변화하여 수레바퀴가 되고 내 마음이
변화해서 말이 된다면 나는 그로 말미암아 그것을 탈 것이니 어찌 다
시 수레에 멍에를 하겠는가?"

주어진 운명을 자기 운명으로 하고 그 운명을 사랑하며 함께 놀겠
다는 것이다. 게다가 자기에게 주어진 현재를, 그게 득이 되든 실이 되
든, 화, 복을 상관하지 않고 설령 그것이 죽음이더라도 자기의 현재로
씩씩하게 받아들이면 슬픔도 두려움도 비탄도 무너뜨릴 수 없는 편안
한 자기가 있다.

대저 생명의 얻음은 때를 따르는 것이며 죽는 것도 따르는 것이니 때에 편안하고 따름에 머물면 슬퍼하고 즐거워함이 마음속에 들어올 수 없으니, 이것이 옛날 이른바 거꾸로 맨단 것이 풀어지는 것이니(고통으로부터 해방이니), 그런데도 스스로 풀려날 수 없는 것은 현실 존재의 집착이 그를 묶어 놓고 있기 때문이다.

내가 아무리 발버둥 쳐보더라도 도망갈 수 없는 자연의 이법을 주어진 현재로써 사랑하고 살 뿐이니, 어찌하여 미워한다는 것이 있을 수 있겠는가?

인간 정신의 참된 해방이란 내 자신와 나의 환경 일체를 긍정하여 정신적 자유를 얻는 길이 아니겠는가. 우리는 살면서 여러 가닥의 근심 걱정이 뒤얽혀서 그것이 우리들을 옴짝달싹하지 못하도록 할 때가 있다. 이 함정에서 스트레스에 얽매이고 허덕이며 살고 있었던가 생각할 대목이 아니겠는가.

장자의 철학은 변화하는 주체가 있는 것이 아니라 그 자체가 변화하는 자연스러운 사상인 것이다.

본문의 현해(懸解)는 열매가 꼭지에 매달려 있다가 풀려나는 자연스러운 것을 뜻한다.

俄而子來有病(아이자래유병) 喘喘然將死(천천연장사) 其妻子環而泣之(기처자환이읍지) 子犁往問之曰(자리왕문지왈) 叱(질) 避(피) 無怛化(무달화) 倚其戶(의기호) 與之語曰(여지어왈) 偉哉(위재) 造化(조화) 又將奚以汝爲(우장해이여위) 將奚以汝適(장해이여적) 以汝爲鼠肝乎(이여위서간호) 以汝爲蟲臂乎(이여위충비호) 子來曰(자래왈) 父母於子(부모어자) 東西南北(동서남북) 唯命之從(유명지종) 陰陽於人(음양어인) 不翅於父母(불시어부모) 彼近吾死(피근오사) 而我不聽(이아불청) 我則悍矣(아즉한의) 彼何罪焉(피하죄언) 夫大塊載我以形(부대괴재아이형) 勞我以生(노아이생) 佚我以老(일아이로) 息我以死(식아이사) 故善吾生者(고선오생자) 乃所以善吾死也(내소이선오사야) 今大冶鑄金(금대야주금) 金踊躍曰(금용약왈) 我且必爲鏌鋣(아차필위막야) 大冶必以爲不祥之金(대야필이위불상지금) 今一犯人之形(금일범인지형) 而曰(이왈) 人耳人耳(인이인이) 夫造化者必以爲不祥之人(부조화자필이위불상지인) 今一以天地 爲大鑪(금일이천지위대로) 以造化爲大冶(이조화위대야) 惡乎往而不可哉(오호왕이불가재) 成然寐(성연매) 蘧然覺(거연각)

꼽추가 된 자여가 샘가에 비틀비틀 걸어와서 자기 운명을 껄껄 웃고 있을 때, 자래가 갑자기 병에 들었다. 헐떡대면서 곧 죽으려고 하니 그

처자들이 빙 둘러서 큰 소리로 울고 있는데, 자리가 병문안을 왔다.

거기서 그는 흐느껴 울고 있는 가족을 질타하면서 조용히 하게 하였다. "대단한 전생을 하려는데 방해하지 마시오."

그러면서 그 가족들을 문밖으로 내쫓고 홀로 방문에 기대어 병상의 자래와 단둘이서 이야기를 시작한다.

"위대하구나! 조화의 힘이란. 넓은 이 세상에 태어나게 했고 이번에는 무엇으로 바뀌려고, 어디로 데리고 가려고 하는가. 너를 쥐의 간을 만들 것인가? 그렇지 않으면 벌레 따위의 다리로 만들려는가?"

자래가 답하였다.
"무엇이 되어도 상관하지 않는다. 자식이 부모에게는 동서남북 어디든지 오직 명령을 내리면 따르지 않는가. 음양은 사람에 대해서 부모의 절대성과 같이 큰 것이다. 그 절대적 힘을 가지는 우주의 이법이 나를 죽음에 가까이 가게 하는데 그 의지를 거스르면 나는 멋대로 행동을 하는 것이다. 자연은 우리를 대지에 살리려고 육체를 주었고 우리들이 일하도록 생명을 주었고, 우리를 안락하게 하려고 노년을 가져다 주었으며, 휴식을 하게 하기 위하여 죽음을 준 것이다. 생과 사는 이와 같이 한줄기이다.

지금 여기에 훌륭한 대장장이가 있다고 하자. 그가 쇠를 녹여서 주물을 만들려고 할 때 쇠가 제멋대로 튀어 올라, 나는 무딘 칼이 되고 싶지 않다. 장차 반드시 막야(鏌鎁, 옛날 오나라에서 만들어졌다는 명검의 이름)가 되겠다고 하면 그 대장장이는 그것을 대단치도 않은 불길한 쇠로 여길 것이다.

사람도 마찬가지 아니겠는가. 그와 같이 때마침 인간은 조화의 손에 의하여 사람의 모습으로 만들어졌을 뿐인데, 다음에도 사람이 될 것이다. 꼭 사람으로 태어날 것이라고 한다면 저 조화(도)는 틀림없이 그를 불길한 인간이라고 생각하기에 십상이다.

그래서 만물은 아우르는 천지를 큰 용강로로 보고 그것의 생사를 담당하는 조화를 큰 대장장이로 삼았으니, 어디로 간들 좋지 않겠는 가. 지금 그저 편안하게 잠들고 있으면 어느 사이에 눈이 확 뜨일 때까지 기다릴 뿐이다."

이렇듯 운명에 순순히 따르는 사람은 가지가지 슬픔, 비탄, 무서움을 넘어갈 수 있으며 죽음을 편안한 숙면처럼, 삶 또한 우연히 닥친 잠에서 깸과 같은 것에 지나지 않는다.

스트레스의 고통에서 벗어나게 하는 도를 가르치는 걸까? 많은 생각이 밀려온다.

스트레스 없는 절대 자유를 배운다, 장자

제4장
세상 밖에서 노는 사람,
세상 안에서 노는 사람

子桑戶(자상호) 孟子反(맹자반) 子琴張(자금장) 三人相與友曰(삼인상여우왈) 孰能相與於無相與(숙능상여어무상여) 相爲於無相爲(상위어무상위) 孰能登天遊霧(숙능등천유무) 撓挑無極(요조무극) 相忘以生(상망이생) 無所終窮(무소종궁) 三人相視而笑(삼인상시이소) 莫逆於心(막역어심) 遂相與友(수상여우)

여기에는 자상호, 맹자반, 자금장이라는 세 사람의 초월자가 등장한다. 그리고 그들이 서로 세속을 잊고 얽매임 없는 생활과 생사를 초월한 세계에 대한 동경을 서로 이야기한다.

초월자의 우주만큼의 위대함을 예교세계의 왜소함과 대비해서 찬양케 하는 부분의 설화로써 새로운 취향과 전개를 볼 수 있다.

서로의 교제를 의식하지 않고 거슬림 없이 벗이 되는 것, 즉 서로 하는 일 없이 서로 한다는 일체 인간적 작위를 없애고 나서 자연 그대로 행동하는 것을 말한다. 소위 말하는 무위의 위다.

자상호(논어의 자상백자) 맹자반(논어의 맹자반) 자금장(맹자의 금장) 3인이 더불어 서로 벗이 되어서 왈, "누가 서로 더불어 사귀지 않는 것을 사귀는 것으로 여기고, 서로 도와주지 않는 것을 서로 도와주는 것으로 여길 수 있는가? 누가 하늘로 올라가 안개 속에서 노니고, 끝없는 데를 자유로이 드나들고, 서로 살고 있다는 것, 즉 유한을 잊어버리고, 끝나고 다하는 바가 없을 수 있을 것인가? 세 사람이 서로 보고 웃으며 마음에 거슬림이 없어, 마침내 서로 벗이 되었다."

하늘로 올라가 안개 속에서 노니는 것은 초월자의 무엇에도 걸리지 않는 절대 자유세계로의 비상을 말하며, 생사를 잊고 시공을 넘어서 실재 그 자체와 자기도 모르는 사이에 합치는 경지를 설명하고 있다. 이와 같이 마음을 비우고 하는 교제와 무위의 위, 절대 자유세계로의 비상, 실재 자체와 자기로 모르게 합침 등이 가능한 인물이 있으면 서로 친구로 사귀고 싶다는 말이다. 세 사람이 서로 보고 웃는 것은 그 경지를 서로 마음속으로 긍정하는 동작. 이렇게 초월적 교제가 성립하였다. 복잡한 세상을 초월적 교제로 살 수 있다면 얼마나 편안하겠는가?

莫然有間(막연유간) 而子桑戶死(이자상호사) 未葬(미장) 孔子聞之(공자문지) 使子貢往侍事焉(사자공왕시사언) 或編曲(혹편곡) 或鼓琴(혹고금) 相和而歌曰(상화이가왈) 嗟來(차래) 桑戶乎(상호호) 嗟來(차래) 桑戶乎(상호호) 而已反其眞(이이반기신) 而我猶爲人猗(이아유위인의) 子貢趨而進曰(자공추이진왈) 敢問(감문) 臨尸而歌(임시이가) 禮乎(예호) 二人相視而笑曰(이인상시이소왈) 是惡知禮意(시오지예의)

막연(莫然)이란 평온무사한 모습, 평온하게 지내면서 얼마 지난 뒤

스트레스 없는 절대 자유를 배운다, 장자

그 세 사람 중 자상호가 이 세상을 떠났다. 그런데 아직 장례를 치르지 않았을 무렵 그의 죽음을 전해 들은 공자는 자공으로 하여금 장례식을 도와주도록 하였다. 자공이 자상호의 집에 가보니 죽은 자의 친우, 맹자반과 자금장 두 사람은 시신을 내버려두고 한 사람은 봉당에서 명석을 엮고 있었고, 한 사람은 그 옆에서 거문고를 타면서 다음과 같은 노래를 서로 화답하며 부르고 있다.

"아 자상호, 아 자상호, 너는 벌써 본래의 모습으로 돌아갔는데 우리들은 아직 인간 세계에 남아 있으니 걱정스럽다."

이 노래를 듣고 자공이 빠른 걸음으로 걸어 나아가서 말하기를
"감히 묻겠는데, 죽은 사람의 장례가 끝나기 전에 시신을 앞에 두고 노래 부르는 것이 예(禮)입니까?"
이 물음에 대답 대신 두 사람은 서로 마주 보면서 웃으면서 왈, "이 사람이 어찌 예(禮)의 본뜻을 알겠는가?"

자공의 예(禮)와 맹자반, 자금장이 말하는 예(禮)는 다른 것이다. 자공은 죽은 자에 슬퍼하고 그 슬픔에 대한 외형적 행위를 예의로 한다면 이 두 사람은 자연의 조화로 죽음으로써 절대 자유세계로 돌아간 자보다 자신들의 처신을 탄식하며 나오는 자연스러운 정(情)에 예(禮)가 있다고 생각하는 것이다.

子貢反(자공반) 以告孔子曰(이고공자왈) 彼何人者邪(피하인자야) 修行無有(수행무유) 而外其形骸(이외기형해) 臨尸而歌(임시이가) 顔色不變(안색불변) 無以命之(무이명지) 彼何人者邪(피하인자야) 孔子曰

(공자왈) 彼遊方之外者也(피유방지외자야) 而丘遊方之內者也(이구
유방지내자야) 外內不相及(외내불상급) 而丘使女往弔之(이구사여왕
조지) 丘則陋矣(구즉누의) 彼方且與造物者爲人(피방차여조물자위인)
而遊乎天地之一氣(이유호천지지일기) 彼以生爲附贅縣疣(피이생위부
췌현우) 以死爲決瘭潰癰(이사위결환궤옹) 夫若然者(부약연자) 又惡
知死生先後之所在(우오지사생선후지소재) 假於異物(가어이물) 託於
同體(탁어동체) 忘其肝膽(망기간담) 遺其耳目(유기이목) 反覆終始(반
복종시) 不知端倪(부지단예) 芒然彷徨乎塵垢之外(방연방황호진구지
외) 逍遙乎無爲之業(소요호무위지업) 彼又惡能憒憒然爲世俗之禮
(피우오능궤궤연위세속지례) 以觀衆人之耳目哉(이관중인지이목재)

맹자반과 자금장에게 뒤통수를 맞은 듯한 자공은 곧바로 되돌아가
공자에게 물었다.

"저 사람들은 어떤 사람입니까? 수행 없이 그 태도는 자기 멋대로이
며 외형을 무시하고 예의 따위는 중시하지 않습니다. 시신에 임하여
노래를 부르면서 안색 또한 변하지 않으니 이런 사람들은 무엇이라 말
할 수 없는 기괴한 존재인데 대체 저 사람들은 어떤 사람들입니까?"

그랬더니 공자는 답을 한다.
"그 사람들은 세속의 예의 규범 밖에서 노는 사람들이고, 나는 그
안에 있는 사람이다. 방내(方內)와 방외(方外) 이 두 세계는 전연 차원
을 달리하는 따로따로의 세계이다. 내가 너로 하여금 가서 조문하도록
하였으니 내가 참으로 생각이 얕았다.
그 사람들은 조물주(道)와 더불어 벗이 되어서 천기의 일기(一氣)와

노닐고, 저들은 삶을 몸에 붙어 있는 사마귀나 달린 혹처럼 여기고 죽음을 종기가 곪아 터져서 사라지는 것과 같이 생각한다. 즉 육체를 정화하는 하나의 생리 과정 정도로 밖에 생각하지 않는 것이다.

이런 경지에 있는 사람들은 또 어찌 죽음과 삶 그리고 그 생전과 생후를 알겠는가? 다른 물체를 빌려서 태어나 한 몸에 의탁해서 간과 담에 의한 생명 활동을 입으며, 귀와 눈으로 하는 감각 작용을 잊어버리고, 처음과 시작을 반복하니 그것을 끝없이 되풀이한다.

일체 존재의 생멸 변화는 밀려왔다가 다시 돌아가는 파도처럼 끝나면 다시 시작되는 원주의 무한 순환처럼 처음을 잡을 수도 끝을 찾을 수도 없다. 아득히 모든 것을 잊고 세속 밖을 유유히 자유롭게 다니고, 아무것도 하지 않은 일에 자유로이 소요하니 그 사람들은 또 어찌 번거롭게 세속의 예를 행해서 중인들의 이목을 끌어 박수갈채를 받으려 하겠는가?"

형식이나 의례를 갖추어 세상의 이목을 받아 세간 사람들의 갈채를 받을 것 따위를 생각하지 않는 것, 요컨대 그들은 방외(方外) 즉, 세속 규범의 밖에는 노는 사람들이다.

여기서는 방내(方內), 방외(方外)란 말의 의미에 대해 더 설명해 보고자 한다. 방(方)은 규범 또는 한정이라는 뜻이고 방내(方內)는 즉 예의 규범 속의 세계, 이를테면 세속을 뜻하며 방외(方外)란 예의 규범을 넘어선 세계, 즉 초월자의 세계를 뜻한다.

여기서 특히 문제가 되는 것은 장자적 초월자와 방외자와의 관계다. 확실히 방외자는 세속을 넘어선다는 의미에서는 일종의 초월자이다. 그러나 방외자는 그냥 그대로 장자적 초월자인가. 바꾸어 말하며 장자적 초월자란 오로지 방외자인가? 이 점을 뚜렷하게 하기 위해서는 장자의 초월자 성격을 여기서 다시 한 번 확인할 필요가 있다.

장자에 있어서 초월자란 자유인이며, 일체의 대립을 넘어선 존재가 되어야 했다. 그리고 안과 밖의 대립을 넘어서는 것은, 안이면서 밖도 된다는 말이니, 참된 초월자는 방외인 동시에 방내인 존재, 바꾸어 말하면 무방(無方)의 존재일 수밖에 없다. 무방의 존재이어야 처음으로 참된 자유인, 즉 초월자일 수 있다.

만일 방외의 입장을 고집하면 그 고집은 방내의 입장에서는 부자유와 같은 것이다. 공자가 자신을 방내자라 하고 장자적 초월자를 방외자라고 부르는 것은 '구별'이며, 방내와 방외는 한계를 가지는 개념이므로 장자적 절대자는 이러한 구별에도 불구하고 엄밀히 말하면 방내와 방외를 하나로 하여 넘어가는 무방의 존재이다.

방외 개념의 한계성을 충분히 이해할 때 제물론편이나 인간세편에 나타나는 일관된 장자적 초월자의 본질이 파악된다.

본문의 내외부상급(內外不相及), 서로 미치지 않는다는 것은 서로 이해하지 못함을 말한다. 자신의 입장에서는 입장이 다른 상대를 이해할 수 없음을 말하는 것으로, 입장이 다름을 아는 것이 이해하는 것이다.

부지단예(不知端倪)에서 단예(端倪)는 두자 모두 처음이라는 뜻이다.

子貢曰(자공왈) 然則夫子何方之依(연즉부자하방지의) 孔子曰(공자왈) 丘天之戮民也(구천지륙민야) 雖然(수연) 吾與汝共之(오여여공지) 子貢曰(자공왈) 敢問其方(감문기방) 孔子曰(공자왈) 魚相造乎水(어상조호수) 人相造乎道(인상조호도) 相造乎水者(상조호수자) 穿池而養給(천지이양급) 相造乎道者(상조호도자) 無事而生定(무사이생정) 故曰(고왈) 魚相忘乎江湖(어상망호강호) 人相忘乎道術(인상망호도술)

공자로부터 '방외(方外)에 노는 사람'에 대한 설명을 들은 자공은 다시 질문한다.

"선생님께서는 조금 전 '방내에서 있는 사람'이라고 말씀하셨는데, 선생님께서 하시는 생활의 규범이라는 것은 대체 어떤 것일까요?"

공자 왈, "나는 하늘로부터 냉혹하게 벌을 받은 사람, 즉 세속에서 부침하는 것을 운명으로 타고난 사람이다. 그러나 나는 자네와 함께 노력해서 방외에서 노는 사람, 즉 초월적 세계에서 놀고 싶다."

자공이 말하기를, "감히 방법을 묻겠습니다."

공자 왈, "물고기는 서로 물에 나아가고, 사람은 서로 도(道)에 나간다. 서로 물에 나가는 물고기는 못을 파서 방생하는 것이 충분히 양육이 가능해지고, 그와 마찬가지로 도에 의해서 참된 자기가 된 사람은 도의 자연에 따라 인위를 버리고 마음먹음이 없으면 그들의 생활이 안전하니, 그러므로 물고기는 강과 호수에서 서로를 잊고 자유로이 헤엄치고, 사람은 만물제동의 그 자체 안에서 일체의 인간적인 것을 잊어버림으로써 얽매임 없이 사람은 자유롭게 소요하며 산다."

물이 없어 허덕이는 물고기, 난세에 받는 고통에 고생하는 사람들이 지금 우리의 모습은 아닐까? 스트레스로 가득 찬 세상을 느긋하게 살 수 있는 방법을 밝혀 놓은 듯하다.

子貢曰(자공왈) 敢問畸人(감문기인) 曰(왈) 畸人者(기인자) 畸於人而 侔於天(기어인이모어천) 故曰(고왈) 天之小人(천지소인) 人之君子(인 지군자) 人之君子(인지군자) 天之小人也(천지소인야)

마지막으로 자공이 물었다.

"기인(畸人)이란 말이 있습니다. 맹자반이나 자금장의 행동거지를 보고 있으면 기인이라는 말이 생각나는데, 그 기인에 대해서 여쭤보겠습니다."

공자 왈, "기인이란 세속 인간과 비교하면 다르지만 자연의 이법과는 훌륭하게 형평이 맞는 사람이다. 하늘 세계의 소인은 인간 세계의 군자이고, 인간 세계의 군자는 하늘 세계의 소인이다."

절대 세계에서 이상적이라 알려진 사람도 세속 사람이 보면 하찮은 인물로 보이며, 세속 세계에서 훌륭하다는 사람은 절대 세계로 데려가면 쓸모없는 존재일 뿐이란 뜻인데 이것은 초월자의 세계와 세속의 세계와는 가치 차원이 완전히 다르다는 것을 말한 것이다.

스트레스 없는 절대 자유를 배운다, 장자

  기인의 기는 균형이 유지되지 않는, 거의 초점이 맞지 아니한, 고장
난 등의 의미를 가지는 말이나, 장자적 절대자를 이 '기'라는 말로 표현
하는 곳에 장자의 상식에 대한 도전과 범속에 던지는 야유가 엿보인다.

제6편 대종사 大宗師

제5장
상례를 간소하게 하고
만물의 전생과 윤회를 조용히 기다린다

顔回問仲尼曰(안회문중니왈) 孟孫才(맹손재) 其母死(기모사) 哭泣無 涕(곡읍무체) 中心不戚(중심불척) 居喪不哀(거상불애) 無是三者(무 시삼자) 以善處喪蓋魯國(이선상개노국) 固有無其實而得其名者乎 (고유무기실이특기명자호) 回壹怪之(회일괴지) 仲尼曰(중니왈) 夫孟孫 氏盡之矣(부맹손씨진지의) 進於知矣(진어지의) 唯簡之而不得(유간 지이부득) 夫已有所簡矣(부이유소간의) 孟孫氏不知所以生(맹손씨부 지소이생) 不知所以死(부지소이사) 不知就先(부지취선) 不知就後(부 지취후) 若化爲物(약화위물) 以待其所不知之化已乎(이대기소부지화 이호) 且方將化(차방장화) 惡知不化哉(오지불화재) 方將不化(방장불 화) 惡知已化哉(오지이화재) 吾特與汝(오특여여) 其夢未始覺者邪(기 몽미시각자야) 且彼有駭形而無損心(차피유해형무손심) 有旦宅而無 情死(유단책이무정사) 孟孫氏特覺(맹손씨특각) 人哭亦哭(인곡역곡) 是自其所以乃(시자기소이내) 且也相與吾之耳矣(차야상여오지이의) 庸詎知吾所謂吾之乎(용거지오소위오지호) 且汝夢爲鳥而厲乎天(차 여몽위조이여호천) 夢爲魚而沒於淵(몽위어이몰어연) 不識今之言者 (불식금지언자) 其覺者乎(기각자호) 其夢者乎(기몽자호) 造適不及笑

(조적불급소) 獻笑不及排(현소불급배) 安排而去化(안배이거화) 乃入
於寥天一(내입어료천일)

여기서는 안회와 공자(중니) 사이의 문답으로 맹손재(孟孫才)라는 초
월자의 위대한 생활을 찬미하면서 생과 사, 물체와 나 사이의 대립과
모순 또한 하나일 뿐 아니라, 꿈과 현실의 구별마저 분별이라는 망집에
서 비롯되었다는 것을 설명하고 있다.

안회가 중니에게 물었다.
"맹손재는 그의 어머니가 돌아가셨는데도 눈물을 흘리지 않고 곡을
하는 시늉만 낼 뿐이고, 마음속으로 근심하지도 아니하고 상중에 거
해도 슬퍼하지 않았습니다. 시삼자(是三者)라 곡하여 눈물 흘리고, 마
음속에 죽음을 아파하며 근심하고, 상복을 입고 슬퍼하는 것을 말하
는데 이 세 가지가 없는데 상(喪)을 잘 치렀다는 명성이 노나라를 덮었
습니다. 명성이란 실제 행위가 있고 그에 따르는 것인데 그 실제가 없
는데도 명성을 얻는 것이 진실로 있을 수 있습니까? 저는 오로지 이것
이 괴이합니다."

공자(중니)는 말한다.
"저 맹손씨는 있는 대로 정성을 다하여 생사의 도리를 한 사람이다.
장례에 관해 잘 아는 사람의 지식보다 훨씬 나아간 높은 경지에 도달
한 사람이다. 이와 같은 초월자에서는 세속의 형식적 의례 따위는 어
떻게 되든 괜찮은 문제이지만 속세에 들어가면 속세에 따르라는 말은
아주 무시할 수도 없고 어쨌든 세속의 습관에 따른다는 것뿐이다.

맹손씨는 사는 까닭을 알려고 하지 아니하며, 죽음의 이유도 알려고 하지 아니하며, 그냥 자연이 되는대로 살고 죽는데 지나지 않는다. 먼저 갈지 모르고 나중에 가리란 것도 모른 채 삶과 죽음 어느 것이 먼저이고 나중인지 갈팡질팡하지도 않는다. 생전(生前)의 모습을 알려고 하지 아니하며, 사후 모습에 대해서도 알려고 하지 아니하며, 변화를 따라서 인간이 되어, 알지 못하는 바(미래)의 변화를 기다릴 뿐이다.

게다가 막 변화했을 때에 변화하지 않은 모습을 어찌 알 것이며, 바야흐로 변화하지 않았을 때 이미 변화한 모습을 어찌 알 수 있겠는가? 나와 너는 다만 아직 처음부터 꿈에서 깨어나지 못하고 있다.

또한, 저 사람은 몸이 놀라게 함은 있으나 마음은 손상함이 없으며, 육체가 놀람은 있어도 마음이 죽는 일은 없으니, 맹손씨는 홀로 깨어서 사람들이 곡을 하면 자신도 또한 곡을 하였으니, 이것이 저절로 그가 그러한 까닭이다. 또한, 서로 함께하는 그것을 나라고 하는 것일 뿐이니, 어찌 이른바 나라고 하는 것이 참다운 의미의 나를 알겠는가?

또 자네는 꿈에 새가 되어 하늘에 나르고 꿈에 물고기가 되어 깊은 못에 들어간다면, 알 수 없구나. 지금 말하는 자네는 그 꿈에서 깨어난 것인가? 그 꿈을 꾸고 있는 것인가? 잠깐의 즐거움은 웃는 것에 미치지 못하고, 드러난 웃음은 자연의 추이에 미치지 못하고, 자연의 추이(변화)에 편안히 여겨 변화도 잊어버리면 마침내 고요한 하늘과 일체가 되는 경지에 들어갈 것이다.

물질과 나와의 대립이 상대적일 뿐 아니라 꿈과 현실 사이의 대립 또한 상식이 명확하게 구별할 만큼 절대적이지 않다. 사람은 꿈에 새가 되어 하늘을 날고 꿈에 물고기가 되어 강물 깊이 들어간다. 꿈속에서는 꿈이야말로 유일한 현실이며 꿈꾸는 사람에게 꿈은 유일한 진실이 아니겠는가? 따라서 너희가 지금 현실이라고 생각하는 그것도 혹시 꿈일지 모른다. 꿈이라고 생각하는 그 꿈이 혹여 현실일 수 있다. 나와 물질과의 명합, 꿈과 현실과의 뒤섞임, 실제의 진상은 인간의 분별을 던져버림으로써 마침내 분명해진다.

도, 즉 참된 실재란 크나큰 혼돈이라 할 수 있다. 시비의 편견에 사로잡혀 남의 선악을 가리는 것 또한 이 선악 두 가지를 모두 잊어버리고 일체 존재의 변화와 추이에 몸을 맡기는 것에 따를 수밖에 없다. 일체 존재의 변화 추이에 몸을 맡기고 변화 자체마저 잊어버릴 때 인간은 처음으로 영겁의 고요한 절대적 하나(一)의 경지, 만물제동의 실체 세계에 참가할 수 있다."

인간의 심지(心知)에 의하여 찢어진 꿈과 현실도 본래의 하나가 되면, 참으로 도와 일체가 된 해방된 생이 시작된다. 그러므로 장자는 공자와 안회의 문답에서 꿈과 현실의 뒤섞임 속에 그것을 혼돈화한다. 공자는 자기 발언을 꿈과 현실에서 혼돈하고 있으며 그 혼돈화 속에서 장자적 절대자에 다가서고 있는 것이다.

본문의 진어지의(進於知矣)는 양생주(養生主)편의 진어지의(進於枝矣)와 닮은 말솜씨이고, 맹손재의 세계가 지(知) 이상의 차원으로 힘차게 나아가서 개념적 인식을 넘어섰다는 의미이다.

약화위물(若化爲物)의 약(若)은 순(順)과 같다. 화(化)는 생멸변화하는 자연의 이법을 말한다.

부지지화(不知之化)란 미래의 변화, 즉 죽음을 말한다.

천일(天一)은 절대의 하나란 뜻이다.

제6장
끝없이 펼쳐지는 도의 세계에서 논다

意而子見許由(의이자현허유) 許由曰(허유왈) 堯何以資汝(요하이자여) 意而子曰(의이자왈) 堯謂我(요위아) 汝必躬服仁義而明言是非(여필궁복인의이명언시비) 許由曰(허유왈) 而奚來爲軹(이해래위지) 夫堯旣已黥汝以仁義(부요기이경여이인의) 而劓汝以是非矣(이의여이시비의) 汝將何以遊夫遙蕩恣睢轉徙之塗乎(여장하이유부요탕자수전사지도호) 意而子曰(의이자왈) 雖然(수연) 吾願遊於其藩(오원유어기번) 許由曰(허유왈) 不然(불연) 夫盲者無以與乎眉目顔色之好(부맹자무이여호미목안색지호) 瞽者無以與乎靑黃黼黻之觀(고자무이여호청황보불지관) 意而子曰(의이자왈) 夫無莊之失其美(부무장지실기미) 據梁之失其力(거량지실기력) 黃帝之亡其知(황제지망기지) 皆在鑪捶之間耳(개재로추이간이) 庸詎知夫造物者之不息我黥(용거지부조물자지불식아경) 而補我劓(이보아의) 使我乘成以隨先生邪(사아승성이수선생야) 許由曰(허유왈) 噫(희) 未可知也(미가지야) 我爲汝言其大略(아위여언기대략) 吾師乎(오사호) 吾師乎(오사호) 制萬物而不爲義(제만물이불위의) 澤及萬世而不爲仁(택급만세이불위인) 長於上古而不爲老(장어상고이불위로) 覆載天地刻彫衆形而不爲巧 (복재천지각조중형이불위교) 此所遊已(차소유이)

이 글은 의이자(意而子, 가공인물)와 허유(許由) 간의 문답이다. 허유는 소요유(逍遙遊)편에서 보인 옛날 은자(隱者)의 이름이다.

여기서는 두 사람의 문답으로 도의 위대성을 칭찬하면서 인간 생활의 참된 규범이 인간의 꾸밈으로 만든 인의예악(仁義禮樂)에 있는 것이 아니고, 무위자연(無爲自然)의 도(道)에 있다는 것을 말하고 있다.

어느 날 의이자가 허유를 찾아왔다.

허유 왈, "너는 요새 성인으로 소문난 요(堯)임금을 만났지. 그가 무엇을 그대에게 가르쳐 주었는가?"

의이자는 "요임금께서 저에게 말하기를 힘껏 노력하여 몸소 인의(仁義)를 실천하며 무엇이든 지식을 활용하여 시비를 분명하게 밝히도록 하라고 가르쳐 주셨습니다."

이에 허유 왈, "참 어처구니가 없구나. 너는 이제 와서 무엇 때문에 나에게 왔는가? 저 요(堯)임금은 이미 그대를 인의(仁義)로써 얼굴에 먹물을 새겼으며, 시비로써 그대의 코를 베었는데, 새삼스럽게 나에게 온들 저 멀리 펼쳐져 있는 곳을 마음 내키는 대로 떠돌아다니는 저 초월자의 세계에서 노는 일 따위는 어림없는 일이다."

이에 의이자가 말하기를 "비록 안으로 받아들여지지는 못하더라도 그 울타리 근처, 즉 도의 근처에서 놀고 싶습니다."

허유 왈, "안 된다. 대저 칠흑 같은 어둠 속에서는 썩 뛰어난 미인도 나무 인형과 같고, 눈뜬 장님에게는 호화스러운 옷 또한 누더기와

스트레스 없는 절대 자유를 배운다, 장자

마찬가지다."

의이자 왈, "그렇지만 이러한 말이 있지 않습니까. 옛날 '무장'이라는 미인은 '도'에 대해 듣고 나서 자신의 미(美)를 잃어버리는 것과 거량(據梁)이라는 용맹한 사람이 '도'를 듣고 자기가 용자임을 잊는 것과 황제(黃帝)가 그 지혜를 잊어버리는 것은, 도는 조물자와 같고 그 조물자의 조화에 있을 뿐입니다. 저 조물자가 나의 먹물 새김을 지우고, 저의 베인 코를 원상으로 돌려놓고, 오체가 잘 갖추어진 몸으로 선생의 가르침을 바랄 수도 있으니 말입니다."

허유 왈, "아! 그렇게 말하면 그럴지도 모르겠네. 그렇다면 나는 너에게 도의 세계에 대해 대략적인 것을 가르쳐 주겠다. 아아. 나의 선생이여(道)! 나의 선생이여(道)! 일체의 존재를 적절하게 나누어서 자기가 의(義)를 행하고 있다는 것마저 의식하지 않고, 무한한 은혜를 만물에 베풀고 있으면서 자기가 인(仁)을 행하고 있다는 것도 의식하지 않는다.

천지개벽 이전부터 유구한 시간을 경과 하여도 자기가 오래된 존재라고 생각하지 않고, 만물을 덮고 실어 삼라만상을 따로따로 다르게 조형하더라도 자기가 훌륭한 예술가라도 생각하지 않는다. 이것이 노닐 바(道)일 뿐이다.

인간의 기교와 지혜, 인간들이 사랑과 정의라고 말하는 것은 이것에 비하면 없는 것과 한가지다. 도란 이처럼 위대한 것이다. 그리고 나는 이 위대한 도에 노는 사람, 대자연의 이법을 스승으로 하고 생활하는 초월자와 다름없다."

본문의 경(黥), 의(劓)는 모두 형벌의 이름. 경은 죄인에게 문신하는 하는 것이고, 의는 코를 베어내는 형벌이다.

황제는 이 편 첫머리에 도를 얻어 하늘로 올라갔다는 전설적 제왕의 이름. 성지(聖知)의 소유자로 전해진다.

노추(鑪捶)의 노(鑪)는 금속을 녹이는 쇠살대, 추(捶)는 녹인 금속을 두들겨 불리다는 뜻. '노추간에 있다'는 단련 도야를 거쳐서 얻어진 것이라는 의미이다.

스트레스 없는 절대 자유를 배운다, 장자

제7장
좌망에 관한 문답

顔回曰(안회왈) 回益矣(회익의) 仲尼曰(중니왈) 何謂也(하위야) 曰
(왈) 回忘仁義矣(회망인의의) 曰(왈) 可矣(가의) 猶未也(유미야) 他日
復見曰(타일부현왈) 回益矣(회익의) 曰(왈) 何謂也(하위야) 曰(왈) 回
忘禮樂矣(회망예악의) 曰(왈) 可矣(가의) 猶未也(유미야) 他日復見曰
(타일부현왈) 回益矣(회익의) 曰(왈) 何謂也(하위야) 曰(왈) 回坐忘矣
(회좌망의) 仲尼蹴然曰(중니축연왈) 何謂坐忘(하위좌망) 顔回曰(안회
왈) 墮肢體(타지체) 黜聰明(졸총명) 離形去知(이형거지) 同於大通(동
어대통) 此謂坐忘(차위좌망) 仲尼曰(중니왈) 同則無好也(동즉무호야)
化則無常也(화즉무상야) 而果其賢乎(이과기현호) 丘也請從而後也
(구야청종이후야)

이 장은 유명한 좌망(坐忘)에 대한 문답이다. 좌망(坐忘)이란 있는
그대로 일체를 잊어버리는 것이고, 장자의 설명에 따르면 신체를 타기
하고 심지를 던져버리고 심신일체의 속박을 벗어나서 도와 일체가 된
경지이다.

제물론(齊物論)편에서 말하는 나를 잊었다는 경지(忘我), 선가의 이
른바 심신을 잃어버렸다의 경지와 다른 것이 없다. 여기서 장자는 공

문(孔門)의 슬로건인 인의예악(仁義禮樂)을 우습게 여기고 추월자의 세계가 일체의 인간적 영위의 왜소함을 넘어선 곳에서 성립된다는 점을 강조하고 있다.

안회 왈, "저는 수양이 나아간 것 같습니다." 중니 왈, "무슨 말인가?" 안회가 대답한다. "저는 인의(仁義)를 잊어버렸습니다." 중니 왈 "괜찮으나 아직 부족하다."

다른 날 다시 뵙고 안회가 말하길 "저는 나아진 것 같습니다." 중니 왈, "무슨 말인가?" 안회가 예악(禮樂)을 "잊어버렸습니다."라고 하자 중니 왈, "괜찮으나 아직 부족하다."

다른 날 다시 뵙고 왈, "저는 나아진 것 같습니다." 중니 왈, "무슨 말인가?"

안회가 말했다. "저는 앉은 채로 모든 것을 잊어버렸습니다."

중니가 깜짝 놀라면서 물었다. "무엇을 일러 좌망(坐忘)이라 하는가?"

안회 왈, "인의예악을 버리고, 귀와 눈의 감각 작용을 버리고, 육체를 떠나고 지각을 떠나서, 크게 통하는 세계 즉 대도(大道)에 동화가 되었습니다. 이것을 일러 좌망(坐忘)이라 합니다."

중니 왈, "큰 도에 동화하면 좋아하는 것이 없으며, 그 큰 도가 화하게 되면 큰 도와 하나가 되어 집착이 없게 되니, 너는 참으로 현명하도나! 나는 청컨대 너의 뒤를 따르고자 한다."

중니는 축연(蹴然)하게 말한다. 축연은 모양을 고치는 모습이다. 최후에 같아지면 좋아하거나 미워하는 것 없어지고 하나가 되면 구애됨이 없다는 구절은 만물제동의 도와 일체가 되면 좋고 나쁘고 사랑하고 미워하는 망집에 마음이 어지럽혀지는 일이 없어 변화유전하는 도 그 자체와 하나 되고, 한 곳에 못 박혀 움직이지 못하게 되는 일 없는 자유무애한 생활이 있다는 것이다.

상무(常無)라는 것은 고정되지 않는 것. 하나에 고정되지 않는 것을 말한다.

이과기현(而果其賢), 즉 '참으로 현명하도다'는 논어 「옹야편(雍也篇)」 의 "현명하도다 희야"를 풍자적으로 비꼬아 놓은 것 같다.

공구야 바라건대 너의 뒤를 따르리, 장자는 만면에 미소를 머금고 공자의 재기(才氣)를 야유하며 마음대로 가지고 놀고 있다.

짧은 글이지만 우리들 일상생활 속에 겪는 마음 움직임을 심도 있게 파헤친다. 우리가 겪는 스트레스 근본 뿌리를 역설하고 있다. 쉽게 좋 아하거나 나쁘다는 것을 함부로 겪으면서 그것을 깨닫지 못한다.

본문에서 인의(仁義)를 잊어버렸다는 것은 인의(仁義)를 체득했다는 의미도 된다. 공자(중니)로 하여금 안회의 현명함을 말하고 있다.
좌망(坐忘)은 인간세(人間世)의 좌치(坐馳. 몸은 가만히 앉아 있지만, 마음이 이리저리 치달음)와 반대되는 말이다.

제8장
부모나 천지보다 위대한 것은 무엇인가

子輿與子桑友(자여여자상우) 而霖雨十日(이림우십일) 子輿曰(자여
왈) 子桑殆病矣(자상태병의) 裹飯而往食之(과반이왕식지) 至子桑之
門(지자상지문) 則若歌若哭(즉약가약곡) 鼓琴 曰(고금왈) 父邪母邪
(부야모야) 天乎人乎(천호인호) 有不任其聲(유불임기성) 而趨擧其詩
焉(이추거기시언) 子輿入曰(자여입왈) 子之歌詩(자지가시) 何故若是
(하고약시) 曰(왈) 吾思夫使我至此極者(오사부사아지차극자) 而不得
也(이부득야) 父母豈欲吾貧哉(부모기욕오빈재) 天無私覆(천무사복)
地無私載(지무사재) 天地豈私貧我哉(천지기사빈아재) 求其爲之者
(구기위지자) 而不得也(이부득야) 然而至此極者(연이지차극자) 命也
夫(명야부)

대종사편의 마지막 장은 제2장 및 제3장과 대체로 같은 맥락의 글이
다. 이 장에 나오는 두 사람의 인물 중에 자여(子輿)는 제2장의 4인 중
한 사람으로, 자상(子桑)은 제3장의 자상호와 같은 인물로 보인다.

여기서는 두 사람의 문답으로 인간의 빈부(貧富), 귀천(貴賤), 빈궁
(貧窮)과 영달(榮達), 수요(壽夭, 오래 사는 것과 요절하는 것) 모두가 천
명(天命)에 따라가는 것이라는 것을 말하고 있고, 그 천명에 안주함으

스트레스 없는 절대 자유를 배운다, 장자

로써 슬픔과 두려움 등을 초극하고 편안한 삶의 환희를 얻을 수 있다는 것을 밝혀 놓았다.

마지막의 명야부(命也夫)의 명은 인간이 크게 존경해마지 않는 스승 대종사(大宗師)이며 이 한자에 큰 여운을 남기고 서술을 끝맺는다.

자여와 자상은 모두 가공인물이며, 친한 친구 사이다. 자상은 평소 밑바닥 생활을 하느라 아마도 몹시 지쳐있었을 것 같다. 그래서 자여가 음식을 싸 가지고 가서 주었더니 대문 근처에서 노래인지 곡성인지 분별 되지 않는 기이한 소리가 거문고 소리와 섞여서 들려온다.

아버지인가? 어머니인가? 하늘인가? 사람인가? 이 지경이 누구의 탓인가? 그 소리를 제대로 내지 못하고 그 가사를 곡조에 맞지 않게 빨리 읊조렸다.

자여가 들어가서 왈, "그대의 노래가 무슨 까닭으로 이와 같은가?"

자상이 대답하길, "대저 나로 하여금 이 지경에 이르도록 한 까닭을 내가 생각해 보았지만, 그 원인을 얻지 못하였다. 부모인들 어찌 나를 가난하게 하고자 하였으며, 하늘은 사사로이 덮어주는 일이 없고, 땅은 사사로이 실어주는 것이 없으니, 천지가 하는 일은 인간에 대한 편파가 있을 리 없으니 우주의 차별대우도 아닐 것이며 결국 명(命), 즉 인간의 인식을 넘어선 자연의 이법(그렇게 됨을 알 수 없이 그렇게 되는 자연의 과정)일 뿐이다."

자상은 이렇게 말하면서 그의 말 마지막에 "부(夫, 아!)"로 끝맺는다. 부는 영탄의 말이다.

대종사(大宗師)편은 전반부와 후반부로 나누어 볼 수 있다.

전반부는 '진인(眞人)'이란 이상적 인간의 모습을 여러 각도에서 그려 냈다. 인현군자사(仁賢君子士)와 형예지덕(刑禮知德)을 긍정하여 유가, 법가에 접근하여 종래의 도가사상을 사회화, 정치화하여 지배를 위한 이론이 되도록 노력하는 점이 특이하게 주목을 끈다.

후반부는 진인(眞人)의 등뼈로서 기대되는 세계와 도에 관한 지식에 대해 말한다. 만물은 일체라는 형체로 존재하고 있으며 사람 또한 그 중 하나로 자연적, 필연적 천(天), 명(命)으로 전화(轉化), 전생(轉生), 즉 화(化)하고 있다. 그 근원에는 도(道)라는 실재가 놓여 있다. 그 작

스트레스 없는 절대 자유를 배운다, 장자

용은 절대라고 한다.

제2장, 제7장은 허정설(虛靜說)의 실천을 통하여 도를 파악할 것을 논하고 더불어 만물의 화를 그 근저에서 명하는 주체성의 확립에 이른다. 제3장에서 제5장까지는 인간의 생사를 만물의 전화의 하나일 따름이라고 주장한다. 제6장은 비소한 인의나 시비 따위를 잊어버리고 근원인 조물자의 세계에서 노닐 것을 권한다. 제8장은 그 도를 명(命)이라는 말로 바꾸어 인간은 명에 지배되어 있다고 주장한 문장이다. 이상의 여러 장은 전국 말기에 성립된 것인데, 그중에는 전한 초기의 작품으로 생각되는 것도 포함되어 있다.

山靜似太古日長
如少年

제7편

응제왕 應帝王

소요유편에서 우선 절대자의 높은 초월을 그려놓았고, 제물론편에서는 그 높은 초월의 논리적 근거를 분명히 해두었다. 다음으로 양생주편, 인간세편에 있어서 현실을 사는 초월자의 지혜, 자기를 완수하며 세상 사람과 교제하는 방법을 말하고, 양생주편, 대종사편에 있어서 진인(眞人)의 면목과 도의 위대함을 찬미해 온 장자는 최후에 장자적 절대자가 세상을 다스리는 기술, 정치적 지배자로서의 성격을 밝히고 있다.

응제왕(應帝王)이란 제로서, 왕으로서 어울리는 존재, 말하자면 장자적 초월자는 정신세계의 절대자인 동시에, 그 절대성 때문에 현실세계의 최고 지배자인 제왕(帝王)이 되지 않을 수 없다는 의미이다.

이 장자적 초월자의 지배란 어떠한 것일까? 그것은 지배할 것 없는 지배, 정치를 부정하는 정치와 다름없다. 일체 만물을 그 자연성에서 긍정하여 모든 인간의 부자연스럽게 하는 행동을 벌이는 곳에 참된 평화와 사회가 출현하고, 일체 만물이 절대자를 모델로 하여 그가 경험하는 도에 포용 되고 감화되어 모든 사람이 도와 하나 되는 곳에 참된 자유로운 세계가 실현된다고 장자는 생각한다. 응제왕편은 이와 같은 절대자의 '무지배의 지배', '무위자연의 다스림'을 밝혀 놓았다.

그리고 한편으로 도가사상은 일종의 종교라든가 종교적 성향이 있다고 보든지, 그 계기는 사상가들의 개인적 신앙체험이라 인정하는 경향이 있다고 보든지 이러한 견해들은 오늘날 많이 주장되고 있다.

그러나 종교라는 근대 서구로부터 도래한 말을 현대인의 치수에 맞추어 마음대로 해석하는 것이 아니고 한편으로 중국 고대의 종교현상의 실제를 구체적으로 끝까지 지켜보며 그리고 다른 한편 도가 사상가들의 자기의식에서 비롯된 사상의 성격을 논하려는 입장에 서게 되면 이런 견해는 중대한 잘못을 내포하고 있다고 말하지 않을 수 없다. 본편의 제5장은 그러한 사실을 잘 알 수 있는 대표적 문장이다.

인간세편 제1장의 심재(心齋)에서 알 수 있듯이 도가 사상 발생에 대한 광의의 기반으로 중국 고대의 종교가 있었다는 것을 역시 인정할 수밖에 없다.

장자의 제왕(帝王)은 세속적 권력의 소유자인 군주가 아니라, 1장의 태씨(泰氏), 2장의 성인(聖人), 3장의 천근(天根), 4장의 명왕(明王), 6장의 지인(至人) 등과 같이 도를 체득한 사람이라는 뜻으로 보는 것이 적절하다.

1장에서 7장에 이르기까지 장자는 일관된 입장을 지키면서 마음을 담당한 곳에 노닐고 기(氣)를 적막한 곳에 부합시켜서, 사물(物)의 자연을 따라 사사로운 욕심을 용납하지 아니하면 천하는 다스려질 것이라고 이야기하면서, 작은 지혜를 써서 천하를 구제하겠다는 세속적 지식인들의 어리석음을 우언을 통해 야유하고 조소하고 있는데, 7장의 혼돈칠규(渾沌七竅)에 이르러 그 비극성을 극명하게 드러내고 있다.

제1장
무지^{無知}야말로 참된 지다

齧缺問於王倪(설결문어왕예) 四問而四不知(사문이사부지) 齧缺因躍
而大喜(설결인약이대희) 行以告蒲衣子(행이고포의자) 蒲衣子曰(포의
자왈) 而乃今知之乎(이내금지지호) 有虞氏不及泰氏(유우씨불급태씨)
有虞氏(유우씨) 其猶藏仁以要人(기유장인이요인) 亦得人矣(역득인의)
而未始出於非人(이미시출어비인) 泰氏其臥徐徐(태씨기와서서) 其覺
于于(기교우우) 一以己爲馬(일이기위마) 一以己爲牛(일이기위우) 其知
情信(기지정신) 其德甚眞(기덕심진) 而未始入於非人(이미시입어비인)

응제왕(應帝王)이란 제왕이 되기에 어울린다는 뜻, 따라서 그 내용
은 주로 정치에 관계되나 그것은 어디까지나 자연 그대로이기를 존중
한다. 따라서 정치를 부정할 것을 호소한다.

응제왕편은 6개의 설화를 중요한 내용으로 하는데 제1장은 설결과
포의자의 문답을 따와 절대자의 지배가 일체의 인간적인 것을 부정하
고, 인의를 잊어버리고 시비를 잊어버린 만물제동의 경지에서 성립한
다는 것을 밝혔다.

설결(齧缺, 나이가 많은 사람, 치아가 거의 없는 사람)이 왕예(王倪, 어

스트레스 없는 절대 자유를 배운다, 장자

린아이처럼 천진난만한 사람, 설결보다 더 나이가 많을 수도 있음)에게 물었는데(제물론 편에 설결이 왕예에게 모든 物이 다 똑같은 바에 대해, 알지 못한다는 것을 아는 것에 대해, 모든 物에는 지식 작용이 없는가에 대해, 利害에 대해 질문한 것이 있음.) 4번 물었으나 4번 모두 모른다고 하였다. 설결이 그것으로 말미암아 무지(無知)야말로 참된 지(眞知)임을 깨닫고 뛰면서 크게 기뻐하여, 가서 그것을 포의자에게 고하였다.

포의자(포의자는 왕예의 선생이라 한다 장자 외편 천지편)가 말하길, "너는 지금 비로소 그것을 알았는가?" 지금에야 느끼게 된 것이 물정이 어둡고 심하다는 것이다. 유우씨(舜)는 태씨(복희씨)에 미치지 못하였다.

유우씨는 오히려 마음속에 인(仁)을 품고서 그것으로 사람의 마음을 자기의 덕에 따르게 하였다. 그러나 그것은 어디까지나 의식된 사랑으로 인위를 넘어선 천진난만한 사랑이 아니었다. 따라서 애초에 자연의 경지로 나아가지는 못하였다. 태씨는 잠잘 때는 편안하게 느긋했고 눈을 뜨면 얼빠진 눈으로 멍하게 볼 뿐이어서, 어느 때에는 자기를 말이라고 생각하고 어느 때에는 자기를 소라고 생각해서 그 앎이 참으로 믿음직하였으며, 그 덕은 매우 진실하였는데 그러면서도 애초에 사람이 아닌 자연의 경지로 들어가려 하지도 아니하였다.

유우씨는 자연의 경지에 나아가지는 못하였으나 태씨는 자연의 경지에 나아갔으나 들어가려 하지 않고 인간과 함께 있는 인물이다. 그의 지배는 일체의 조작을 배척하는 무위자연의 정치인 것이다. 즉 태씨는 초월하였으나 그 세계로 빠져들어 가지 아니하고 세속의 세계로 돌아와 세속에서 초월적인 삶을 영위했다는 의미이다. 이 문장이 장자의 철학을 잘 표현한 것으로 보인다.

여기서 비인(非人)이란 사람이 아닌 것, 이를테면 하늘이라는 뜻인데, 장자적 절대자의 성격을 설명한 요점이다. 장자에서 절대자란 인간 세계에서 구만리 상공으로 날 수 있는 초월자인 동시에 현실 세계로 내려와서 세속과 더럽고 지저분함을 함께 노니는 사람이었다. 인간을 넘어서면서 인간 안에 있었고 세속을 넘어서면서 세속에서 소요하는데 장자적 절대자의 얽매임 없는 자유가 있다. 혹시 인간 자체를 부정하여 높은 초월 세계만을 오직 하나로 고집한다면 그 고집은 세속의 고집과 같이 부자유에 빠지게 될 것이다.

따라서 장자는 출어비인(出於非人)이라는 높은 초월을 설명함과 동시에 하늘에 들어가면서 하늘에 얽매이지 않고, 사람 속에 어울리면서 사람에게 얽매이지 않는 장자적 절대자의 참된 자유가 있다. 절대자의 지배는 이와 같이 참된 자유에서 비로소 가능해진다.

참된 자유야말로 스트레스 사회의 진애 속에 살면서 현대인이 본받아야 하는 거울이다.

스트레스 없는 절대 자유를 배운다, 장자

제2장
성인의 정치는 자신의 내면을 바로잡는 것

肩吾見狂接輿(견오현광접여) 狂接輿曰(광접여왈) 日中始何以語女(일
중시하이어여) 肩吾曰(견오왈) 告我君人者以己出經式義度(고아군인
자이기출경식의도) 人孰敢不聽而化諸(인숙감불청이화제) 狂接輿曰
(광접여왈) 是欺德也(시기덕야) 其於治天下也(기어치천하야) 猶涉海
鑿河(유섭해착하) 而使蚊負山也(이사문부산야) 夫聖人之治也(부성
인지치야) 治外乎(치외호) 正而後行(정이후행) 確乎能其事者而已矣
(확호능기사자이미의) 且鳥高飛以避矰弋之害(차조고비이피증익지해)
鼷鼠深穴乎神丘之下以避熏鑿之患(혜서심혈호신구지하이피훈착지
환) 而曾二蟲之無如(이증이충지무지)

이 글에서는 견오(肩吾)와 광접여(狂接輿)의 문답을 빌려서 절대자의
지배는 너무 번거로운 예의 규범에 따른 간섭과 강제 정치가 아니고
무엇보다 지배자 자신이 참된 절대자가 되어 그 절대성 속에 일체 만
물의 자연성을 해방한다는 것을 말하고 있다.

자유와 방임의 정치라는 것을 명백히 하는 것이다. 견오는 소요유편
과 대종사편에 보이고, 광접여는 소요유편과 인간세편이 나온다.

견오가 은자인 광접여를 만나니, 광접여가 물었다. "너는 전날에 중시(中始, 옛날 현인 이름)를 찾아뵈었다고 하는데 그 사람이 너에게 무슨 이야기를 했느냐?"

견오가 대답한다. "중시는 사람의 지배자로서 임하는 사람은 스스로 인의예약의 가르침을 만들어 그 규범에 사람들을 따르게 하면 모든 사람은 반드시 그의 가르침을 듣고 나서 그의 덕에 감화될 것이라고 말했습니다."

시기덕야(是欺德也)라는 중시의 말을 전해 듣고 광접여는 그 말을 부정하였다. 그것은 나를 속이고 남을 속이는 완전히 거짓 도덕일 따름이다. 그런 방법으로 천하는 다스림에, 마치 바다를 걸어서 건너고 강 밑을 파서 길을 내며 모기로 하여금 산을 지게 하는 것과 같은 어리석고 무모한 사태이다. 참으로 도를 체득한 절대자의 다스림은 밖을 다스리는 것 따위는 문제 삼지 않는다.

스트레스 없는 절대 자유를 배운다, 장자

예교규범에 따른 외면적 강제 속박 속에 인간의 자연성을 왜곡하고 질식하게 하는 게 아니고 안을 다스린다. 자기 스스로를 절대의 도 안에서 바르게 한 뒤에 말 없는 가르침을 행하여 확실하게 자기 일을 잘하는 것일 뿐이다.

'그러함에도'라며 광접여는 한 번 더 첨가한다. "저 하늘을 나는 새와 땅을 달리는 쥐를 보아라. 새는 배우지 않고도 높이 날아서 주살의 위험을 피하고, 생쥐는 가르치지 않아도 신단 밑바닥 아래 깊이 구멍을 파서 연기를 피우거나 파헤쳐지는 재앙을 피하는데, 그대는 어찌 새와 생쥐의 그것을 알지 못하는가?

백성은 자연의 지에 방임하는 게 가장 좋다. 절대자는 이 방임과 자유를 다스림의 제1의 원리로 삼는다."

본문의 경식의도(經式義度)는 유가적 군주 입장을 가리킨다. 규범, 법도의 뜻. 구체적으로는 인의예약의 가르침을 말한다.

신구(神丘)는 토지신을 제사 지내는 신단이라는 뜻이다.

이충(二蟲)이란 새와 생쥐를 말한다. 충은 고대 중국인들이 동물 일반을 부르는 말이다.

제3장
내 마음을 담백하게 가지면
천하는 스스로 잘 다스려진다

天根遊於殷陽(천근유어은양) 至蓼水之上(지료수지상) 適遭無名人(적조무명인) 而問焉曰(이문언왈) 請問爲天下(청문위천하) 無名人曰(무명인왈) 去(거) 汝鄙人也(여비인야) 何問之不豫也(하문지불예야) 予方將與造物者爲人(여방장여조물자위인) 厭則又乘夫莽眇之鳥(염즉우승부망묘지조) 以出六極之外(이출육극지외) 而遊無何有之鄕(이유무하유지향) 以處壙埌之野(이처광랑지야) 汝又何帛以治天下感予之心爲(여우하예이치천하감여지심위) 又復問(우부문) 無名人曰(무명인왈) 汝遊心於淡(여유심어담) 合氣於漠(합기어막) 順物自然(순물자연) 而無容私焉(이무용사언) 而天下治矣(이천하치의)

이 장은 천근(天根, 자연의 근원을 의인화)과 무명인(無名人) 사이의 문답이다. 여기서는 지배자가 자기 자의를 버리고 만물의 자생자화에 맡기면 천하는 다스리지 않아도 자연스럽게 다스려진다는 것을 이야기하고 있다.

옛날 천근이 은양(殷陽)의 남쪽에서 노닐 적에 요수(蓼水)의 강변까지 이르러 마침 이름이 없다는 이름의 사나이 무명인을 만났다. 그 무명인을 만만치 않은 유도자로 알아챈 천근은 그에게 말했다.

"청컨대, 천하를 지배하는 술책을 가르쳐 주셨으면 합니다."

무명인은 이를 듣고 말하기를, "냉큼 없어져라. 이 속물 녀석아. 어찌하여 불쾌한 질문을 하느냐? 나는 세속 세간을 높이 초월하여 천지만물의 창조자를 벗으로 삼고 놀며, 놀다가 피로해지면 다시 더 끝없는 하늘 멀리 나는 새를 타고 육극의 밖으로 나가서 무엇에도 구속되지 않는 허무의 세계에서 크나큰 적막을 소요하고 끝없는 광활한 들판에서 잠시 멈춰 서는데, 그대는 무엇 때문에 천하를 다스리는 일로 나의 마음을 휘저어 놓는가?"

그러나 천근은 무명인의 매도에도 불구하고 그의 질문을 단념하지 않았다. 그 집요함에 마침내 무명인이 한마디 하기를,

"너의 마음을 욕심 없이 세상의 일체의 명리를 떠나 마음을 무아의 지경에 두고 편안하게 노닐고 네 생의 에너지를 우주적 적막으로 정화하여 일체 만물을 그 본래성에 맡기고 자연을 따라 그대의 자기 멋대로의 생각을 없애면 그것이 천하를 다스리는 가장 좋은 비결이다.

다시 말해서 네가 마음을 담백한 경지에서 놀게 하고 너의 기(氣)를 적막한 곳에 부합시켜서 만물이 스스로 전개됨에 따라 그사이에 너의 사심(私心)을 그곳에 끼워 넣지 않으면, 그러면 천하가 다스려질 것이다."

제4장
좋은 정치는 공적이 하늘을 덮어도
자기 덕이라고 생각하지 않는다

陽子居見老聃曰(양자거현노담왈) 有人於此(유인어차) 嚮疾强梁(향질
강량) 物徹疏明(물철소명) 學道不勧(학도불권) 知是者(여시자) 可比
明王乎(가비명왕호) 老聃曰(노담왈) 是於聖人也(시어성인야) 胥易技
係(서역기계) 勞形怵心者也(노형출심자야) 且也虎豹之文來田(차야
호표지문내전) 猨狙之便執斄之狗來藉(원저지편집태지구내적) 如是
者(여시자) 可比明王乎(가비명왕호) 陽子居蹴然曰(양자거축연왈) 敢
問明王之治(감문명왕지치) 老聃曰(노담왈) 明王之治(명왕지치) 功蓋
天下(공개천하) 而似不自己(이사부자기) 化貸萬物(화대만물) 而民弗
恃(이민불시) 有莫擧名(유막거명) 使物自喜(사물자희) 立乎不測(입호
불측) 而遊於無有者也(이유어무유자야)

제4장은 양자거(陽子居)와 노담(老聃)의 문답이다.

양자거는 춘추시대 말기 쾌락설을 주장한 양주(陽朱)라는 견해가 있
다. 또는 이름을 융(戎)이라고 하는 다른 인물이라고 보는 견해도 있
다. 노담은 노자를 말한다. 이 둘의 문답은 장자 천지편(외편)에도 보이

스트레스 없는 절대 자유를 배운다, 장자

고, 거기서는 공자와 노자의 문답으로 바꾸어 써놓았다.

주지는 명왕(明王)의 정치 바꾸어 말하면 절대자의 지배가 인간의 기교작위를 멀리하고 하늘의 무위무언을 본받은 무심(無心), 망아(忘我)의 지배라는 것을 밝혀 놓았다.

어느 날 양자거가 노자를 뵙고 물었다.

"어떤 사람이 있는데, 그는 명민하여 두뇌 회전이 마치 울림소리에 응답하듯이 빠르고, 의지는 공고하여 무엇에도 휘둘리는 일이 없습니다. 그리고 사물의 도리를 끝까지 지켜보는 투철한 명철력과 만사에 통달한 해박한 지식을 가지고 있는데, 비상한 노력가여서 도를 배우는 데 게을리하지 않습니다. 이와 같은 사람은 명왕, 분명한 덕을 갖추고 있는 제왕에게 필적할 만큼 우수한 인물이 아닐런지요?"

그랬더니 노자는 대답했다.
"그런 인물이 명왕에 필적할 수 있단 말인가? 그를 명왕과 비교하면 기껏 잔심부름으로 뛰어다니는 심부름꾼이거나, 육체를 수고롭게 하고, 마음을 공포로 마멸시키는 것뿐이다. 그러한 인간이 어찌하여 성인(聖人)들과 비교가 되는가? 거기에 더하여 일체 인류의 타락과 불행은 인간의 지식과 기교에서 비롯된다.

지식과 기교는 인류가 스스로의 손으로 판 인류 생명의 함정이라는 말이다. 그것은 비유컨대 호랑이와 표범의 아름다운 무늬는 사냥꾼을 불러들이고, 원숭이의 민첩함과 살쾡이를 잡는 개는 가둘 우리를 불러오는 것과 같다. 이런 무리가 어찌하여 명왕과 비교될 수 있단 말인가?"

양자거가 안색을 고치면서 다시 질문을 한다. 감히 명왕의 다스림에 대해 여쭤보겠습니다.

노담 왈, "명왕의 다스림이란 교활함과 슬기 등에 의한 교묘한 계략을 버린 무위자연의 지배이다. 그의 위대한 공덕은 천하를 감쌀 만큼인데도 자신은 그것이 자기의 힘이라고는 조금도 의식하지 않고 그의 교화는 만물에 널리 퍼져 있으면서, 인간은 제왕의 힘이 어찌하여 나한테 있으랴 하며 모르는 척한다. 그 일은 실재하면서 초인적 위대함 때문에 사람의 말로써 형용할 수 없고, 그 덕화는 살아있는 온갖 것 하나하나에 생의 안식과 환희로 해방시켜 준다. 그리고 자기 스스로는 인간의 인식을 넘어선 도 자체와 하나 되어 일체 존재의 근원인 무의 경지에서 소요하는 지배, 말하자면 내가 없고 공도 이름도 없는 지배야말로 명왕의 정치이다.

공이 천하를 뒤덮어도 자기로부터 한 일로 여기지 않고, 교화가 만물에 베풀어져도 아무도 그 이름을 믿으려 하지 않으며, 있기는 있지만 아무도 그 이름을 거명하지 않으며, 만물로 하여금 스스로 기뻐하게 하여, 헤아릴 수 없는 초월적인 경지에 서서 아무것도 없는 근원의 세계에 노니는 것이다."

본문의 향질강량(嚮疾强梁)의 향(嚮)은 향(響)과 같은 자. 질(疾)은 속(速)이란 뜻. 강량은 유약(柔弱)의 반대말이다.
물철소명(物徹疏明)의 물철(物徹)은 사물의 도리를 꿰뚫는다는 뜻.

스트레스 없는 절대 자유를 배운다, 장자

소명(疏明)의 소(疏)는 통(通)과 같은 의미다.

서역(胥易)은 노역으로 혹사당하는 강제노동자를 말한다. 기계(技係)의 계는 계(繫)와 같다. 기계란 기예(技藝)와 연결되어 관에 있는 직원을 말한다.

원저지편(猨狙之便)의 원저(猨狙)는 원숭이, 편은 민첩과 같고, 미전(米田)의 전은 수렵이란 뜻이다. 내적(內積)은 짐승을 가두어 기르는 곳이다.

유어무유(遊禦無有)의 유(有)는 존재, 무유(無有)는 유한한 존재를 넘어선 입장이다.

제5장
주술종교에 대한 비판

鄭有神巫(정유신무) 曰季咸(왈계함) 知人之死後存亡(지인지사생존
망) 禍福壽夭(화복수요) 期以歲月旬日若神(기이세월순일약신) 鄭人
見之(정인견지) 皆棄而走(개기이주) 列子見之而心醉(열자견지이심취)
歸以告壺子曰(귀이고호자왈) 始吾以夫子之道爲至矣(시오이부자지
도위지의) 則又有至焉者矣(즉우유지언자의)

전능한 예언자 정나라 계함(季咸)을 도의 체험자 호구자림(壺丘子林)
앞에서 망연자실하게 하며 절대자는 누구도 엿볼 수 없는 심원한 초월
성, 아무것도 틈타서 끼어들 수 없는 강인한 주체성을 가지고 있다는
것을 밝혀 놓았다.

신무계함(神巫季咸)이란 이름은 서경의 「군석편(君奭篇)」에 보이고,
호구자림(壺丘子林)은 『열자(列子)』의 「천서(天瑞)」, 「황제(黃帝)」, 「중니
(仲尼)」, 『설부(說符)』의 「제편(諸篇)」에서 보인다. 열자는 소요유편에
"바람을 타고 간다."라고 적힌 춘추시대의 철학자이고 호구자림의 제
자라고 한다.

이 장은 정나라에 미래의 일을 귀신처럼 잘 맞추는 무당 계함의 신

비한 예언력에 속임을 당하고 돌아온 열자, 그의 선생 호구자림에 대한 고백으로 시작된다.

정나라에 계함이라는 신이 지핀 무당이 있었다. (신이 지피다─ 귀신이 내려 신묘한 영이 통하다.) 그는 인간의 사생존망(死生存亡), 재앙과 행복, 장수와 요절 등의 운명을 점치고 그 연월과 상순, 하순 등의 날짜까지 정확하게 맞추는 것이 꼭 전능한 신 같았다. 정나라 사람들은 길에서 그와 만나면 너무 무서워서 모두 가지고 있던 물건을 버리고 도망가기에 바빴다. 그러나 어느 날 계함을 만나서 그의 이상한 예언력에 매료된 열자는 호구자림에게 물었다.

"선생님, 저는 여태껏 선생님의 가르침을 더할 나위 없는 최고라고 생각하였는데 세상에는 더욱 뛰어난 사람이 있었습니다."

열자는 못마땅한 얼굴로 호구자림에게 이와 같이 말했다.

壺子曰(호자왈) 吾與汝旣其文(오여여기기문) 未旣其實(미기기실) 而固得道與(이고득도여) 衆雌而無雄(중자이무웅) 而又奚卵焉(이우해란언) 而以道與世亢必信夫(이이도여세항필신부) 故使人得而相汝(고사인득이상여) 嘗試與來(상시여래) 以予示之(이여시지)

그랬더니 호자는 대답했다.

"너는 보기와는 다르게 가벼운 사람이구나. 도에는 외형과 실질의 두 가지 면이 있다. 그 외형인 껍데기는 너에게 모두 가르쳤지만, 실질인 도의 기능에 대해서는 아직 전부 전해 주지 않았는데, 그럼에도 너는 나의 도의 일체를 다 터득한 것으로 생각하는가? 암탉이 아무리 많아도 수탉이 없다면 달걀을 어떻게 낳을 수 있겠는가. 일체의 일은 안과 밖이 모두 어울려서 비로소 하나의 완전한 성과를 이룬다. 그런데 너는 어떠한가. 껍데기의 도를 가지고 세상과 겨룸으로써 사람들의 신용을 얻으려 하는 경박한 사람이니 남이 그것을 기회로 삼아 신지핌의 모습으로 너의 약점을 쉽게 알아맞힌다. 그 계함이란 사람 따위를 데리고 와서 나를 점치게 하는 것이 좋겠다."

열자는 소요유편에도 보인다. 계함은 '무함(巫咸)'이라는 이름으로 고전에 자주 나타난다.

明日(명일) 列子與之見壺子(열자여지현호자) 出而謂列子曰(출이위열자왈) 嘻(희) 子之先生死矣(자지선생사의) 弗活矣(불활의) 不以旬數矣(불이순수의) 吾見怪焉(오견괴언) 見濕灰焉(견습회언) 列子入(열자입) 泣涕沾襟(읍체첨금) 以告壺子(이고호자) 壺子曰(호자왈) 鄕吾示之以地文(향오시지이지문) 萌乎不震不正(맹호부진부정) 是殆見吾杜德機也(시태견오두덕기야) 嘗又與來(상우여래)

그다음 날 열자는 계함을 데리고 호자를 뵈러 왔다. 계함이 호자의 관상을 보고 난 후 밖으로 나와서 열자에게 이렇게 말했다.

"참 안되었구나. 귀공의 스승은 이제 곧 죽을 것이다. 아무래도 살아날 가망이 없다. 앞으로 열흘도 넘기지 못할 것이다. 나는 그대의 스승에게서 기괴한 조짐을 보았네. 젖은 재처럼 생기 없는 상을 본 것이네."

스트레스 없는 절대 자유를 배운다, 장자

열자가 이 말을 듣고 방안으로 들어와 옷섶을 적시며 울면서 그 말을 호자에게 전했다. 그러나 호자는 조금도 당황하지 않고 말하길,

"내가 먼저 계함에게 보인 것은 대지의 형상이라는 상을 보였다. 이것은 죽은 듯이 조용한 대지의 적막 속에 일체의 움직임을 멈추게 하고 가지가지 형태를 조용한 혼돈 속에 숨어 있는 죽음의 형상이라고나 할까? 그 사람이 나를 죽는다고 예언한 것도 무리가 아니다. 그는 아마 나의 삶의 준비가 막힌 정적부동의 경지를 보았을 것이다. 시험삼아 한 번 더 데리고 와 보는 것이 좋겠다."

본문의 맹호(萌乎)는 죽은 듯이 조용한 모습. 두덕기(杜德機)란 살아 있는 모든 것의 움직임을 멈추게 하는 일. 덕은 생성의 덕, 기는 호자에 의한 능력의 작용이다.

明日(명일) 又與之見壺子(우여지현호자) 出而謂列子曰(출이위열자왈) 幸矣(행의) 子之先生遇我也(자지선생우아야) 有瘳矣(유추의) 全然有生矣(전연유생의) 吾見其杜權矣(오현기두권의) 列子入(열자입) 以告壺子(이고호자) 壺子曰(호자왈) 鄕吾示之以天壤(향오시지이천양) 名實不入(명실불입) 而機發於踵(이기발어종) 是殆見吾善者機也(시태견오선자기야) 嘗又與來(상우여래)

다음 날, 다시 열자는 계함과 함께 호자를 뵈러 갔다. 계함이 호자의 관상을 보고 난 뒤 밖으로 나와 열자에게 말했다.

"참, 다행이네. 귀공의 스승이 나를 만난 덕분에 병이 다 나았다. 완전히

생기가 되살아났구려. 어제는 그대의 스승에게서 생기가 막힌 모습을 보았는데 오늘은 틀어박힌 죽음의 정적 속에 생명의 숨결이 느껴진다."

열자가 들어와 그 말을 호자에게 전하자 호자가 대답하길,

"조금 전 내가 계함에게 보인 것은 하늘의 모습이다. 그것은 천지음양의 두 기(氣)가 처음으로 섞여서 만물을 생성하려는 상태를 나타내는 형상이다. 그것은 이름을 명명하기도, 형상으로 호칭하기도 어려운 혼돈의 상태이지만, 삶의 기운이 그 밑바닥으로부터 생기기 시작한다고 말할 수 있는 생명의 여명을 상징하는 형상이다. 그 사람은 아마도 나의 생기의 조짐을 보았음이 틀림없을 것이다. 시험 삼아 또 데리고 와 보거라."

본문에서 두권(杜權)은 난해한 말이다. 폐쇄된 정적 안에서 볼 수 있는 생기의 조짐을 말한다. 선자기(善者機)의 선자(善者)도 알기 힘든 말인데 우주생성작용을 돕는다는 뜻으로 보인다. 역경(易經)의 「계사전(繫辭傳)」에 "일음일양(一陰一陽), 이것을 도라고 한다." 이 말을 참고로 하자.

明日(명일) 又與之見壺子(우여지현호자) 出而謂列子曰(출이위열자왈) 子之先生不齊(자지선생부제) 吾無得而相焉(오무득이상언) 試齊(시제) 且復相之(차부상지) 列子入(열자입) 以告壺子(이고호자) 壺子曰(호자왈) 吾鄉示之以太沖莫勝(오향시지이태충막승) 是殆見吾衡氣機也(시태견오형기기야) 鯢桓之審爲淵(예환지심위연) 止水之審爲淵(지수지심위연) 流水之審爲淵(유수지심위연) 淵有九名(연유구명) 此處三焉(차처삼언) 嘗又與來(상우여래)

그다음 날 열자는 세 번째로 계함과 함께 호자를 뵈었다. 계함이 호자의 관상을 보고 난 뒤 밖으로 나와 열자에게 이렇게 말했다.

"아무래도 당신 스승은 볼 때마다 관상이 달라진다. 이처럼 늘 변하면 내가 판단할 도리가 없다. 오늘은 그만두고 멀지 않아 그대 스승의 관상이 일정하게 되면 그때 다시 관상을 봐 드리겠다. (논어의 「자로편」에 덧없는 사람은 점치지 않는다는 글도 있다.)"

열자가 들어와 그 말을 호자에게 전하자 호자가 말했다.

"조금 전 계함에게 보인 것은 철저한 허무 속에서 흔적이라고는 전혀 없는 모습이었다. 그는 아마 나의 음과 양 두 기가 우주적 균형을 이루도록 하는 정신의 활동을 보았을 것이다. 고래가 이리저리 헤엄치는 깊은 물도 연못이며, 고요히 멈추어 있는 깊은 물도 연못이며, 흘러가는 깊은 물도 연못이니 연못에는 아홉 가지의 유형이 있는데, 이번에 보여 준 것은 파도가 둥글게 소용돌이치는 깊이, 물이 조용하게 고인 깊이, 물이 흘러 움직이는 깊이의 세 가지이다. 첫 번째 연(淵)은 형기기(衡氣機)에 해당되고, 두 번째 연(淵)은 두덕기(杜德機)에 해당되며, 세 번째 연(淵)은 선자기(善者機)에 비길 수 있다. 그리고 이 세 가지는 나타난 모양으로써는 제각각인데 그것들이 모두 깊이가 한량없이 가득 차 있는 연(淵)이라고 불리는 점은 마찬가지이다. 시험 삼아 또 데리고 와 보거라. 나머지 여섯 종류의 연(淵)을 차례차례 가르쳐 주고 그 사람이 놀라 넘어지게 해 보이겠다."

본문의 태충막승(太沖莫勝)의 충(沖)은 허(虛)와 같다. 승(勝)은 견디어냄의 뜻. 따라서 막승(莫勝)이란 일체의 대립과 상극 등이 극복된 상태를 말한다.

예환(鯢桓)은 물이 소용돌이치며 돌고 돈다는 의미다.

明日(명일) 又與之見壺子(우여지현호자) 立未定(입미정) 自失而走(자실이주) 壺子曰(호자왈) 追之(추지) 列子追之不及(열자추지불급) 反以報壺子曰(반이보호자왈) 已滅矣(이멸의) 已失矣(이실의) 吾弗及已(오불급이) 壺子曰(호자왈) 鄕吾示之以未始出吾宗(향오시지이미시출오종) 吾與之虛而委蛇(오여지허이위사) 不知其誰何(부지기수하) 因以爲弟靡(인이위제미) 因以爲波流(인이위파류) 故逃也(고도야)

이튿날 열자는 또 계함과 함께 호자를 뵈었다. 그런데 이상하게도 계함은 호자의 앞에서 선 그 발밑이 정해지기도 전에 흔들흔들 정신을 잃고 갑자기 도망치듯 달아났다.

호자가 그 사람을 놓치지 말라며 소리를 지른다. 열자가 그를 뒤 따라갔는데 잡지 못하고 호자에게 말하길 "벌써 사라졌습니다. 이미 시야에서 놓치고 말았습니다."라고 하니 호자가 열자에게 이렇게 말했다.

"조금 전에 나는 계함에게 아직 도의 근본에서 떠나지 않은 자연 그 대로의 모습, 즉 그냥 그대로 하나가 된 혼돈 그 자체를 보여 주었다. 내가 마음을 비우고 자연에 순순히 따르며 만물제동의 경지에 서서 그를 대했더니 그는 내가 누구인지 모르게 되었고, 무엇이 무너져 내린 다고 생각하게 되었고, 따라서 무엇인가 노도처럼 물결쳐온다고 생각하게 되었기 때문에 도망치게 된 것이다. 참으로 도를 체득하고 있다

스트레스 없는 절대 자유를 배운다, 장자

면 신들린 모습에 약점이 드러나 간특한 꾀에 속아 넘어가는 것 따위는 절대로 없다."

본문에서 허이위사(虛而委蛇)는 마음을 비우고 욕심이 전혀 없는 모습을 말한다.

然後(연후) 列子自以爲未始學而歸(열자자이위미시학이귀) 三年不出(삼년불출) 爲其妻爨(위기처찬) 食豕如食人(사시여사인) 於事無與親(어사무여친) 彫琢復朴(조탁복박) 塊然獨以其形立(괴연독이기형립) 紛而封哉(분이봉재) 一以是終(일시이종)

여기서는 열자가 호구자림의 교화에 크게 깨닫고 참된 유도자가 되고 나서 생애를 마친 후일의 이야기를 부기하였다.

그런 일이 있은 뒤에 열자는 마음속 깊이 자기 학문이 참된 것이 아니었다는 생각에 집으로 돌아가 그 후 삼 년 동안 집 밖에 나오지 않고 남과 사귀지 않았으면서 주아적 오만과 독선적 분별을 내버리고, 자기 아내를 위해 부엌일을 하고, 돼지에게 먹이를 주되 사람에게 먹이듯 하였으며, 매사에 더불어 친소를 따짐이 없었고, 인위를 깎아 버리고 쪼아 없애서 소박한 데로 돌아가, 아무런 감정 없이 외로이 홀로 서서, 혼돈의 세계에서 놀며 어지러이 만물과 뒤섞였는데, 오로지 이런 경지로 편안한 생애를 끝마치게 되었다.

본문의 조탁복박(彫琢復朴)이란 옥을 파고 돌을 닦아 윤을 내는 것처럼 세속의 오염과 인위적인 것을 일소하여 말하자면 인간이 원래 가지고 있는 자연성으로 복귀하는 것을 뜻한다.

괴연(塊然)은 그냥 혼자 서 있는 모습이다.

덧붙여서 말하면 호구자림의 신무계함의 설화는 육조 이후 중국의 여러 문헌에 나타나는 각시(角試) 설화의 원형일 것이다. 중국 민족은 술(述)이란 말을 좋아해서 이 종류의 설화에 이상하리만큼 호기심을 나타내는 습성이 있다. 그리고 장자도 그의 절대자를 이와 같은 술, 비교 설화로써 그려내고 있는 점에서 무엇보다 중국인임을 나타내고 있다. 이 설화는 이런 의미의 정신사적 의의를 가지는 작품으로 보아도 재미있는 문장이다.

스트레스 없는 절대 자유를 배운다, 장자

제6장
지인의 마음은 거울과 같이 헛되다

無爲名尸(무위명시) 無爲謀府(무위모부) 無爲事任(무위사임) 無爲知
主(무위지주) 體盡無窮(체진무궁) 而遊無朕(이유무짐) 盡其所受乎天
(진기소수호천) 而無見得(이무견득) 亦虛而已(역허이이) 至人之用心
若鏡(지인지용심약경) 不將不迎(불장불영) 應而不藏(응이불장) 故能
勝物而不傷(고능승물이불상)

이상의 설결과 포의자의 문답으로 시작되는 다섯 가지 설화를 열거
하면서 그 문답을 빙자하여 절대자의 지배, 무위자연의 정치를 밝혀
놓은 장자는 여기서 앞에 쓴 우화적 서술을 그의 자신의 언어로 요약
하면서 다음과 같이 설명해 놓았다.

무위라는 것은 무위명시(無爲名尸), 무위모부(無爲謀府), 무위사임
(無爲事任), 무위지주(無爲知主)의 네 가지 무위로 구체화할 수 있다.

무위명시(無爲名尸)- 이름의 위패(신주)가 되지 말아라. 시는 위패,
즉 조상제사 때 상징으로 재단에 앉는 자손의 연소자를 말한다. 말하
자면 이름의 위패가 되지 않는다는 세간의 명성의 우상이 되지 않는
다는 뜻. 소요유편에 있는 "성인은 이름 없다."와 같은 뜻이다.

무위모부(無爲謀府)- 모의 부가 되지 마라. 부는 창고라는 의미이다. 지모책략은 사람을 함정에 빠뜨리려 하다가 오히려 몸을 파멸케 하는 것이니 마음을 모략으로 채우지 말라는 뜻이다.

무위사임(無爲事任)- 사업의 책임자가 되면 함부로 삶을 고통스럽게 하게 되고, 객관적 세계에 존재하는 물건의 노예가 될 뿐이니 한적한 곳에서 유유자적하라는 의미이다.

무위지주(無爲知主)- 지의 주가 되지 말라는 것은 대종사(大宗師)편에서 말했듯이 한계가 있는 지식을 가지고 한계가 없는 객관적 세계에 존재하는 물건을 좇는다면 위험할 뿐이니, 이런 지(知)의 짐을 떠맡는 사람이 되어서는 안 된다는 뜻이다.

그리고 이른바 자연이란 무한 시간과 무한 공간을 싸고 있는 도의 절대성과 그냥 그대로 하나 되어 인간의 감각적 파악을 넘어선 도의 무형성과 암묵 속에 깨달아서 하늘로부터 받은 자기의 본래성을 완수할 따름이며 거기에 더하여 다른 것을 획득하려는 따위는 생각하지 않는 것이나, 그것을 한마디로 말하면 '나를 공허하게 하다', 무심'이라는 것과 같다.

절대자의 지배는 이 '허(虛)', 즉 '무심(無心)'을 근본 원리로 하는 것이다.

지인(至人)의 마음 씀씀이는 거울과 같다. 이 절대자의 허의 지배, 무심의 정치는 그 밝은 거울에 가장 잘 비유되겠다. 명경(明鏡)은 자기 주관이나, 멋대로의 생각으로 어지럽혀지지 않는, 가는 것은 가는 대로 뒤쫓지 않고 오는 것은 오는 대로 맡기고 일부러 맞이하지 않는다.

서시의 미모나, 문둥병을 앓는 사람의 추한 모습이나 있는 그대로

스트레스 없는 절대 자유를 배운다, 장자

보고 애증호오의 사사로운 정을 끼우지 않고, 일체 만물을 모두 대하더라도 흔적을 남기지 않는다. 따라서 맑은 거울은 슬기롭게 버티어서 상하지 않는다. 모든 존재에 자유자재로 대처할 수 있게 되어 그러고도 자기 자신은 해를 입거나 상하지도 않는다.

절대자는 이 명경의 허를 자기 마음의 상태로 삼는다. 절대자의 지배란 무위자연의 지배인데, 이는 허의 지배이자 무심의 정치와 같다.

명예의 주인이 되지 말며, 모략의 창고가 되지 말며, 일의 책임자가 되지 말며, 지식의 주인이 되지 말라. 다함이 없는 도를 완전히 체득하여 흔적이 없는 곳, 즉 무위자연의 세계에서 노닐도록 하라. 자연에서 받은 것을 극진히 하되 얻는데 이익을 봄이 없어야 할 것이니 오직 마음을 비울 따름이다. 지인(至人)의 마음 씀씀이는 마치 거울과 같아서 집착을 가지고 사물을 보내지도 아니하고 맞이하지도 아니하며, 사물에 대응하기만 하고 모습을 간직하지는 않는다. 그러한 이유로 만물 위에 군림하면서도 자기 자신은 다치지 않을 수 있다.

스트레스의 생성 원리를 몽땅 담아 놓은 듯하다. 시간과 공간을 넘어선 한이 없는 도와 하나가 되어 놀면서 하늘로부터 받은 자기의 본성을 다하는 것만으로 오로지 허심으로 되었으면 한다.

제7장
사람에는 7개의 구멍이 있는데 혼돈에는 없다
구멍을 뚫었더니 그만 죽고 말았다

南海之帝爲儵(남해지제위숙) 北海之帝爲忽(북해지제위홀) 中央之帝
爲渾沌(중앙지제위혼돈) 儵與忽時相與遇於渾沌之地(숙여홀시상여
우어혼돈지지) 渾沌待之甚善(혼돈대지심선) 儵與忽謀報渾沌之德曰
(숙여홀모보혼돈지덕왈) 人皆有七竅(인개유칠규) 以視聽食息(이시청
식식) 此獨無有(차독무유) 嘗試鑿之(상시착지) 日鑿一竅(일착일규)
七日而渾沌死(칠일이혼돈사)

응제왕(應帝王)편의 마지막 설화는 혼돈(渾沌)이 일곱 구멍에 죽는
다는 우화이다. 이 이야기는 응제왕편의 결론이면서 장자 전체의 결론
으로 볼 수 있다.

남해의 제(帝)는 숙이고 북해의 제(帝)는 홀이라 한다. 숙과 홀은 숙
홀이라는 말이 있듯이 모두 아주 짧은 시간(순식간)이라는 뜻이다. 이
인간의 잠깐 동안의 생명을 상징하듯이 숙이라는 이름의 남해 지배자
와 홀이라는 이름의 북해 지배자가 저 멀리 바다 끝에서 세계의 한가
운데 혼돈이 다스리는 나라에서 뜻하지 않게 우연히 만났다. 숙과 홀

스트레스 없는 절대 자유를 배운다, 장자

을 혼돈은 마음껏 환대했다. 숙과 홀이 혼돈의 은덕에 보답하길 원했다. 그래서 숙과 홀은 고심 끝에 다음과 같이 의견을 내었다. 인간들은 모두 일곱 개의 구멍이 있어서 아름다운 색을 보고, 묘한 소리를 듣고, 맛있는 음식을 먹고, 편안하게 숨도 쉬는데, 이 혼돈만은 구멍이 하나도 없으니 구멍을 뚫어 주기로 하였다.

숙과 홀은 혼돈의 몸에 하루에 한 개씩 구멍을 뚫었다. 그랬더니 7일 만에 혼돈은 이미 허무하게 죽은 시체가 되었다.

이 우화에서 장자는 인간의 영리한 체함, 작위와 분별이 참된 실재, 즉 생생발랄한 자연을 질식게 하고 죽게 하는 어리석음이라는 것을 풍자하고 있다. 장자에 있어서 참된 실재란 인간의 심지 분별을 넘어서 개념적 파악을 할 수 없는 혼돈이었는데, 이 혼돈은 체험하지 않으면 어찌할 수 없는 것, 인간의 좁은 사유로써는 파악할 수 없는 것이었다.

살아있는 혼돈으로서의 실재는 일곱 구멍이 뚫리고 나서 비로소 인식의 대상으로 떠오르게 된다. 그러나 장자는 인식의 통일성과 체계성보다 살아있는 혼돈의 비합리와 무질서를 사랑한다. 그에게 중요한 것은 살아있다는 것이지 지적통일성과 체계가 아니다. 그에게 중시되는 것은 편안한 삶이지 인식도 아니요, 이론도 아니다. 따라서 장자적 절대자는 일곱 구멍을 준비해놓고 죽느니보다 그것 없이 살기를 바란다. 생명 없는 질서보다는 생명 있는 무질서를 사랑한다. 자기와 세계와의 인과적 통일을 생각하기보다는 여러 가지 바람소리의 울림을 그저 바람소리로 듣기를 바란다.

장자적 절대자의 지배는 높이 날 수 있는 새를 하늘에 날리고, 깊이 숨어드는 물고기는 물속에 그대로 놓아준다. 스스로 사는 사람을 인간 본래성으로 해방하면 된다.

인간은 자기 스스로를 진보로 부르고, 문화라고 부르는 것 안에서 지나치게 많은 구멍을 뚫었다. 시와 비의 구멍, 미와 추의 구멍, 선과 악의 구멍, 현명함과 어리석음의 구멍 등을.

그리고 이제 곧 인류는 만신창이가 되어 현대문명을 질식시키려고 한다. 인간 본래의 건강한 생명은 가치의 질곡 속에서 신음하고 있다. 인간 본래의 늠름한 정신은 지나친 자의식 속에서 현기증을 느끼고 있다.

장자가 보기에 현대인은 젊을 때부터 타향으로 유랑하여 고향으로 돌아오기를 잊은 사람, 슬픈 고향 상실자들이다. 따라서 장자는 "인간들이여 지금 한번 비상하여라."라며 외친다. 비상하여 구만리 상공, 그 생명의 고향으로 돌아가라고 한다.

생명의 고향이란 자연이고, 자연으로 돌아간다 함은 살아 있는 혼돈을 그 자체로써 사랑하는 것이다. 인간의 모든 슬픔과 공포와 비탄이 살아있는 혼돈의 무규(구멍이 없는) 속에서 천뢰로 들릴 것이다. 장자적 해탈은 그것에서 성립하고 장자적 절대자가 그곳에서 탄생한다. 장자의 철학이 혼돈씨의 술수로 불리는(천지편) 것도 우연이 아니다.

거울과 같은 지인(도에 통한 사람)은 명성을 얻어 주인이 되려 하지 않고, 계략을 만드는 관리가 되지도 않을 것이며, 지혜를 짜내는 사람이 되지도 않을 것이다. 시간과 공간을 넘어선 끝없는 도와 남김없이

스트레스 없는 절대 자유를 배운다, 장자

합하여 아무 흔적도 없는 세계에서 노닐며 하늘로부터 주어진 자기의 본성을 완성함으로써 그 이외의 것을 얻으려 하지 않고 오로지 허심(무심)으로 있다.

본문의 숙홀(儵忽)은 시간의 신, 숙홀지간(儵忽之間)은 순식간(瞬息間)으로 엄청나게 빠른 시간을 말함. 숙홀이 남과 북이라면 중앙은 움직이지 아니하는, 무위(無爲)의 혼돈인 것이다.

혼돈(渾沌)은 구분이 안 되는 것, 시원(始源)의 상태, 즉 본래의 모습을 말한다. 이것을 의인화한 것이다. 구분을 할 수 없다는 것은, 시비가 없다는 것은 지각이 없어야 하는 것이다. 혼돈이 아닌 사람이 혼돈을 볼 때는 매우 답답하게 여긴다. 그래서 혼돈을 도와주니 혼돈이 죽는다. 자신과 다른 삶을 이해한다는 것이 쉽지 않은 것이다. 예를 들어 새를 잡아 귀엽게 계속 만져 주면 결국 새는 죽어 버린다. 공존한다는 것은 같지 않음을 전제로 할 때 가능한 것이다. 같지 않음을 받아들이지 못하면 공존 자체가 되지 않는다. 내가 가지고 있는 가치 개념이 다른 사람과 다를 수 있다는 것을 알아야 한다. 그렇지 않으면 공존이 아니고 독점이 된다. 그리스 신화에 프로크루스테스의 침대, 즉 자신의 기준으로 다른 사람의 생각을 억지로 자신에게 맞추려고 하는 것은 횡포나 독단이 되는 것이다.

참고 문헌

1. 노자와 21세기(2) [초판발행 1991년 12월. 2016년 7월 28일 2판 13쇄]
   지은이 도올 김용옥 펴낸이 남호섭
   펴낸 곳 통나무전화 02) 744-7992 팩스 02)762-8520

2 로시(老子) [초판 2쇄 발행일 2017년 3월 13일]
   지은이 모리야 히로시(守屋洋)

3. 논어(論語) [초판 2015년 11월 11일]
   옮긴이 권정자
   펴낸 곳 원앤원콘텐츠 그룹

4. 롱고(論語) [쇼와(昭和) 47년 2월 15일]
   지은이 요시카와 고 지로(吉川幸次郎)
   펴낸 곳 朝日新聞社

5. 롱고 게(論語, 下)
   지은이 요시카와 고 지로(吉川幸次郎)
   펴낸 곳 朝日新聞社

6. 논어(論語) [발행일 2012년 3월 12일]
   지은이 공자 옮긴이 김원중
   펴낸 곳 글항아리

7. 노자의 목소리로 듣는 도덕경 [발행일 2001년 12월 31일]
   지은이 최진석
   펴낸 곳 소나무

8. 생각하는 힘, 노자인문학 [발행일 2015년 3월 12일]
   지은이 최진석
   펴낸 곳 위즈덤하우스

9. 예기 상(禮記 上) 신완역(新完譯) [발행일 2003년 10월 31일]
   편저자 이상옥
   펴낸 곳 명문당(明文堂)

10. 롱고(論語) [2017년 4월 10일 18쇄 발행]
    지은이 가지 노부유키(加地伸行)
    펴낸 곳 고단샤(講談社)

11. 논어(論語) [2016년 7월 5일 3쇄 개정판 발행]
    지은이 공자 옮긴 이 김형찬
    펴낸 곳 홍익출판사

12. 맹자(孟子) [1996년 4월 30일 1판 13쇄 발행]
    옮긴 이 이기석, 한용우
    펴낸 곳 흥신문화사

13. 로시(老子) その思想を讀み盡くす [2017년 3월 11일 발행]
    지은이 이케다 도모히사(池田知久)
    펴낸 곳 講談社學術文庫

14. 로시(老子) [쇼와(昭和) 46년 5월 30일]
    옮긴이 후쿠나가 미츠지(福永光司)
    펴낸 곳 朝日新聞社

15. 노자타설 상, 하 [2014년 7월 21일 초판 3쇄 발행]
    지은이 남회근
    펴낸 곳 부키

16. 사기열전(史記烈傳) 상 [2001년 3월 30일 초판 발행]
    지은이 사마천 옮긴 이 김원종
    펴낸 곳 을유문화사

17. 사기열전(史記烈傳) 하 [2001년 3월 13일 초판 발행]
    지은이 사마천 옮긴이 김원종
    펴낸 곳 을유문화사

18. 놓아버림: 내안의 위대함을 되찾는 항복의 기술 [2014년 5월 7일 1판 9
    쇄 발행]
    지은이 데이비드 호킨스 옮긴이 박찬준
    펴낸 곳 판미동

19. 소우시(そうし, 莊子) 第2冊 (外篇) (全四冊) [2016년 4월 15일 발행]
    옮긴이 가나야 오사무(金谷 治)
    펴낸 곳 이와나미 문고(岩波文庫)

20. 소우시(そうし, 莊子) 第3冊 (外篇 雜篇) (全四冊) [2015년 1월 15일 발행]
    옮긴이 가나야 오사무(金谷 治)
    펴낸 곳 이와나미 문고(岩波文庫)

21. 소우시(そうし, 莊子) 第4冊 (雜篇) (全四冊) [2015년 6월 25일 발행]
    옮긴이 가나야 오사무(金谷 治)
    펴낸 곳 이와나미 문고(岩波文庫)

22. 소우시(莊子　全現代語譯) 上 [2017년 5월 11일 발행]
    옮긴이 이케다 도모히사(池田知久)
    펴낸 곳 講談社學術文庫

23. 소우시(莊子　全現代語譯) 下 [2017년 6월 9일 1쇄 발행]
    옮긴이 이케다 도모히사(池田知久)
    펴낸 곳 講談社學術文庫

24. 莊子 內篇 (朝日文庫 ち 3-12 中國古典選 12) [쇼와(昭和) 46년 11월 25일 제9쇄 발행]
   옮긴이 후쿠나가 미츠지(福永光司)
   펴낸 곳 朝日文庫

25. 莊子 外篇 (新訂 中國古典選 제8권) [쇼와(昭和) 47년 2월 25일 발행]
   옮긴이 후쿠나가 미츠지(福永光司)
   펴낸 곳 朝日新聞社

26. 莊子 外篇 雜篇 (新訂 中國古典選 제9권) [쇼와(昭和) 47년 2월 25일 발행]
   옮긴이 후쿠나가 미츠지(福永光司)
   펴낸 곳 朝日新聞社

27. 史記 漢武編 [쇼와(昭和) 46년 6월 제5쇄 발행]
   옮긴이 다나카 겐지(田中謙二)
   펴낸 곳 朝日新聞社

28. 史記 楚漢篇 [쇼와(昭和) 46년 4월 30일 제6쇄 발행]
   옮긴이 다나카 겐지(田中謙二)
   펴낸 곳 朝日新聞社

29. 史記—中國古代の人びと [1988년 7월 25일 72판 발행]
   옮긴이 카이즈카 시게키(貝塚 茂樹)
   펴낸 곳 中央公論社

30. 장자(莊子) [2015년 10월 12일 초판 발행]
   옮긴이 김갑수
   펴낸 곳 글항아리

31. 도연명(陶淵明)―중국 고전 한시인선 [2002년 5월 20일 발행]
   편역자 장기근
   펴낸 곳 명문당

32. 열자(列子)―난세를 이기는 지혜를 말하다 [2011년 8월 20일 발행]
   옮긴이 김학주
   펴낸 곳 연암서가

33. 悩む力(고민하는 힘) [2011년 8월 22일 21쇄 발행]
   지은이 강상중
   펴낸 곳 集英社

34. 超譯 孫子の兵法「最後に勝つ人」の絕對ル　ル [2013년 12월 24일 발행]
   지은이 다구치 요시후미(田口 佳史)
   펴낸 곳 三笠書房

35. 般若心経入門 [1981년 10월 발행]
   지은이 오오시로 타츠 히로(大城立裕)
   펴낸 곳 光文社